Jesus,
Rei Arthur e
a Jornada do Graal

Maurice Cotterell

Jesus,
Rei Arthur e
a Jornada do Graal

Tradução:
Bianca Barsotti Cassina

MADRAS

Publicado originalmente em inglês sob o título *The Celtic Chronicles – The True Story of the Holy Grail (Jesus, King Arthur, and the Journey of the Grail – The Secrets of the Sun Kings).*
© 2007, Maurice Cotterell.
Direitos de edição e tradução para todos os países de língua portuguesa.
Tradução autorizada do inglês.
© 2007, Madras Editora Ltda.

Editor:
Wagner Veneziani Costa

Produção e Capa:
Equipe Técnica Madras

Tradução:
Bianca Barsotti Cassina

Revisão:
Vera Lucia Quintanilha
Luciane Helena Gomide
Daniela Piantola

CIP-BRASIL. CATALOGAÇÃO-NA-FONTE
SINDICATO NACIONAL DOS EDITORES DE LIVROS, RJ

C888j

Cotterell, Maurice
    Jesus, Rei Arthur e a jornada do Graal/Maurice Cotterell; tradução Bianca Barsotti Cassina. – São Paulo: Madras, 2007
    il.;

    Tradução de: Jesus, King Arthur, and the journey of the Grail: the secrets of the sun kings
    Publicado originalmente em inglês sob o título The celtic chronicles: the tru story of the holy Grail (Jesus, King Arthur, and the journey of the Grail: the secrets of the sun kings)
    Inclui apêndices e bibliografia
    ISBN 978-85-370-0162-2

    1. Jesus Cristo. 2. Artur, Rei. 3. Graal – Lendas – História e crítica. 4. Lendas – Irlanda. 5. Celtas – Religião. I. Título.

06-3876.		CDD 398.22
	CDU 398.22	
20.10.06	24.10.06	016691

Proibida a reprodução total ou parcial desta obra, de qualquer forma ou por qualquer meio eletrônico, mecânico, inclusive por meio de processos xerográficos, incluindo ainda o uso da internet, sem a permissão expressa da Madras Editora, na pessoa de seu editor (Lei nº 9.610, de 19.2.98).

Todos os direitos desta edição, em língua portuguesa, reservados pela

MADRAS EDITORA LTDA.
Rua Paulo Gonçalves, 88 – Santana
CEP: 02403-020 – São Paulo/SP
Caixa Postal: 12299 – CEP: 02013-970 – SP
Tel.: (11) 6281-5555/6959-1127 – Fax: (11) 6959-3090
www.madras.com.br

Agradecimentos

Agradeço sinceramente, como sempre, a G. e HV.;
a minha esposa, Ann, por seu apoio sempre presente;
a Eduardo Velazquez, pela tradução do alemão para o
inglês, e à equipe do Museu Nacional da Irlanda, Dublin.

Créditos

Fontes das ilustrações e citações

Todas as ilustrações, desenhos, arte e fotografias de Maurice Cotterell, com exceção daquelas especificadas abaixo:

Figuras Textuais

Figura 56 (e painel 3b, detalhe) Museu Americano de História Natural; 19a, 19b, 20 (22, detalhe), 21a AKG Images; 23a, 23b, 29 Museu Nacional da Irlanda; A27 (máscara e painel 24a, miniaturas) de Vautier de Nanxe; 34, 35, 37, 38 (parte) 62 (parte) George Bain *Celtic Art — The Methods of Construction*; 52b, 53a Museu Victoria & Albert; 54b de Augustus Villagra.

Painéis Coloridos

Painel 1a, 1b, 1d Jeffrey Newbury/Discover Magazine, Vol. 15, nº 4 (abril 1994); 1c Prof. He Dexiu; 14a, 14b, 14c Arquivo Werner Forman; 16, 17, 19 AKG Images; 19 Christies Images Ltd.; 20a (20c e 21, detalhe), 20b, 23a, 23b Museu Nacional da Irlanda; 21g Wm. MacQuitty Collection.

Citações: *The Chinese Classics* Vols. I-IV, James Legge, University of Hong Kong Press (1960); *Sacred Books of the East* Vol. X, Max Muller (traduzido) Oxford (1881); *Popol Vuh*, University of Oklahoma Press (1947); *Holy Bible* (Special Command) Eyre & Spottiswode (1897). *The Geeta*, Shri Purohit Swami, Faber and Faber (1935). *The Annals of Inisfallen*, Instituto de Estudos Avançados de Dublin, Ms. Rwalinson B.503, Ed. Seán Mac Airt, (1988). *Treasures of the National Museum of Ireland*, Ed. Wallace & Raghnall Ó Floinn, Gill & Macmillan (2002). *The Treasures of Ireland*, Royal Irish Academy (1983). *Application of Science in Examination of Works of Art*, Ed. William J. Young. (1970). *Celtic Art*, George Bain, Dover Books

(1973). *Hidden Wisdom in the Holy Bible*, vol. 1, G. Hodson, Wheaton III., Theosophical Publishing House. *Bede's Ecclesiastical History of the English People*, Ed. B. Colgrave and R.A.B. Mynors (Oxford 1969) IV. 4. Carta de Aluin para Ethewald, *The Annals of Ulster*, 793.

Índice

Introdução 13

CAPÍTULO UM

Os Celtas 15
   O Mistério das Múmias Loiras 15
   O Centro Euro-Celta 21
   O Mistério das Suásticas de Hallstatt 25
   Os Segredos Espirituais de Vênus 28
   O Túmulo do Rei de Hochdorf 33
   Comércio Celta 42
   Glauberg 44
   La Tène 46
   O Caldeirão Gundestrup 51
   A Marcha dos Romanos 58
   Os Druidas 59

CAPÍTULO DOIS

Quem Escreveu a Bíblia? 67
   O Antigo Testamento 67
   O Novo Testamento 77
   O Significado Perdido da Espiral Celta 89
   Após a Crucificação 92
   A Aparição de São Paulo 95
   Comparação do Novo Testamento 96
   O Colapso do Império Romano 99
   São Patrício 100

CAPÍTULO TRÊS

Os Monastérios 103
   Portos de Refúgio 103
   O Trabalho dos Anjos 107
   Decodificando os Desenhos Celtas de Linhas Contínuas 112
   Decodificando os Padrões dos Nós Celtas 114

CAPÍTULO QUATRO

Uma Terra sem Rei 121
   As Lendas Arthurianas 121
   Os Pré-Rafaelitas 128
   Os Segredos do Broche Tara 133
   O Tesouro de Ardagh 139

CAPÍTULO CINCO

O Santo Graal 143
   O Cálice de Ardagh 143
   Construção do Graal 144
      Descrição Geral 146
      Os Segredos do Pé Cônico 146
      Os Segredos dos Painéis em Malha Metálica 149
      Os Segredos do Vaso e da Borda do Vaso 151
      O Significado do Botão Perdido 155
      O Mistério da Escrita 155
      O Mistério dos Nomes 155
      O Mistério da Gramática 156
      Os Segredos dos Entalhes 156
      Os Segredos dos Dragões 156
      Os Segredos do Padrão em Labirinto 159
      Decodificando o Padrão em Labirinto 161
      Os Segredos do Cristal de Quartzo 163
      Os Segredos dos Painéis em Suástica 165
      Os Segredos da Borda Amarela e dos Pregos 165
      Os Segredos dos Painéis dos Brasões 169
      O Tesouro de Derrynaflan 171
      Os Monges Falsificadores 172
   Conclusão 177

CAPÍTULO SEIS

O Segredo do Graal 181
    A Primeira Imagem de Deus 181
    A Quem o Graal Serve? 185

APÊNDICE UM

Decodificando o Transformador Viracocha 187
    Os Segredos de Tiahuanaco 189

APÊNDICE DOIS

Segredos dos Antigos 201
    Por que e como eles Codificavam seus Segredos em seus Tesouros .. 201
    Codificando Informações Utilizando Figuras 203
    Codificando Informações Utilizando Números 203
    Como a Alma Chega ao Paraíso 205
    O Mecanismo da Transmigração da Alma 209

APÊNDICE TRÊS

O Sol como a Serpente Emplumada 213

APÊNDICE QUATRO

Cálculo do Ciclo da Mancha Solar Utilizando a Geometria Sagrada 219

Índice Remissivo 225

Bibliografia 235

Introdução

Este livro trata do povo celta e do Santo Graal — o Cálice Sagrado, o qual esse povo venerava e que, hoje, é mantido em segurança no Museu Nacional da Irlanda, em Dublin, juntamente com Excalibur, a espada do Rei Arthur.*

---

* N.E.: Sobre esses assuntos, sugerimos a leitura de *A Lenda de Diamante — Sete Lendas do Mundo Celta*, de Edmond Bailly; *A Linhagem do Santo Graal*, de Laurence Gardner; e *O Reinado de Arthur*, de Christopher Gidlow, todos da Madras Editora.

CAPÍTULO UM

Os Celtas

O Mistério das Múmias Loiras

Quando Victor Mair, professor de estudos chineses da Universidade da Pennsylvania, e o arqueólogo J. P. Mallory retornaram da China, contaram a seus colegas o que haviam visto: múmias de 4 mil anos perfeitamente preservadas, ressecadas pelas areias secas do deserto. Mulheres brancas e altas com os cabelos loiros presos em rabos de cavalo e tatuagens; homens altos com barbas castanhas e pequenos bebês com olhos azuis; vestidos com tartã e bonés feitos de lã tingida. Todos riram. Mallory e Mair deviam estar errados, nisso todos concordavam. Talvez, o que tivessem visto fossem simples alucinações, pois haviam andado por muito tempo sob o Sol do deserto.

Porém, uma semana depois, quando as fotografias apareceram (painel 1), o deboche cessou e iniciaram-se as perguntas. O que caucasianos faziam nas longínquas terras chinesas há 4 mil anos? Como chegaram lá? Como obtiveram conhecimento em fiação e tecelagem? Que processo preservara tão perfeitamente os corpos? E por que havia demorado tanto para o homem moderno descobri-los?

Iniciou-se a especulação: seriam eles sobreviventes da lendária Atlântida,* que Platão diz[1] ter afundado no mar 9 mil anos antes de Sólon?[2] Se sim, como haviam chegado do Mediterrâneo oriental, a localização mais provável da ilha fictícia, ao deserto Taklamakan, na China? E por que eles

---

* N.E.: Sugerimos a leitura de *Lendas de Atlântida e Lemúria*, de W. Scott-Elliot, Madras Editora.
1. Em Critias e Timaeus, 355 a.C.
2. O estadista grego, 638 a.C.

iriam querer se firmar ali? As múmias poderiam estar relacionadas aos filisteus, altos, loiros e de olhos azuis, que parecem ter vindo de lugar algum, por volta de 1000 a.c. para atacar os hebreus em Canaã, atual Israel? Seriam eles os precursores dos lendários arianos, a raça soberana de cabelos loiros, olhos azuis e pele branca tidos como os antecessores genéticos dos alemães? Ou seriam eles parentes dos celtas,[3] pastores seminômades loiros, de olhos azuis, que se vestiam com tartã e haviam se espalhado a partir da Alemanha, depois de 1000 a.C., por toda a Europa? Ou, todos — espinhos nos flancos da história — deveriam sua linhagem às múmias de Taklamakan?

Sabe-se pouca coisa sobre esses povos. Os celtas, que se destacam mais e cujos ancestrais sobrevivem até hoje, são difíceis de definir adequadamente. Tentou-se classificá-los pelo idioma que falavam, porém o cenário é complexo,[4] com evidências insuficientes para sugerir que o celta continental deriva de uma fonte comum.

Tentou-se classificá-los biologicamente, como uma raça: um estudo desenvolvido em 2001 pelo professor Bryan Sykes, do Projeto Oxford Genetic Atlas, comparou o DNA[5] de uma amostra do povo celta galês a uma amostra óssea de um celta da Europa central e indicou que os celtas da Bretanha ocidental possuem a mesma linhagem genética daqueles da Irlanda; enquanto o DNA das amostras da Bretanha oriental possui uma relação mais próxima ao DNA dos anglo-saxões[6] e dos vikings e normandos, que vieram mais tarde.

A maioria dos historiadores não acredita que tenha ocorrido apenas um fluxo do povo celta a invadir as partes ocidentais das Ilhas Britânicas. Parece haver um consenso de que os irlandeses de hoje, que se descrevem como celtas, evoluíram de diversas incursões européias nas Ilhas Britânicas, sendo que a primeira ocorreu em 3113 a.C, outra, por volta de 1500 a.C. e outras, mais tarde, todas da Europa.

---

3. Da palavra grega *Keltoi* — o "povo secreto".
4. O idioma deriva de quatro grupos principais de uma ramificação indo-européia e é falado em grande parte da Europa. O gaélico e seus parentes próximos, lepôntico, noric e gálata, eram falados em um grande arco, desde a França até a Turquia e da Holanda até a Itália e o Celtibero, uma vez falado na Espanha, estão extintos há muito tempo. O terceiro no grupo, o Britânico ou P-celta, é falado pelos galeses, pelos habitantes da Cornuália, bretões e gauleses (França), enquanto o gaélico, ou Q-celta, é falado pelos irlandeses [gaélico, vindo da associação com os franceses, Gália], pelos escoceses e pelos maneses, da ilha de Man. Os extintos e os contemporâneos são freqüentemente classificados como duas ramificações, porém esquemas concorrentes preferem combinações diferentes.
5. Acido desoxirribonucléico — a molécula gigante que faz os blocos de construção dos biorganismos.
6. Os invasores germânicos que conquistaram uma boa parte da Bretanha entre os séculos V e VII e que fizeram com que os celtas migrassem para o oeste, ao longo da Bretanha.

Parece que, por volta de 3113 a.c., um único grupo de migrantes europeus do continente dividiu-se em dois: um deles instalou-se em Gales e na Inglaterra — os construtores de Stonehendge, por volta de 3113 a.C. — e um segundo grupo na costa oeste da Irlanda, os construtores do megalítico Newgrange (próximo aos túmulos neolíticos e dos canais em forma de anel de Tara, no noroeste da atual Dublin).

'As Crônicas do Mundo Irlandês', uma seção de *The Annals of Inisfallen*,[7] que cobre todo o período histórico desde a criação do mundo até o ano de 432 d.C, dizem que os Tuatha Dé (Danann) eram os mestres míticos da Irlanda por volta de 1500 a.C., antes da chegada dos 'filhos de Míl'. As crônicas, então, seguem a fuga de Míl de Scythia,[8] entre 1498 a.C. e 1029 a.C.

A entrada número 35 diz que [após uma tentativa sem sucesso de assegurar o trono para si] Míl matou Reflóir, filho de Némim, e exilou-se, levando quatro navios, cada qual carregando 15 casais e um soldado mercenário. Os navios avistaram uma ilha chamada Taprobane, onde os exilados descansaram por três meses antes de embarcar em uma viagem marítima de 90 dias que os levaria ao Egito. No oitavo ano em que estavam lá, Míl casou-se com a princesa Scotta, a filha do faraó. Logo após, o faraó afogou-se no Mar Vermelho:

> Quando Míl e seu povo descobriram [que o faraó havia morrido], voltaram para o mar com o mesmo número de pessoas da outra vez, e com Scotta, a filha do faraó. Eles aportaram [novamente] na ilha Taprobane e ficaram lá por um mês. Depois disso, viajaram ao redor de Scythia, próximo à entrada do mar Cáspio. Então, ancoraram no mar Cáspio durante 27 dias... até que Caicher, o druida, os livrou. Depois disso, remaram pelo promontório da montanha Riphaen, vindos do norte, até aportarem em Dacia, onde ficaram por um mês. Caicher, o druida, lhes disse: "Até chegarmos à Irlanda, não devemos parar". Então, eles remaram... e aportaram na Espanha. Eles a encontraram desabitada e ficaram lá durante 30 anos. Foi daí que surgiu "Míl da Espanha". Lá nasceram os dois filhos de Míl: Eremon e Ír. Eles eram os dois mais jovens...
>
> Os 60 casais e os quatro mercenários partiram com os filhos de Míl e Scotta, a filha do faraó, para a Irlanda... Uma grande tempestade se

---

7. Acredita-se que tenha sido compilado entre 1056 e 1092. O monastério de Inisfallen foi estabelecido por volta de 650 d.C. nos 23 acres da ilha de Innisfallen [hoje escrito de forma um pouco diferente], na parte abaixo do lago Killarney, em Count Kerry, Irlanda. Acredita-se que a transcrição dos anais, até 1092, tenha sido utilizada em um monastério de Lismore e compilada a partir de documentos anteriores, mantidos no monastério de Emly. A compilação provavelmente continuou em Lismore, até aproximadamente 1130 a 1159, quando passou para o sul de Munster, provavelmente Inisfallen, onde teve continuidade até 1214 e, também, entre 1258 e 1285.
8. Noroeste do Mar Negro, entre os Cárpatos e o rio Don.

A Rota Celta

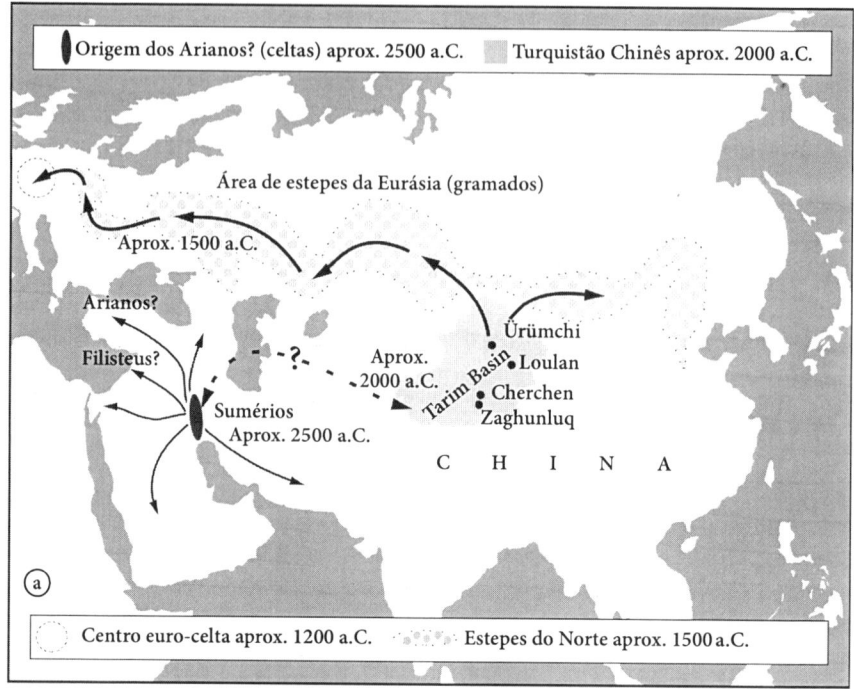

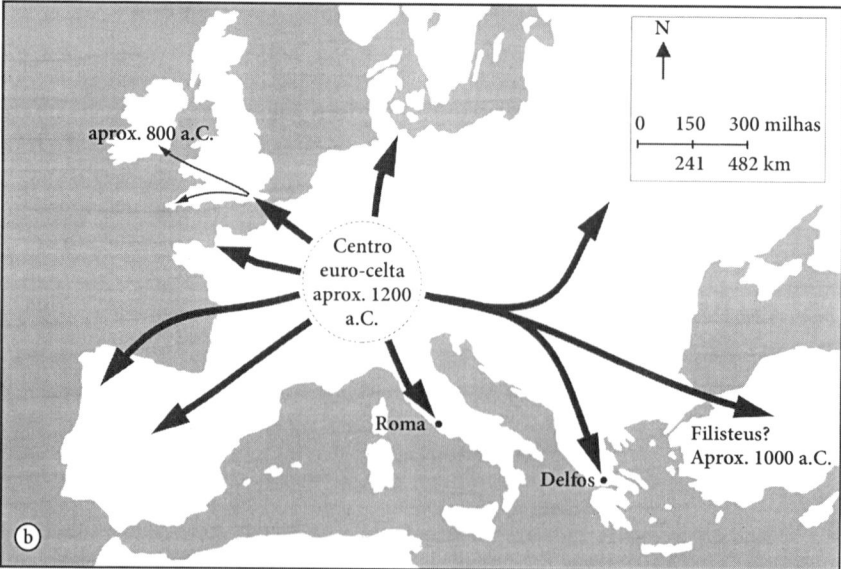

Figura 1. (a) Os primeiros relatórios detalhados sobre as múmias de Tarim chegaram ao Ocidente em 1994. Os precursores seminômades dos celtas seguiram seu gado e suas ovelhas ao longo das estepes férteis, chegando à Europa central por volta de 1200 a.C. (b) A partir de aproximadamente 1000 a.C., eles vagaram pela Europa, chegando à Bretanha e à Irlanda em aproximadamente 800 a.C.

formou e dividiu o navio, e Donn...[9] foi separado dos outros. Ele e a tripulação de seu navio foram imersos nas dunas de areia do mar ocidental... Depois disso, os filhos de Míl dividiram a Irlanda entre si, como contam os historiadores". (*The Annals of Inisfallen*, Trs. Ms Rawlinson B.503, Ed. Sean Mac Airt, Instituto de Estudos Avançados de Dublin, 1988)[10]

Outras incursões na Irlanda levaram os loiros altos e de olhos azuis da França e Alemanha, inicialmente para a Inglaterra e, em seguida, para a Irlanda, em 800 a.C. Se isso foi, realmente, o que aconteceu, explica a predominância de loiros de olhos azuis que vivem ao lado das pessoas de cabelos pretos na Irlanda de hoje.

A visão ortodoxa, aumentada pelas descobertas no deserto de Taklamakan, oferece um esquema simplificado (Figura 1a), sugerindo que os celtas loiros vestidos de tartã apareceram, inicialmente, no Turquistão chinês, por volta de 2000 a.C. Comentaristas concordam que eles provavelmente migraram para o norte quando o vale Tarin começou a virar um deserto. Túmulos ao lado de Qawrighul, perto de Loulan, onde foi encontrada a beleza de Loulan (painel 1a), são marcados por postes de lenha semi-submersos e enterrados bem fundo, distribuídos de forma circular, em círculos concêntricos, com braços irradiados, imitando o Sol e seus raios — provando, por um lado, que havia árvores na região antes de se tornar deserta e, por outro lado, que o povo de Taklamakan reverenciava o Sol e seus raios, assim como os celtas, que adotaram a cruz solar como seu símbolo (figuras 2b e 2d). Os seminômades sobreviventes do vale Tarin podem ter migrado para a Europa central, levando seu gado e suas ovelhas para pastos mais férteis no norte e no oeste, por intermédio das estepes gramadas da Eurásia. Ao mesmo tempo, outro grupo pode ter se mudado para o oeste (Figura 1b), da Suméria à Turquia, explicando os enigmas dos filisteus e dos arianos. Na Europa central por volta de 1200 a.C., algumas pessoas podem ter carregado o idioma celta para o sudeste, na direção da Turquia.

A verdade é que ninguém sabe ao certo quem foram e de onde vieram os celtas. Mesmo assim, todos parecemos saber a quem nos referimos quando falamos deles.

Mais tarde, descobrimos que, coloquialmente, os celtas compartilhavam uma forma de arte comum: seus padres druidas compreendiam

---

9. Houve cinco filhos de Míl, no total: Eremon, Donn, Ír, Éber e outro (o nome do quinto não aparece na tradução devido aos danos no manuscrito original). Éber nasceu no Egito, Donn nasceu em Scythia e Ír e Eremon, os dois mais novos, na Espanha.
10. Os anais alegam que os 'Scotti' foram convertidos à fé cristã (em 433 d.C.). *The Encyclopaedia of Ireland* [sob o título 'Escócia, associações'] diz que, mais tarde, 'uma expedição liderada pelos três filhos de Erc de Irish Dal Raida (em Country Antrim, Irlanda) fundou o reino de Argyll (atual Escócia) por volta de 500 d.C.' Portanto, a origem de Irlanda (por causa de Ír, filho de Míl) e Escócia (por causa de Scotta, a filha do faraó).

O Sol, a Cruz e os Celtas

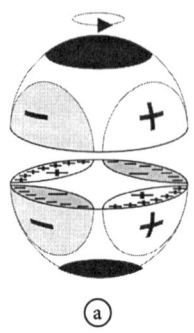
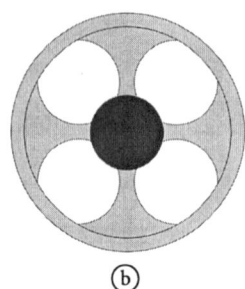
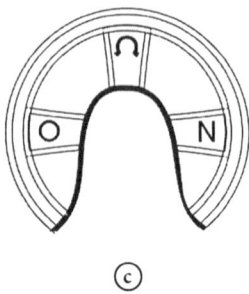

Figura 2. (a) Esquema dos campos magnéticos do Sol. (b) Visão plana do campo magnético equatorial do Sol — [com o campo polar (em preto) sobreposto]. (c) A cruz solar celta, derivou de (a) e (b) e foi, mais tarde, adotada pelos cristãos e utilizada no halo de Cristo (c, d e e). Somente Cristo usa um halo contendo a cruz solar; os mortais menores usam outros enfeites (f) refletindo o grau de pureza do espírito.

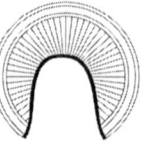

a superciência do Sol — como ele controla o comportamento (Astrologia) e regula a fertilidade, conforme gira em torno de seu eixo a cada 28 dias; compreendiam também como o Sol proporciona catástrofes periódicas na Terra — apagando cada civilização dos anais da história; eles acreditavam em uma vida após a morte e veneravam o deus morcego, como deus da morte, e o cervo, como deus da fertilidade. Eles acreditavam em um "filho de Deus", que nascera de uma concepção imaculada, operara milagres e que — quando de sua morte — se tornara Vênus, a estrela da manhã e da noite, a mais pura e brilhante fonte de luz dos céus. E, como a antiga veneração ao Sol por parte dos maias, no México e os antigos peruanos, egípcios e chineses, eles codificaram seus segredos junto aos seus tesouros para que eles mesmos pudessem redescobri-los em uma encarnação futura — caso falhassem em chegar ao paraíso, nesta vida.

O Centro Euro-Celta

Por volta de 1000 a.C., os celtas haviam se estabelecido nas minas de sal pré-históricas de Hallstatt,[11] nos pés das montanhas austríacas, em Salzburg (Figura 3). A pedra salgada, sedimento de um antigo mar, era importante para os celtas dos Alpes, pois era uma fonte de iodo — utilizado na prevenção do cretinismo e hipertireodismo nas regiões das montanhas; como conservador para carne e como realçador de sabor, transformando-o em uma mercadoria valiosa que podia ser trocada por artigos de luxo com outras áreas sem acesso ao mar.

A mineração teve início com a escavação de túneis nas laterais das montanhas e, em seguida, passaram a explorá-las mais profundamente. Os aproximadamente 4 mil metros das minas atuais contêm uma herança da atividade industrial celta, incluindo os corpos de mineiros, preservados com sal, fragmentos de tecido, botas de couro, mochilas e ferramentas.

Em 1846, o arqueólogo Johann Georg Ramsaeur descobriu um cemitério próximo às minas, que continha os corpos de 1045 pessoas da elite de Hallstatt. Os escavadores encontraram uma riqueza em tesouros celtas, incluindo urnas de bronze decoradas com discos raiados e pássaros [ambos são conhecidos símbolos solares celtas], adagas e espadas de bronze.

O estilo e a decoração dos artefatos encontrados no cemitério são distintos, e artefatos similares foram encontrados espalhados pela Europa.

Esse surgimento da cultura euro-celta é chamado de período Hallstatt. Mais tarde, os arqueólogos começaram a perceber o surgimento de diferenças

---

11. Este nome vem de Hall, a palavra celta para 'sal'; e 'statt', para 'lugar'.

Os Euro-Celtas

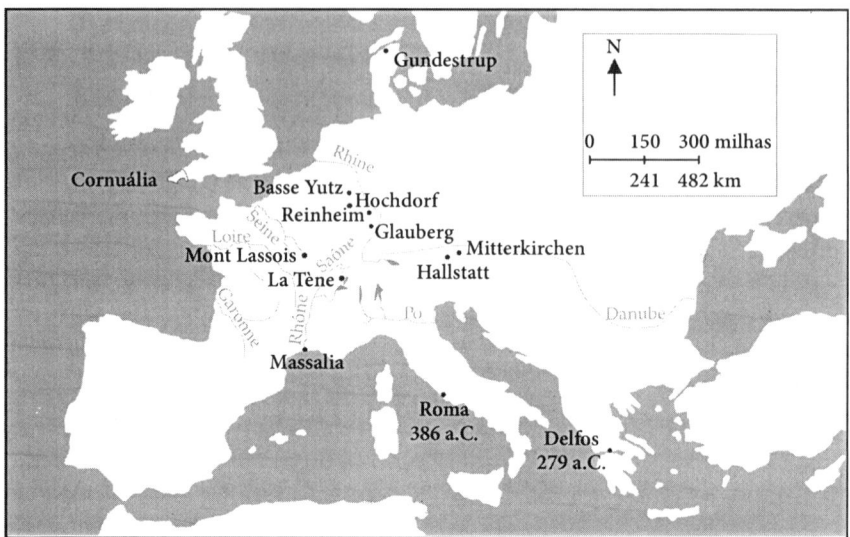

Figura 3.

A Gravação na Bainha de Hallstatt

Figura 4. Detalhe da gravação na bainha [do túmulo número 994 no cemitério de Hallstatt, aproximadamente 600 a.C.]. O círculo central representa o Sol. Os círculos acima e abaixo dele representam o planeta Vênus, como a estrela da manhã e a estrela da noite. Os personagens em ambos os lados representam os gêmeos, uma metáfora utilizada por todas as civilizações adoradoras do Sol para representar a estrela gêmea (planeta) Vênus (Figura 5). As bordas contêm um padrão de suásticas *invertidas* e entrelaçadas. O padrão em labirinto que circunscreve o círculo central contém informações secretas codificadas.

no estilo e no conteúdo dos bens dos túmulos, e dividiram o período em quatro fases: Hallstatt A (1200 a 1000 a.C.); B (1000 a 750 a.C.); C (750 a 600 a.C.) e D (600 a 480 a.C.). Por exemplo, as descobertas em Hallstatt C incluem espadas de bronze e ferro, enquanto no período seguinte, D, as adagas apareciam com mais freqüência.

Uma bainha de espada do cemitério de Hallstatt está gravada com cenas ostensivas de batalha, exibindo guerreiros, alguns marchando em formação, outros, a cavalo, carregando lanças; e outras cenas duplicadas — como que para enfatizar sua importância —, mostrando dois soldados segurando uma roda (Figura 4).

Essa cena nos diz muito sobre os celtas de Hallstatt: o círculo central representa o Sol. A estrela dentro do círculo indica que os celtas estavam muito cientes de que nosso Sol é, em termos científicos, uma estrela. Dois círculos, um acima e um abaixo do símbolo do Sol, representam a estrela gêmea (planeta) Vênus em suas diversas manifestações como 'estrela da manhã' e 'estrela da noite' (Figura 5) que, por 292 dias (visto a partir da Terra em movimento), só pode ser visto no céu escuro da manhã, antes do nascer do Sol. Durante outros 292 dias, só pode ser visto após o pôr-do-Sol, no céu escuro da noite. Por ser a fonte de luz mais brilhante e mais pura no céu, foi associado ao amor e à pureza do espírito pelas civilizações que cultuavam o Sol. No entalhe, os dois soldados, posicionados um de cada lado do Sol, representam 'os gêmeos', não apenas como a estrela gêmea, mas também como uma imagem espelhada do outro. Quando os antigos referiam-se à imagem espelhada, se referiam à alma, a imagem espelhada do corpo (Figura 6).

As bordas do entalhe contêm uma seqüência vertical de suásticas interligadas, uma forma que, se sabe, foi utilizada pelas civilizações antigas como um símbolo solar por ser derivada de um padrão do vento solar (Figura 7). Isso significa que os celtas de Hallstatt deviam saber, antes de 600 a.C., que o Sol gira em torno de seu eixo e despeja partículas carregadas positivamente [o núcleo do átomo de hidrogênio] e partículas carregadas negativamente [elétrons] sobre a Terra. Eles também deviam conhecer a 'estrutura setorizada' do vento solar — como ela muda, alternadamente, de positiva para negativa a cada sete dias, de acordo com a estrutura magnética do Sol — fatos revelados ao homem moderno em 1962, mediante dados recebidos pela sonda Mariner II.

A suástica antiga evoluiu para uma versão quadrada do padrão do vento solar, não permanecendo uma cópia perfeita de si mesma, pois o 'quadrado' era a marca do homem educado e virtuoso. *The Book of Great Learning*, um dos grandes clássicos chineses da escola do filósofo Confúcio [morto em 479 a.C], explica a regra de ouro (referida como o quadrado de medição); 'um governante deve tratar os outros como deseja que os outros o tratem'. Isso inicia as regras básicas para uma relação entre duas partes,

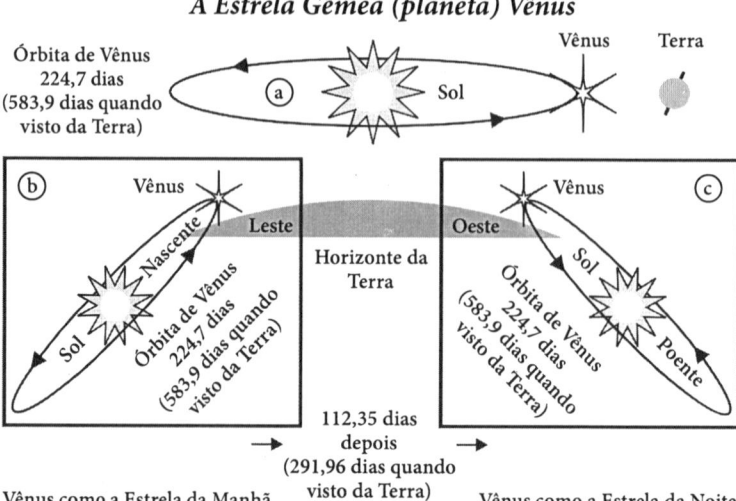

Figura 5. (a) A órbita de 224,7 dias de Vênus fica entre a órbita de Mercúrio (não ilustrada aqui) e da Terra. O intervalo entre os aparecimentos sucessivos de Vênus, vistos da Terra em movimento, é de 583,9 dias. Isso significa que Vênus, na posição ilustrada em (b), surge brilhante no céu escuro da manhã. Na posição (c), o Sol se põe antes de Vênus, que brilha no céu ao anoitecer. Por causa disso, e por Vênus ser o corpo celestial mais brilhante, ele é chamado de 'estrela da manhã' e 'estrela da noite', a estrela gêmea.

O Corpo, a Alma e o Sol

Figura 6. Os antigos egípcios adoradores do Sol também acreditavam que a alma era a imagem espelhada do corpo [à esquerda é a imagem espelhada da direita] e que o Sol (Deus) separa o corpo da alma.

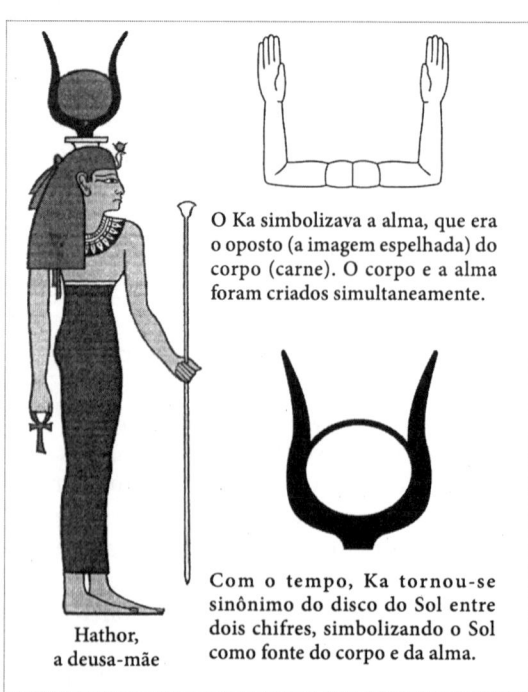

da mesma forma como um quadrado de medição determina a relação entre dois lados; trazendo uma relação próxima ao etos cristão, que surgiu muito depois.

Um leitor astuto deve ter percebido que as suásticas nas bordas do entalhe de Hallstatt são, na verdade, suásticas invertidas, girando em sentido horário ao invés do mais correto, o anti-horário, como o vento solar em forma de regador, detectado pela Mariner II (Figura 7b). Isso significa, certamente (para ser cético), que os celtas que entalharam a imagem, na verdade, nada sabiam sobre o vento solar, sobre o significado do quadrado e sobre Astronomia? Porém, esse povo era muito mais inteligente — assim como os maias, egípcios, peruanos e chineses.

O Mistério das Suásticas de Hallstatt

Conforme o Sol gira em torno de seu eixo a cada 28 dias, o derramamento de partículas positivas e negativas colide com os cinturões Van Allen (Figura 8b), os campos magnéticos protetores que envolvem a Terra. Presas nos cinturões, as partículas giram entre o Pólo Norte e o Pólo Sul a cada segundo, fazendo com que o campo magnético da Terra varie.

Em 1989, o dr. Ross Aidey, conselheiro médico da Casa Branca sob a administração Reagan, descobriu que o cérebro de ratos, pombos e porquinhos-da-índia produz quantidades variadas do hormônio melatonina, quando bombardeado por quantidades variadas de campos magnéticos modulados. A melatonina estimula a glândula pituitária no cérebro humano que, por sua vez, afeta a produção dos hormônios luteinizante e estimulante de folículos. Estes, por sua vez, regulam a produção dos hormônios da fertilidade, estrógeno e progesterona, nas mulheres.[12] Portanto, conforme o Sol gira a cada 28 dias, ele despeja na Terra partículas carregadas que regulam a função menstrual nas mulheres a cada 28 dias, o que explica por que as antigas civilizações que cultuavam o Sol veneravam-no como o deus da fertilidade.

A rotação do Sol também dá origem a ciclos magnéticos em sua superfície, fazendo com que seu campo magnético mude da direção nordeste para a sudeste em um intervalo de alguns milhares de anos [os cálculos são complexos e não-periódicos]. Essa mudança magnética possui o efeito

---

12. *The Tutankhamun Prophecies* (*As Profecias de Tutankhamon — O Segredo Sagrado dos Maias, Egípcios e Maçons*, lançado no Brasil pela Madras Editora) descreve com detalhes como o ciclo de radiação solar de 28 dias está relacionado aos hormônios da fertilidade.

O Sol, o Vento Solar e a Suástica

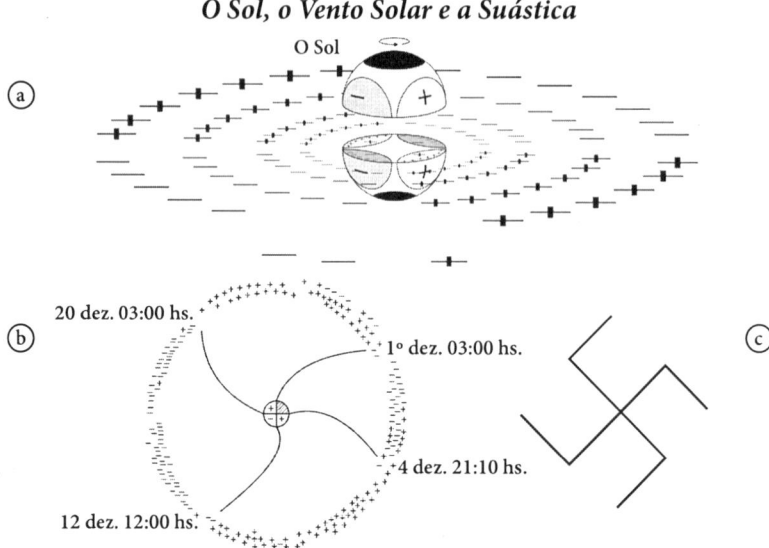

Figura 7. (a) O Sol irradia partículas carregadas (o vento solar) e as distribui em direção à Terra, como um regador. (b) A estrutura setorizada do vento solar foi a primeira detectada pela nave Mariner II, em 1962, e esboçada pela IMP I (nave Interplanetária I), em 1963. (c) A suástica representa um esquema do padrão do vento solar e era venerada por muitas antigas civilizações adoradoras do Sol.

Como o Ciclo de Rotação de 28 Dias do Sol Regula a Menstruação nas Mulheres

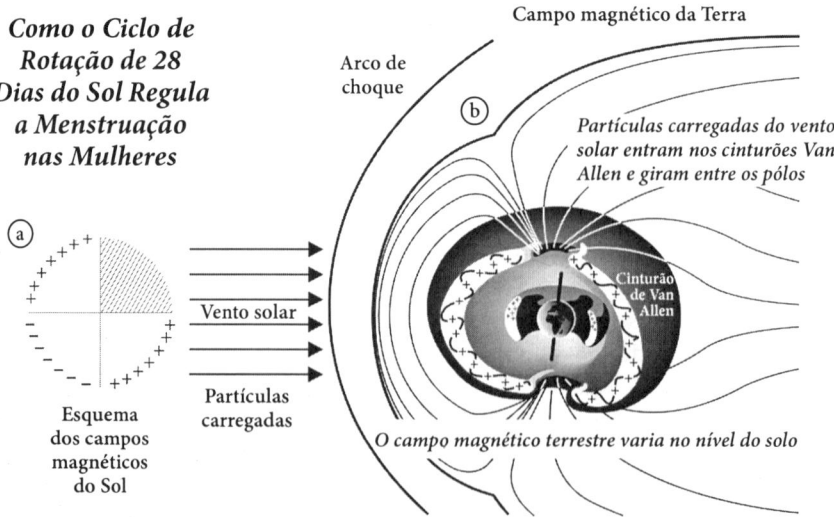

Figura 8. (a) O Sol gira em seu eixo e irradia partículas carregadas sobre a Terra. (b) O campo magnético resultante (no nível do solo) afeta a fabricação de DNA nos humanos com relação à concepção, gerando quatro tipos de mutações genéticas, três vezes ao ano, resultando em 12 tipos diferentes de personalidade (astrologia dos signos solares). Mais adiante, afeta o cérebro humano, causando variações na produção do hormônio melatonina a cada 28 dias, provocando variações na produção dos hormônios da fertilidade estrógeno e progesterona a cada 28 dias.

de virar os planetas de nosso sistema solar de cabeça para baixo em seus eixos. Claramente, aqueles que se encontram mais próximos do Sol serão mais afetados: quanto mais forte a mudança magnética, mais forte o efeito no espaço e mais planetas serão afetados. A análise histórica da atividade magnética solar revela que uma alteração magnética ocorreu em 3113 a.C. e fez com que Vênus virasse de cabeça para baixo em seu eixo.[13]

O escritor, historiador e cientista dos anos 1950, Immanuel Velikovsky, acreditava que este 'nascimento de Vênus' havia sido registrado no mundo todo. Em *Worlds in Collision*, ele escreveu:

> Na Grécia, a deusa que apareceu de repente no céu era Palas Atena. Ela saiu da cabeça de Zeus-Júpiter. Para os chineses, Vênus saiu dos céus, rivalizando com o brilho do Sol. 'A luz brilhante de Vênus' indicou um antigo registro rabínico 'brilha do fim do Cosmos até o outro'. (Immanuel Velikovsky, *Worlds in Collision*, Book Club Associates, 1973)

Claramente, a Terra, que se localiza mais distante do Sol do que Vênus, e menos suscetível a virar em seu eixo devido à força de seu campo magnético, não virou em 3113 a.C.

Arqueólogos ortodoxos sempre ficaram perplexos com o fato de que todas as inscrições dos calendários maias* se referem a uma data de início em 3113 a.C., sendo que a civilização maia só apareceu no México no período de Teotihuacan, por volta de 100 d.C.

Os maias eram ótimos astrônomos e sabiam — como sabemos agora — que a radiação do Sol afeta a fertilidade na Terra, por isso adoravam o Sol como o deus da fertilidade. Por saberem quão importante era a radiação do Sol para a vida na Terra, eles monitoravam os padrões de radiação do Sol, sabendo que este não supriria suas necessidades de fertilidade 1.366.040 dias após a inversão magnética do Sol, que ocorreu em 10 de agosto de 3113 a.C. Em 627 d.C., 1.366.040 dias após o início de seu calendário, os maias começaram a morrer, como previram. Pelos 178 anos seguintes, o Sol não produziu suas necessidades férteis: menos bebês nasceram; ao mesmo tempo, um aumento nos raios-X solares, que afetaram mais a região equatorial.[14]

---

13. Evidência paleomagnética de Pearson e Cox (*Climate and Evolution*, 1978) e dados de crescimento das árvores de Bucha, 1970 [ambos documentados em *The Mayan Prophecies*] sugerem que o campo magnético do Sol mudou em 3113 a.C. e, novamente, por volta de 620 d.C. (1.366.040 dias após a mudança de 3113 a.C.). Parece que a mudança magnética de 620 d.C. não teve força suficiente para virar qualquer um dos planetas em seus eixos, porém resultou em radiação adversa do Sol que, deleteriamente, afetou a Terra (veja o texto principal).

* N.E.: Sugerimos a leitura de *O Oráculo Maia*, de Ariel Spilsbury e Michael Bryner, Madras Editora.

14. Áreas ao redor da linha do Equador são atingidas por raios-X solares de forma mais perpendicular e, portanto, são mais afetadas.

causaram um aumento de abortos espontâneos por todo o México. Esses acontecimentos coincidiram com uma Era do Gelo em menores proporções inspirada pelo Sol. Em nível global, houve menos chuvas, porém as regiões equatoriais, menos aptas para lidar com isso, sofreram desproporcionalmente em relação aos seus vizinhos do Norte e do Sul em razão da seca, falta de colheita e fome. Era o fim da civilização maia.

Os maias codificaram o importante intervalo de tempo de 1.366.040 dias em um de seus tesouros, o escudo do Sol de Monte Alban (painel 2a). Eles também, enigmaticamente, adoravam um número muito próximo a este, o número 1.366.560, ao qual eles atribuíam o 'Nascimento de Vênus'. O Códex de Dresden, um dos antigos livros maias, registra que o fim do mundo, para eles, aconteceria após 2.340 revoluções de Vênus [2.340 x 584], 1.366.560 dias após o início de seu calendário, em 3113 a.C., significando que eles esperavam que Vênus virasse de cabeça para baixo novamente em 627 d.C.

Isso significa que as suásticas no desenho de Hallstatt não estão desenhadas de forma incorreta. O entalhe, antes de mais nada, diz respeito ao planeta Vênus, que estava virado de cabeça para baixo em 3113 a.C. devido a uma inversão do magnetismo solar. Então, Vênus girava em seu eixo na direção oposta à rotação axial de todos os outros planetas de nosso sistema solar. De acordo com Vênus, o Sol gira em seu eixo, no sentido horário, e não anti-horário. A suástica estilizada no desenho de Hallstatt reconhece esse fato, explicitamente, utilizando uma suástica inversa (sentido horário), e não uma suástica comum. Portanto, os celtas não eram tão descuidados no fim das contas. Mas por que os celtas, assim como os maias, constantemente chamam nossa atenção para Vênus?

Os Segredos Espirituais de Vênus

Em 1989, enquanto trabalhava na Cranfield University, calculei a duração das inversões magnéticas do Sol. Utilizando os computadores da universidade, determinei o número de 1.366.040 dias — o mesmo número do escudo de Monte Alban — um pouco menos do que o número maia para o nascimento de Vênus, de 1.366.560 dias. Então, por que os maias, que tinham ciência dos verdadeiros números, foram tão longe para mencionarem o número incorreto de 1.366.560 dias para o nascimento de Vênus? Simplesmente para permitir que detectassem o ciclo, sabendo que Vênus viraria novamente durante a 2.340^{a} revolução, como supus anteriormente?

Em 1997 (em *Os Superdeuses**) mostrei que diversos líderes religiosos do mundo tinham muito em comum:[15] a lenda diz que quando Krishna[16] (cujo nome significa 'o ungido', em grego) nasceu, uma estrela brilhante foi vista no céu. Quando Buda nasceu disseram que tinha sido uma "estrela brilhante" no útero de sua mãe e quando Jesus nasceu, uma estrela brilhante foi vista no céu.

---

* N.E.: *Os Superdeuses — Sua Missão Era Salvar a Humanidade*, de Maurice Cotterel, foi lançado no Brasil pela Madras Editora.
15. • Todos nasceram a partir de uma concepção imaculada.
    • O nome da mãe de Buda era Maya. Maya também era o nome do arquiteto da tumba de Tutankhamon e também o nome de sua ama-de-leite. A palavra Maya significa 'ilusão' em sânscrito antigo.
    • Maia foi uma cultura que floresceu no México por volta de 100-750 d.C. e Lorde Pacal, o pregador-rei líder dos maias, ensinou que essa vida era uma ilusão.
    • Krishna é a palavra grega para 'o ungido', e Cristo ungia (batizava) as pessoas.
    • Jesus é conhecido como o filho de Deus, do tibetano Chi (energia divina) e o grego Zeus, o criador Deus, Chi Zeus, o filho de Deus que morreu por volta de 32 a.C. [A Bíblia diz: '...apareceu-lhe um anjo do Senhor em sonho e disse... Maria dará à luz um filho, e você deverá dar-lhe o nome de Chi Zeus', Mateus 1:20-21]; O nome Tutankh-amun é traduzido por 'a imagem viva de Deus' — o filho de Deus — e Ch'in Shi Huangdi, o primeiro imperador da China unificada, era conhecido por seu povo como o 'filho do Céu'.
    • As histórias deixadas por Lorde Pacal (do Mural de Bonampak) dizem que ele era o Senhor do Sacrifício, que morreu em uma cruz feita com dois pedaços de madeira. Jesus morreu na cruz, na Páscoa, e a palavra católica romana para Páscoa é Pashcal.
    • Viracocha é a palavra quechua para 'espuma do mar', uma metáfora para o ser humano perfeito. Uma pessoa 'na espuma do mar' está simultaneamente em contato com todos os elementos da Terra: terra, ar, fogo e água. A terra, sob os pés, o ar, o fogo (o Sol) que brilha em sua face e a água. Qualquer movimento em direção ao mar causa uma perda de contato com a terra. Qualquer movimento em direção à terra causa uma perda de contato com a água. Portanto, uma pessoa somente atinge a perfeição na 'espuma do mar'. Uma figura antropomórfica dourada, com 60 centímetros de altura, de um homem-caranguejo (painel 5d), foi encontrada no túmulo de Viracocha, em Sipan, Peru. O caranguejo é uma criatura que vive na terra e no mar, na espuma do mar.
    • Os brâmanes da Índia acreditam que o paraíso seja um 'oceano leitoso' (espuma do mar), por isso, acreditam que a vaca seja sagrada.
    • Todos os superdeuses: Krishna, Tutankhamon, Buda, Ch'in Shi Huangdi, Jesus, Viracocha (e Viracocha Pachacamac) e Lorde Pacal fizeram milagres.
    • Quando morreram, todos se transformaram em Vênus.
16. Os *Vedas* indianos (conhecimento divino dos brâmanes) falam sobre a divina trindade hindu: Brahma (o espírito santo), Vishnu (a carne, encarnação na Terra) e Shiva (o pai). Diz-se que Vishnu encarnou na Terra nove vezes. A oitava vez, como o Deus Hindu Krishna, e a nona, como Buda. Acredita-se que os *Vedas* tenham sido escritos pelos indo-arianos antes de sua entrada na Índia, por volta de 1500 a.C. Os quatro principais *Vedas* são: o *Rig-Veda* (hinos e louvores); *Yajur-Veda* (orações e fórmulas de sacrifício); *Sama-Veda* (músicas e cantos) e *Atharva-Veda*, dos *Atharvans*, os pregadores que celebravam os sacrifícios. Todos eles são escritos em uma antiga forma de sânscrito antigo.

Os Segredos do Escudo do Sol de Monte Alban

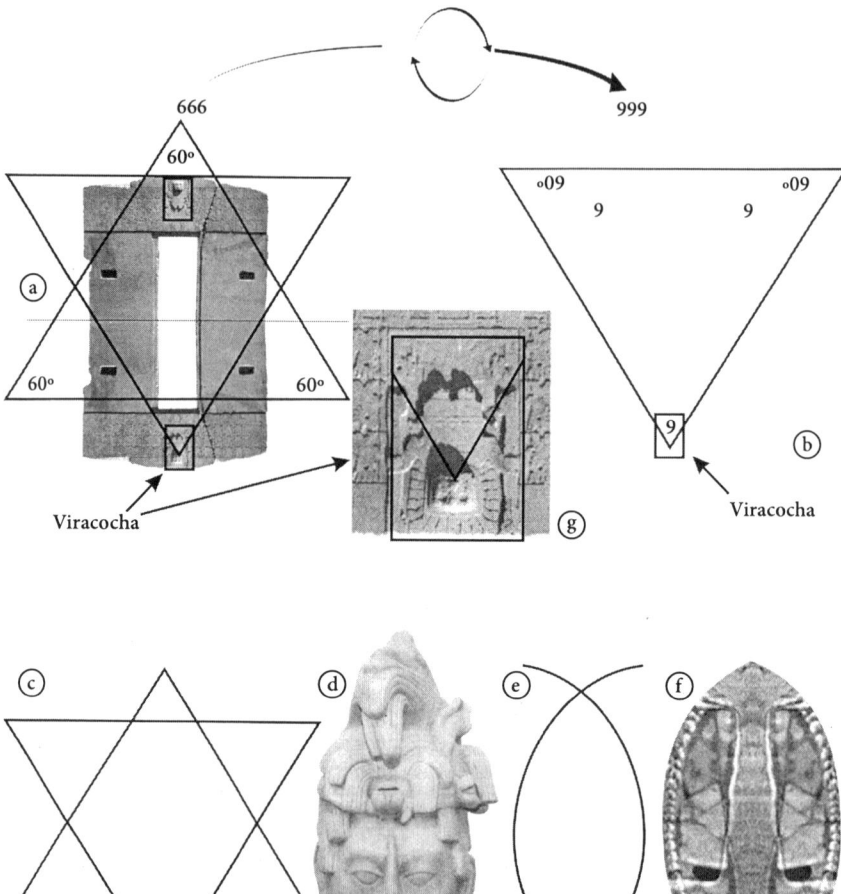

Figura 9. (a) Acima e no painel 2b, é mostrada a figura decodificada da Estrela de Davi [o símbolo geométrico do judaísmo], juntamente com o Portal do Sol de Tiahuanaco, Bolívia. Note que a gravação em baixo relevo de Viracocha no Portal está posicionada na ponta de baixo da estrela (b) correspondente ao número 9, significando que o número de Viracocha é 9, o número de um superdeus. (e) O painel 3c mostra a figura decodificada de um *vesica pisces* [o símbolo geométrico da cristandade] ao redor da cabeça e do rosto de Lorde Pacal. Isso revela que Lorde Pacal do México (aprox. 750 d.C.) e Viracocha (aprox. 500 d.C.) eram o mesmo homem que Jesus, o Judeu (aprox. 26 d.C.) — diferentes encarnações de Jesus na Terra. Todos os três aparecem em figuras decodificadas do escudo do Sol, significando que todos vêm do Sol — todos os três eram *luz*, ou *Deus*, provando que o escudo do Sol de Monte Alban é um milagre, que mostra as primeiras imagens de Jesus. (f) No painel 3c, Lorde Pacal regurgita uma pérola. A regurgitação de uma pérola (veja o texto principal) é uma metáfora para a reencarnação de Vênus (um superdeus) na Terra. Observe as <u>66</u> *pérolas* ao redor do perímetro da cabeça de Lorde Pacal em (f). (g) O motivo pelo qual a ponta da estrela forma a língua de Viracocha está explicado no Apêndice 1.

Quando Lorde Pacal morreu, disseram que ele havia ido para Vênus.[17] A última parte da Revelação, na Bíblia, diz que quando Jesus morreu, também se transformou em Vênus: '... Eu, Jesus... sou a estrela brilhante e matutina', significando que a Bíblia atesta explicitamente que Jesus era Vênus.[18] No Peru, uma estátua de Viracocha* aparece ao lado de seus 'dois filhos', os gêmeos, sugerindo que ele também tenha se transformado em Vênus ao morrer. Uma imagem no túmulo de Tutankhamon mostra o rei morto como um gêmeo, cumprimentando Osíris, o deus da ressurreição, na constelação de Órion, significando que Tutankhamon também se transformou em Vênus ao morrer.

Torna-se claro que Vênus, como a estrela (planeta) mais brilhante nos céus, está associada à liderança espiritual.

O escudo do Sol de Monte Alban também é um transformador maia, uma imagem que se transforma em muitas outras quando o processo de decodificação é utilizado.

O painel 2b mostra uma figura decodificada da passagem do Sol, que, hoje, está localizada em Tiahuanaco, na Bolívia, nas praias do Lago Titicaca (painel 2c). O reflexo (a imagem espelhada) da passagem pode ser claramente vista na água. Uma inspeção mais profunda mostra que a Estrela de Davi, o símbolo geométrico do Judaísmo, também está codificada no desenho. Quando traçada, torna-se claro que a ponta de baixo da estrela termina na boca de um entalhe de baixo relevo de Viracocha, na padieira da passagem refletida [o Apêndice 1 explica o significado do baixo relevo de Viracocha, que também é um transformador maia].

Uma análise contínua do escudo do Sol revela uma segunda figura, que mostra outra representação de Viracocha (painel 3a), similar àquela encontrada no Jarro Viracocha de Tiahuanaco (painel 3b).

Outra análise revela a imagem da cabeça e do rosto de Lorde Pacal, o pregador-rei líder dos maias por volta de 750 d.C., regurgitando uma pérola (painel 3c). Essa pérola é um antigo símbolo utilizado por muitas civilizações que cultuavam o Sol para representar o renascimento, ou reencarnação. No túmulo de Lorde Pacal, na Pirâmide das Inscrições, em Palenque, uma pérola foi encontrada em uma concha cheia de cinábrio (a forma pulverizada do mercúrio líquido) ao pé das escadas, sugerindo que Lorde Pacal renascera como o planeta branco Vênus no paraíso [chega-se a essa conclusão, pois o número atômico do elemento Cinábrio (a forma pulverizada do mercúrio

---

17. Histórias do escudo do Sol de Monte Alban (painéis 2, 3 e 7 a 11) mostram Lorde Pacal reencarnando como Vênus.
18. A estrela 'brilhante' refere-se à estrela brilhante do escuro céu noturno (a estrela da noite) em oposição à 'estrela da manhã', que competia com a luz do Sol nascente e, portanto, era menos brilhante.
* N.E.: Sugerimos a leitura de *Os Segredos das Pirâmides Peruanas — A Tumba Perdida de Viracocha*, Maurice Cotterell, Madras Editora.

O Túmulo do Rei de Hochdorf

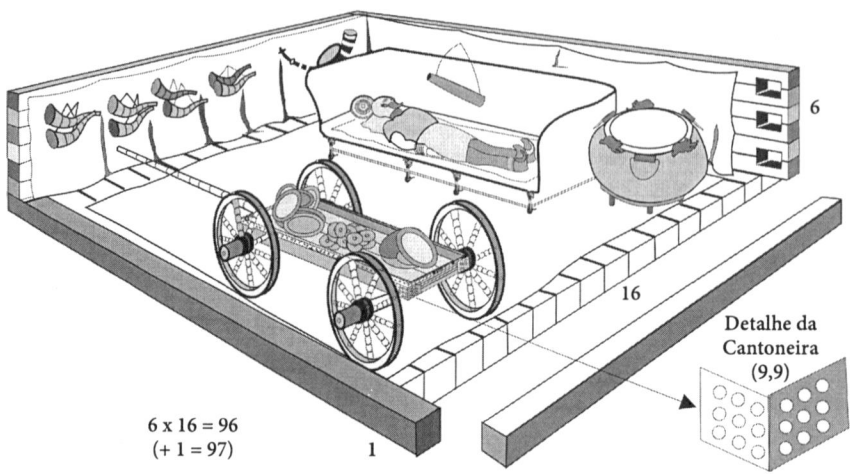

Figura 10. O túmulo de Hochdorf tem muito em comum com os túmulos de outros reis adoradores do Sol. Os celtas, assim como os maias, peruanos, egípcios e antigos chineses, codificaram a superciência do Sol e as ordens elevadas da espiritualidade em seus tesouros.

As Toras do Túmulo de Viracocha Pachacamac

Figura 11. Dezesseis toras de madeira sustentavam o teto do túmulo de Viracocha Pachacamac. Cinco toras em forma de Y suportavam as 16 toras. 5 x 16 não é astronomicamente significativo, entretanto, notamos que apenas uma tora em forma de Y foi encontrada no topo do telhado (parte de cima, centro). Por que os criadores do túmulo colocaram um dos seis suportes no topo do telhado? A mensagem aqui é que o 6 é importante: 6 x 16 = 96, o número dos ciclos magnéticos em um ciclo de mancha solar (figuras A11, A12 e A13). Outra tora transversa (Figura A14) foi colocada sobre os tijolos (totalizando 97), mas esta não sustentava o teto.

líquido) é 80]. A pérola, no Cinábrio, torna-se o objeto número 81, que engloba nove 9s, e 9 é o número da alma, Deus ou superdeus.

A imagem de Lorde Pacal, no painel 3c, está contida em um uma bexiga em forma de peixe, o símbolo geométrico da Cristandade, derivado de dois círculos que se cruzam (painel 3d), representando as várias manifestações de Vênus. Essa série de figuras decodificadas (Figura 9) sugere que o Judaísmo (representado pela Estrela de Davi), Viracocha de Tiahuanaco e Lorde Pacal estão associados à Cristandade (forma de peixe). O painel 5 mostra evidências arqueológicas da América Central que dão sustentação a essa hipótese. Além do mais, a imagem de Lorde Pacal regurgitando uma pérola (painel 3c) sugere, ainda, a reencarnação e o 'renascimento como Vênus'.

Já vimos que Lorde Pacal foi Vênus, Viracocha foi Vênus e Jesus foi Vênus. A inferência deve ser que Jesus nasceu novamente como Viracocha e, depois, como Lorde Pacal. Novamente, temos o 'nascimento de Vênus', assim como no número maia 1.366.560.

Utilizando os dois números similares, o verdadeiro número científico 1.366.040 para descrever as inversões magnéticas que causam os ciclos de infertilidade e fazem com que Vênus vire de cabeça para baixo em seu eixo [isto é, fazem com que Vênus renasça] — e outro número muito próximo, 1.366.560 — tido como o 'nascimento de Vênus' (pois soma 2.340 revoluções de Vênus) — eles tentavam conduzir o fato de que 'Vênus renasce'. Estavam tentando nos dizer que Jesus, que era o Sol na Terra (luz), renasceu como Lorde Pacal, ele era o 'renascimento de Vênus', o renascimento de Jesus. Os transformadores maias foram apenas um dos milagres que ele deixou. Novamente, esse caso é comprovado pelas mais incríveis imagens do escudo do Sol de Monte Alban, ilustradas nos painéis 6 a 13, mostrando Lorde Pacal como um cervo, o nascimento do menino Jesus, sua vida adulta, Jesus carregando a cruz e sua morte na cruz. O painel 12 revela o mecanismo por meio do qual a Tumba de Palenque pode ser decodificada, e o painel 13 sugere que aqueles que vivem pelo corpo encontram apenas a morte, enquanto os outros 144 mil encontram a vida eterna.

Os antigos acreditavam que o filho de Deus havia visitado a Terra em muitas ocasiões, como Krishna, na Índia em 1700 a.C.; como Tutankhamon, em 1353 a.C.; como Buda, em 450 a.C; como Ch'in Shi Huangdi, em 220 a.C; como Jesus; como os lendários deuses brancos Viracocha Pachacamac [Deus do Mundo] em 300 d.C. e Viracocha [a espuma do mar], em 500 d.C., que vagou pelas terras do Peru fazendo milagres; e como Lorde Pacal dos maias, em 750 d.C.

Como disse Krishna, durante seu discurso com o soldado prodígio Arjuna, em *Bhagavad Gita*, parte do poema épico indiano Mahabarata:

> Quando a espiritualidade decair e o materialismo crescer, Oh Arjuna, eu reencarnarei. (*The Geeta*, Purohit Swami, Faber and Faber, 1982)

Codificando Informações Utilizando Números

1,1 2,2 3,3 Matriz numérica freqüentemente encontrada em tesouros de antigos túmulos para chamar
4,4 5,5 6,6 a atenção para a prática da codificação utilizando números. O Apêndice 2 (Figura A17)
7,7 8,8 9,9 mostra um exemplo da Pirâmide das Inscrições, no México.

Números utilizados para codificar o conhecimento espiritual esotérico

666   A Terra é baseada em carbono. O átomo de carbono contém 6 cargas negativas (elétrons), 6 cargas positivas (prótons) e 6 partículas não carregadas (nêutrons). O número aparece na Bíblia: "Eis aqui a sabedoria! Quem tiver inteligência, calcule o número da fera, porque é número de um homem, e esse número é 666..." (Apocalipse 13:8).

999   9 é o número mais alto que pode ser alcançado antes de ficar ao lado de Deus (como em 10). 999 representa, então, o Céu acima, Deus, a alma ou um superdeus — um mestre intelectual. 666 representa a Terra abaixo, o inferno ou o Demônio. O propósito da vida é converter o corpo, 666, em energia divina, 999.

144.000   Número bíblico, refere-se àqueles destinados ao paraíso... 'Depois disso, vi quatro anjos que se conservavam em pé nos quatro cantos da Terra, detendo os quatro ventos, para que nenhum vento soprasse sobre a terra, sobre o mar ou sobre árvore alguma. Vi ainda outro anjo subir do oriente; trazia o selo de Deus vivo, e pôs-se a clamar com voz retumbante aos quatro anjos, aos quais fora dado danificar a terra e o mar, dizendo: Não danifiqueis a terra, nem o mar, nem as árvores, até que tenhamos assinalado os servos de nosso Deus em suas frontes. Ouvi então o número dos assinalados: 144 mil assinalados, de toda tribo dos filhos de Israel.' (Apocalipse 7:1-4)'.

Números utilizados para codificar o conhecimento científico — a superciência do Sol

26   O tempo que demora, em dias, para que a linha central do Sol faça a rotação em seu eixo.

28   O tempo que demora, em dias, para que a linha central do Sol faça a rotação em seu eixo, visto a partir da Terra em movimento.

37   O tempo que demora, em dias, para que a calota polar magnética do Sol faça a rotação em seu eixo.

41   O tempo que demora, em dias, para que a calota polar magnética do Sol faça a rotação em seu eixo, visto a partir da Terra em movimento.

96   O número de ciclos magnéticos solares que subsistem no Sol a cada 187 anos (constituído de 16 ciclos de mancha solar observáveis de 11,5 anos (aproximadamente) (Figura A11).

97   O número de ciclos magnéticos solares que devem ser levados em conta ao se calcular o ciclo magnético mais longo de 18,139 anos (Figura A11).

20   O número de ciclos magnéticos de 187 anos que ocorrem durante uma inversão solar magnética neutra de 3,740 anos (1.366.040 dias, como calculado pelo computador).

1.366.040   O intervalo, em dias, entre as inversões magnéticas solares que fazem com que Vênus vire fisicamente em seu eixo (codificado no escudo do Sol de Monte Alban pelos maias (painel 2)).

1.366.560   O intervalo de 1.366.040 contado pelos maias utilizando Vênus: 2.340 revoluções de Vênus (2.340 x 584) tomam 1.366.560 dias, medidos a partir da data de início de seu calendário, em 3113 a.C. Eles o chamavam de número do 'nascimento de Vênus' mas, significativamente, apenas como uma metáfora para descrever o renascimento espiritual de Vênus — Lorde Pacal foi o 'renascimento de Vênus' (Jesus).

Figura 12.

Os celtas de Hallstatt não apenas compreendiam a superciência do Sol, mas também, ao colocar Vênus de forma tão proeminente em seus entalhes, declaravam uma preocupação e um conhecimento sobre cada uma das religiões do mundo, do passado e do presente e, ao fazer isso, revelavam que compreendiam as altas ordens da espiritualidade.

O Túmulo do Rei de Hochdorf

Renate Liebfried, representante da Monument Preservation de Baden-Wuerttemberg, na Alemanha, era chamado com freqüência para examinar pedras e troncos incrustados em um antigo túmulo coberto por terra em Hochdorf. Finalmente, tornou-se claro que um anel circular de toras, com espaço de três metros entre elas, havia sido enterrado verticalmente ao redor de todo o perímetro de 188 metros do túmulo, criando uma cobertura ao longo das linhas de Stonehenge I, na Inglaterra. Em 1978, o arqueólogo dr. Joel Biel decidiu escavar o túmulo antes que fosse mais danificado pela atividade da agricultura. O monte de 6 metros de altura estava rodeado por uma larga trincheira.

Aproximadamente um ano após as escavações terem início, um poço central cheio de cascalho, medindo 4,7 metros quadrados, começou a surgir, descendo pelo centro do monte. As escavações continuaram até o nível do chão, quando eles se depararam com o que parecia ser uma plataforma de madeira. Como não tinham certeza do que poderiam encontrar, eles a pressionaram cautelosamente. Ao levantar a plataforma, tudo o que puderam ver foram tecidos cobrindo o chão e as paredes de uma câmara rasa.

Ao entrarem na câmara, eles podiam apenas pensar no que havia lá embaixo. Seria o túmulo de uma "princesa celta", como aquele escavado em 1953, ao pé da montanha celta, em Mont Lassois, perto de Châtillon-sur-Seine, na França, a aproximadamente 322 quilômetros a oeste-sudoeste de onde estavam escavando? Ela tinha aproximadamente 35 anos e parecia ter 1,72 metro de altura. Eles a encontraram deitada em uma carroça de madeira de quatro rodas e cercada por todo tipo de tesouros, muitos de origem grega, incluindo uma enorme urna de bronze de 1,65 metro de altura, que poderia suportar 500 litros de hidromel; três braceletes de pedra; um bracelete de bronze com detalhes em âmbar (em cada pulso); duas tornozeleiras em bronze; contas de âmbar e pedra, fíbulas[19] em bronze decoradas com coral e âmbar; fíbulas em ferro e ouro junto com um magnífico torque de ouro pesando 0,5 quilo. A palavra torque vem do latim e se refere a uma peça

---

19. Espécie de broche ou alfinete de segurança para fechar capas.

Os Segredos das Cariátides

Figura 13. Uma das oito cariátides que suportam a cama funerária em bronze do rei de Hochdorf. O braço levantado lembra o de um homem pequeno que aparece nos túmulos de Lorde Pacal, no México, e de Viracocha, no Peru (painel 5b e 5c). Como os outros, esta estátua traz a marca do coração puro no peito, desta vez, em forma de quadrado: uma metáfora sugerindo que o homem que está sendo carregado possuía um coração virtuoso (puro). Ela está no eixo de uma roda que representa o Sol, que gira junto com ela.

de metal torcido parecida com antigas golas decorativas. Elas se tornaram mais populares na Europa após o período de Hallstatt e se desenvolveram de uma simples tira de ouro torcida que envolvia o pescoço como um aro aberto para disposições mais enfeitadas.

Suas lanternas iluminaram o espaço empoeirado, mostrando uma câmara de 2,5 metros de profundidade e 7,4 metros por 7,5 metros de largura, logo abaixo do nível do solo. Apenas podiam ver tecidos bordados e lençóis colocados nas paredes e outros, talvez em feixes, colocados no chão.

Momentos depois, o teto caiu e os levou consigo. Logo se tornou claro, por causa dos escombros, que a câmara havia sido totalmente construída com troncos (Figura 10). O deque possuía 16 troncos curtos e um tronco longo, dispostos lado a lado. As paredes eram feitas de um amontoado de seis troncos longos, cada um com uma cavidade para acomodar as vigas transversas em forma de dente. A disposição das vigas parecia demasiadamente elaborada. Por que alguém passaria por tantos problemas para construir uma estrutura tão sofisticada?

O enigma dos troncos elaborados escondia o verdadeiro propósito do túmulo e seu conteúdo: os números e os comprimentos dos troncos contêm, obrigatoriamente, os números 96 e 97. O Apêndice 2 explica como e por que os antigos preferiam utilizar números para codificar informações esotéricas em seus tesouros. A Figura 12 mostra os números e explica por que eles foram escolhidos. Novamente, desta vez em Hochdorf, começamos a ver o surgimento de uma antiga prática que utiliza os mesmos números utilizados por outras civilizações que cultuavam ao Sol em uma tentativa de conduzir o conhecimento há muito perdido do Sol e das ordens elevadas da espiritualidade.

Os primeiros chineses estavam entre os primeiros a perceber o surgimento periódico de pequenas manchas negras na superfície do Sol, que se manifestava aproximadamente a cada 11,5 anos (Figura 23b). Dezesseis ciclos de manchas no Sol subsistem a cada período de 187 anos. As mesmas informações estavam entalhadas em uma tabela maia, em seu local de cerimônias em Palenque, em 750 d.C. (Figura A12); codificadas no desenho do túmulo de Tutankhamon, em 1353 d.C. (Figura A13); e codificadas no túmulo de troncos de Viracocha Pachacamac, no Peru, em 300 d.C. (Figuras 11 e A14). Essas revelações, juntamente com o fato de que o poço central que ia até o túmulo era exatamente um quadrado (4,7 metros), anunciam que quem desenhou o túmulo estava ciente do ciclo das manchas do Sol (a superciência do Sol) e também estava ciente 'do quadrado', um homem virtuoso que tinha ciência das ordens elevadas da espiritualidade. Este devia ser o túmulo de um superdeus há muito perdido.

A remoção dos lençóis utilizados para envolver boa parte do conteúdo do túmulo revelou aquilo que os arqueólogos descreveram como os restos de um antigo "príncipe celta". Seus ossos eram de um caucasiano de 1,87 metro de altura, de mais ou menos 45 anos de idade quando morreu, em 550 a.C.

Ele estava envolto em diversos cobertores de tecido decorados com suásticas invertidas, identificando-o com o planeta Vênus. De um lado da câmara, oito chifres para bebida estavam pendurados em pares na parede juntamente com outros nove chifres decorativos em ferro. Estes últimos parecem ter um bocal, conectado com uma rolha destacável e poderia ter sido usado como uma corneta. A rolha decorada consiste de um tubo pontiagudo fino. Um disco convexo em forma de Sol aparece no final, como um guarda-chuva aberto e uma pequena conta, colocada no centro do disco, finaliza o chifre. Parecem ser dois personagens em gesso idênticos ajoelhados um de cada lado do tubo, com seus braços erguidos como se estivessem adorando o disco em forma de Sol.

O rei está deitado de costas em uma cama funerária de bronze com três metros de comprimento, feita com seis folhas rebitadas de bronze, apoiada em oito cariátides (Figura 13) adotando a postura de adoração dos dois adoradores do Sol encontrados na ponta do chifre de ferro (personagens similares aos encontrados nos túmulos de Lorde Pacal e Viracocha (painéis 5b e 5c). Não está claro se as cariátides são figuras do sexo feminino ou masculino. Em qualquer evento, o homem morto acima era o nono (9º) ocupante da cama, da mesma forma como Viracocha Pachacamac foi o 9º ocupante de seu túmulo (Figura A14).

Cada uma das cariátides ficam em pé, com uma perna de cada lado do eixo de uma roda de bronze decorada com incrustações em coral vermelho, imitando as manchas do Sol, sugerindo que o morto estava preocupado com o Sol girando em seu eixo. O peito de cada cariátide possui um botão quadrado, significando que o homem que carregavam, acima, possuía um coração quadrado, um coração puro, assim como Lorde Pacal e Viracocha Pachacamac.

Um longo arco estava ao lado do corpo e um suporte para flechas contendo cabeças de flecha feitas em bronze e em ferro — tudo o que restara das flechas — estava pendurado no encosto da cama. Isso não significava, necessariamente, que ele era um caçador, mas se referia ao fato que, como professor espiritual, como Tutankhamon, retratado nas pinturas de seu túmulo atirando flechas, e como os arqueiros de terracota do mausoléu de Ch'in Shi Huangdi, ele 'mirava o coração'; ele viera para purificar o coração dos outros. Seu chapéu cônico feito de bétula e cortiça estava na ponta da cama, formando um halo perfeito para um rei.

Ele estava adornado com jóias: uma corrente de ouro; um bracelete de ouro e um cinto de 33 centímetros de comprimento e 8,5 centímetros de largura feito de folha de ouro. Uma bainha de bronze de 42 centímetros com uma roda de bronze fundido no lado afiado descansava no cinto ao redor de sua cintura. O avesso da bainha estava enferrujado, porém, a superfície, coberta por uma folha de ouro, brilhava intensamente sob a luz das lanternas dos escavadores. A bainha ocultava uma adaga de ferro com um punho em forma de tridente. (A adaga de ferro e a adaga de ouro também foram encontradas enfiadas sob o cinto de Tutankhamon. Lá, esses objetos explicavam que o ferro era mais precioso que o ouro, pois possuía magnetismo e, portanto, fazia com que seu portador viajasse para lugares distantes e retornasse novamente — utilizando a bússola magnética — indicando, assim, liderança espiritual. A adaga de ferro de Tutankhamon foi a primeira aparição do ferro conhecido pelo homem na Terra, quando pensavam que o ferro tivesse origem meteórica. A adaga de ferro na bainha coberta de ouro também carrega o mesmo sentido.)

No túmulo em Hochdorf, virtualmente, todas as peças de ouro, bronze, ferro ou tecido que podiam ser decoradas, eram adornadas com círculos solares, quadrados ou suásticas invertidas.

O que sobrara de seus sapatos de couro também fora embelezado com folhas de ouro, adornadas com padrões de quadrados sobre quadrados. Parecia que as folhas de ouro haviam sido colocadas de forma incorreta nos sapatos: a esquerda onde deveria estar a direita e a direita onde deveria estar a esquerda; uma metáfora sugerindo que a próxima vez em que o homem andaria seria em espírito, como uma alma (a imagem espelhada do corpo) no Céu.

Próximo à cama, um lençol cobria um grande caldeirão circular de bronze enfeitado com três alças de bronze distribuídas ao redor da beirada. As três alças eram intercaladas com leões deitados feitos em bronze fundido ou, mais corretamente, dois leões deitados e uma tentativa (aparentemente sem sucesso) de um leão saltando. Por causa desse erro, ficou parecendo um leão-marinho. A cabeça e a juba do leão, nos tempos antigos, referiam-se à face e aos raios do Sol. Posicionado ao redor da beirada do caldeirão, sugere que o próprio caldeirão também pretendia representar o Sol. Como que para enfatizar o ponto, uma taça semi-esférica dourada, com 13,4 centímetros de diâmetro, decorada com padrões de discos em forma de Sol, estava colocada entre o leão defeituoso, na beirada do caldeirão, e o leão perfeito. Não está claro por que um leão era diferente dos outros dois ou por que a taça dourada estava posicionada daquela forma.

Uma carruagem feita em madeira, com quatro rodas, maravilhosamente ornada com uma cobertura de ferro, estava[20] ao lado da cama. As bordas da carruagem eram seguras por placas fixadas com nove pregos de cada lado (99, 99, 99, 99), como no caixão de Viracocha Pachacamac (Figura A15). A bordo, havia nove placas de bronze, três taças de bronze, os restos de um fardo de madeira, decorados com miniaturas em bronze de grampos em forma de cavalos — para unir os cavalos e um arreio de bronze em forma de estrela, composto de seis correntes radiantes (Figura 14) unidas por um anel central. Quatro das correntes compreendiam sete anéis circulares (7, 7,

---

20. Quando foi encontrada, a carruagem estava esmagada, necessitando de restauração e reconstrução.

Os Segredos do Arreio

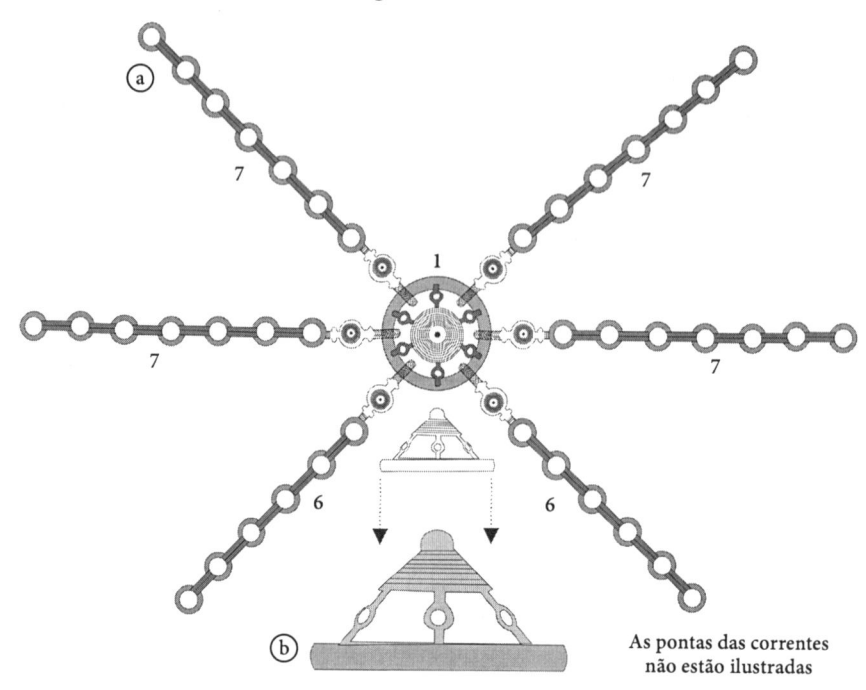

As pontas das correntes não estão ilustradas

O Sol

Calota Polar — 41 dias

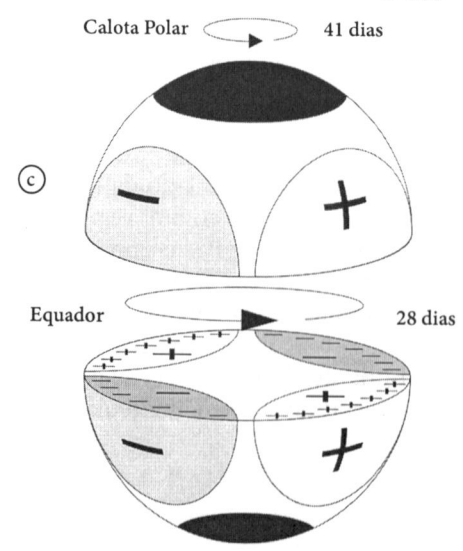

Equador — 28 dias

Figura 14. (a) O arreio ornamentado é composto de seis correntes: quatro correntes com sete anéis circulares e duas correntes com dois anéis, todas seguras por um grande anel central, que possui um cone com nove presilhas (b) e uma pequena esfera no topo. 4 x 7 = 28, o número de dias para que a linha central do Sol faça sua rotação com relação à Terra em movimento. (c) A calota polar magnética rotaciona mais lentamente, a cada 41 dias [(4 x 7) + (2 x 6) + 1] com relação à Terra em movimento. O topo cônico, mostrado aqui, possui a mesma forma do chapéu feito em bétula usado pelo homem do túmulo, sugerindo que o rei de Hochdorf era o Sol (sob o chapéu).

7, 7) enquanto as outras duas continham seis (6, 6). Juntos, esses números referem-se às taxas de rotação dos campos magnéticos do Sol, 28 dias e 41 dias quando medidos a partir da Terra em movimento. O anel central maior possui uma tampa central cônica com uma pequena esfera na ponta. O cone central, com o Sol no topo, representa, claramente, o topo magnético polar do Sol e, com igual importância, revela que o chapéu cônico feito de bétula usado pelo morto era uma metáfora para o Sol, confirmando que o homem era, sob o chapéu, o próprio Sol e que sua cabeça estava rodeada de luz — um halo.

Os arqueólogos demoraram dois anos para reconstruir as [aproximadamente] 1.500 peças da carruagem que fora achatada sob o peso do teto. A engenharia empregada durante sua construção era da melhor qualidade: cada eixo carregava duas rodas de madeira com dez raios. Os raios das rodas eram entalhados em eixos de carvalho que giravam em rolamentos de madeira, e cada roda era revestida com lâminas de madeira presas individualmente às rodas.

Muitos outros discos dourados, formando outras partes do arreio eqüino, estavam empilhados em cima da carruagem.

O interior do encosto da cama é entalhada com cenas de um homem em pé em uma carruagem de quatro rodas. Ele segura um grande arco e um chicote para controlar os dois cavalos da carruagem — dando uma idéia de que o morto não desejava levar ladrões indesejáveis até o túmulo e de que os antigos preservavam e codificavam seus segredos.

Muitos outros objetos pequenos foram encontrados no túmulo, inclusive cinco anéis em âmbar, com diâmetros variando entre 2,5 centímetros e 1,2 centímetros, todos colocados ao lado do pescoço do morto.

O âmbar, encontrado de forma abundante no Báltico, onde é trazido pelas ondas até a praia, é a resina fossilizada das árvores coníferas do período médio terciário [cerca de 65-1,65 milhões de anos atrás]. Ele era valioso e utilizado em joalheria desde antes de 35.000 a.C. devido à sua característica peculiar de gerar energia estática — uma carga elétrica negativa — ao ser esfregado com um pano; daí o nome "elektron", a palavra em grego para ämbar.

É como se os cinco anéis de âmbar encontrados próximos ao pescoço do morto tivessem sido colocados fora de sua posição deliberadamente, em vez de serem colocados ao lado dos ossos dos cinco dedos — mesmo eles sendo muito largos para terem sido usados como anéis para os dedos. Um enigma similar foi encontrado no túmulo de Tutankhamon onde um conjunto de anéis para os dedos foi encontrado fora da posição, no chão do túmulo, como se houvessem sido descartados, amarrados em um velho pedaço de pano. Lá, os itens representavam um convite para 'contar' usando os dedos. A formação anacrônica dos anéis de âmbar próximos ao pescoço do rei de Hochdorf também pode ter a intenção de transmitir a mesma informação: uma instrução para que o observador conte os atributos dos tesouros do túmulo — os 6, os 9 e assim por diante — ou, talvez, representassem um pedido para *medir* cuidadosamente os itens do túmulo (um pedaço de um fio enrolado ao redor da base do dedo indicador e uma vez ao redor do pescoço).

Outros pequenos objetos recuperados incluem broches de ouro em forma de serpente com aproximadamente 6,5 centímetros de comprimento, alguns dos quais eram utilizados para pendurar tecidos nas paredes, juntamente com três anzóis de ferro, um peso de ferro para pesca, uma pequena quantidade de linha de pesca e uma pequena faca de ferro. Uma segunda faca de ferro foi encontrada em um estojo de madeira. Também havia uma bolsa de couro fechada com alfinetes de bronze e fitas de couro e bronze — que se ajustava ao arreio do cavalo — agulhas de costura, alfinetes e pregos em bronze, partes de broches e pingentes, contas e fivelas de osso, correntes de ferro, um machado de ferro, uma lança, uma machadinha e um bocado de freio (bridão), parte de uma galhada de cervo e grandes quantidades de tecido.

Esse túmulo de Hochdorf era diferente dos outros túmulos celtas com carruagens. O túmulo de Mont Lassois que continha a princesa celta era menos abundante e, quando analisado numericamente, não continha números astronômicos ou espirituais relacionados às doutrinas esotéricas, ao contrário do túmulo de Hochdorf e de outros superdeuses.

Além do mais, as rodas da carruagem funerária de Hochdorf são as únicas que contêm quatro rodas e foram encontradas atadas a carroça — em contraposição com as outras, como as rodas da carruagem de Mont Lassois, que foram encontradas desmontadas, apoiadas na parede do túmulo — e outras carruagens funerárias de Mitterkirchen, na Áustria (nordeste de Hallstatt) que também não puderam fornecer informações numericamente significativas.

A evidência do túmulo de Hochdorf sugere que o ocupante era, como Tutankhamon, Ch'in Shi Huangdi, os Viracochas e Lorde Pacal, um superdeus líder dos celtas que viveu em Hochdorf por volta de 550 a.C.

Comércio Celta

Na Europa, a Idade do Bronze[21] durou de aproximadamente 2000 a 800 a.C. O bronze é uma combinação de cobre (tipicamente 75%) e estanho (25%). A adição de estanho faz com que a liga resultante seja muito mais

---

21. O período oficial da pré-história em que o bronze era o mais favorecido para trabalhos em metal.

Fortes Euro-Celtas aprox. 580-480 a.C.

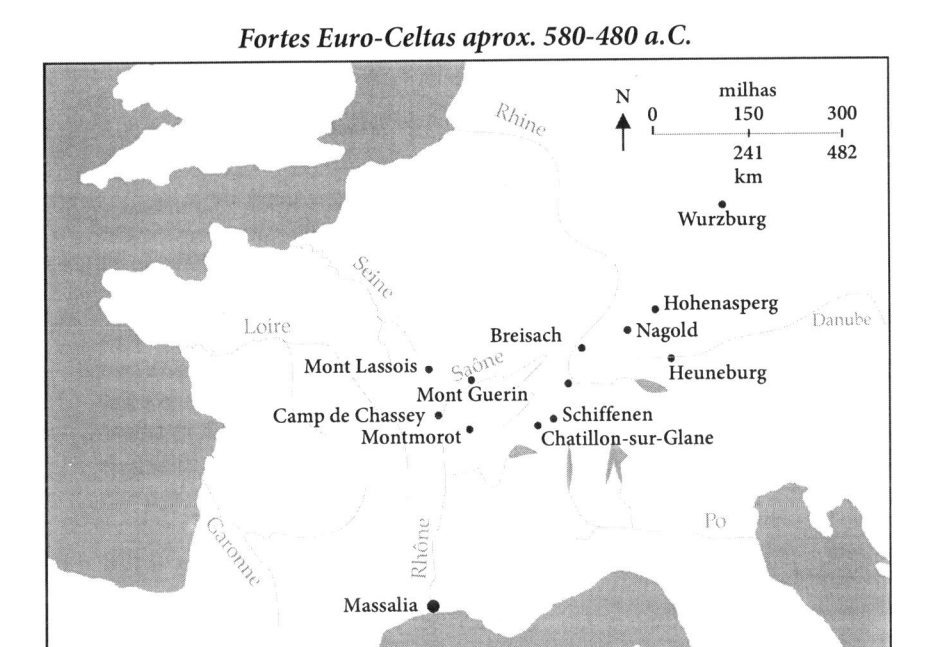

Figura 15. Mapa com os principais locais de comércio celta, que se desenvolveram ao redor dos principais rios da Europa entre 580 e 480 a.C. (nem todos os rios e locais estão ilustrados). Heuneburg e Hohenasperg, na Alemanha, e Mont Lassois, na França, eram os maiores fortes, que acomodavam os carregamentos de mercadorias da Europa para o Mediterrâneo.

dura que o cobre, resistente à corrosão e ideal para se fazer moldes. Portanto, ele se tornou o metal preferido para armas, ferramentas, vasilhames e trabalhos de arte até que o ferro, mais abundante, foi fundido pela primeira vez na Europa, durante a primeira parte do período Hallstatt, onde espadas, bainhas, adagas e outros objetos feitos de ferro foram encontrados em escavações.

Por volta de 600 a.C., os gregos, que controlavam o Mediterrâneo, dispunham de um estoque abundante de estanho nas minas da Cornuália, na Inglaterra, para facilitar a fabricação de bronze e de artigos de bronze por todo o império grego. As cargas atravessavam a Baía de Biscay ao Sul, através do Estreito de Gibraltar até a Grécia.

Os celtas gauleses (franceses) importavam seus próprios estoques a partir do canal, subindo o rio Sena até a área central celta da Europa (Figura 15), estabelecendo áreas cercadas em Mont Lassois, no final do rio Sena, e depois no Sul, em Camp de Chassey, para oferecer um ambiente seguro para a transferência de carregamentos e para acomodar o movimento de ouro e mercadorias utilizados no pagamento. Um após o outro, comerciantes celtas utilizavam ouro para comprar mercadorias dos mercados gregos no sul da França. Como resultado, ocorreu um grande crescimento no comércio e, conseqüentemente, os gregos desenvolveram o porto de comércio de Massalia, atual Marselha, no sul da França. As mercadorias gregas eram embarcadas ao norte, em Marselha para os celtas na França e na Alemanha e também para localidades na Áustria e na Suíça, para competir com as mercadorias etruscas que chegavam de rotas comerciais já estabelecidas a partir da Itália para os Alpes. Elas também eram transportadas por via terrestre entre fortes até o Sena e atravessando o canal inglês para a Cornuália. Os fortes tornaram-se os pontos de passagem do comércio intereuropeu.

Em seguida, os gregos negociaram mármore da África; vinho das vinícolas do Sul; cerâmica e corantes (utilizados em tecidos), que os celtas trocavam por tramas de tecido, ouro, prata e ferro. O grande caldeirão grego em bronze encontrado no túmulo de Hochdorf e a grande quantidade de caldeirões e taças em bronze grego encontrados no túmulo em Mont Lassois são provas do comércio daquela época.

Locais escavados em fortes freqüentemente continham oficinas de ferreiros de bronze, prata e ouro, sugerindo que eles eram, de fato, postos de troca seguros estabelecidos para favorecer o transporte seguro de mercadorias desde a época em que surgiram, por volta de 580 a.C. até serem abandonados, simultaneamente, por volta de 480 a.C.

Embora os euro-celtas tenham começado a se movimentar em direção ao Oeste, para a Bretanha e Irlanda, por volta de 800 a.C, é provável que o período entre 580 e 480 a.C., coincidindo com o crescimento no comércio europeu, tenha testemunhado as maiores migrações. Cópias de fortes franco-celtas começaram a aparecer na Bretanha por volta de 580 a.C. Acredita-se que o forte Ivinghoe Beacon, escavado em 2002, em Buckinghamshire, na Inglaterra, tenha sido construído de forma similar à de Mont Lassois.

O motivo do colapso dos fortes celtas no continente europeu por volta de 480 a.C. não é claro e ainda é tema de especulações. Um motivo seria que os celtas teriam ganhado um monopólio em estanho, forçando uma subida dos preços que, por sua vez, acelerou a introdução e o uso do ferro. Ou, talvez, o surgimento do ferro tenha reduzido a demanda por bronze e, conseqüentemente, por estanho, não apenas por parte dos celtas, mas também por parte dos gregos. Qualquer que seja o motivo, esse colapso marcou o fim do período D do Hallstatt em locais como Mont Lassois, Camp de Chassey, Mont Guerin e Montmorot, na França; Breisach, Nagold e Hohenasperg, na Alemanha; Schiffenen e Chatillon-sur-Glane, na Suíça, e o início do período La Tène, na Arqueologia celta.

Glauberg

De todos os sítios arqueológicos euro-celtas, um que está localizado ao sul de Hochdorf, datado do mesmo período (500 a.C.) merece ser mencionado. O sítio de Glauberg, 32 quilômetros a noroeste de Frankfurt, foi localizado a partir de uma vista aérea, em 1987. A escavação do túmulo de 50 metros de diâmetro (Figura 16a), rodeado por uma trincheira de 70 metros de diâmetro, teve início em 1996. Uma câmara localizada no centro do monte foi encontrada vazia. Duas covas escavadas entre 1998 e 2001 foram encontradas uma de cada lado da câmara central. A cova número 1 revelou um caixão de madeira com 2,25 metros de comprimento, 1,07 metro de largura e 1 metro de altura contendo restos humanos cremados juntamente com objetos rituais típicos do período, incluindo um vaso em forma de jarro feito em bronze, dois grupos de botões em bronze, um broche em bronze, um cinto (com fivela, furos, anéis, uma pequena corrente e rebites ornamentais em bronze), uma espada de ferro com uma bainha em bronze e ferro, pontas de lança e de flecha em ferro.

A cova 2 continha os restos de ossos humanos, três lanças de madeira com pontas de ferro, um coldre em couro com três flechas com pontas em ferro, um arco longo, um escudo de madeira — com moldura em ferro — dois brincos de ouro, um colar com 21,5 centímetros de comprimento, um cinto (com fivela, uma pequena corrente, anéis de furos e rebites ornamentais em bronze), dois anéis em bronze, um bracelete dourado, um anel de ouro, uma espada de ferro com bainha em bronze, seis pequenas varas em madeira com pontas de ferro, um broche em bronze, fragmentos de anéis em bronze, três pequenos rebites em ferro, dois broches em bronze em forma de cabeça de pássaro e um vaso alto em bronze, com 52,2 centímetros, ricamente decorado.

A isso, seguiu-se a descoberta, em 1996, de uma estátua de arenito com 1,86 metro de altura em uma trincheira larga a oeste do túmulo (Figura 16b). Os escavadores, incertos sobre como descrever a escultura extremamente incomum, rotularam-na como "príncipe celta". Porém, um príncipe com aparência tão incomum seria difícil de encontrar: sua aparência peculiar, com orelhas grandes, testa proeminente e um colar com três gotas melhor o identificam como uma representação do deus morcego, venerado em toda América Central como o deus da morte. Esta não é a primeira vez que o deus morcego é encontrado nas escavações do período Hallstatt; a cabeça de outro, por assim dizer, príncipe celta, idêntica a essa, foi encontrada em Heidelberg — uma descoberta incomum e interessante, pois significa que os celtas, que adoravam o Sol, compartilhavam das mesmas crenças mitológicas que os maias. Se esse for o caso, ele é comprovado, mais adiante, pelo surgimento de entalhes de cervos e cobras encontrados em abundância nas espadas, bainhas, jarros e jóias nas duas covas em Glauberg.

O cervo é um símbolo solar que, sabe-se, foi venerado por outras civilizações que adoravam o Sol. Ele perde seus chifres em intervalos anuais — e a Terra move-se na órbita do Sol em intervalos anuais. Ele também é intimamente associado à fertilidade — pois a radiação do Sol regula a fertilidade na Terra. Como a grama contém grandes quantidades de celulose, que é de difícil digestão, ele é um ruminante (regurgita a comida que já foi engolida, para mastigar novamente [até quatro vezes]), associando o cervo à noção de reencarnação da alma humana na Terra.

As associações com o cervo não param por aí:

- Deus é luz, portanto, Deus é o Sol e Jesus (como o filho de Deus) é o Sol encarnado na Terra. Isso serve para dizer que Jesus é o Sol e o cervo também é o Sol, portanto Jesus é o cervo (figuras 17 e 18).
- Jesus também é conhecido por ter curado os doentes com as mãos, por isso, as farmácias na França e na Alemanha freqüentemente possuem a figura de um cervo acima da porta. Um exemplo é a "Pharmacy of the Stag", construída em 1268, que sobrevive até hoje na praça da catedral de Strasbourg, na França.
- As galhadas dos cervos para representar ramos de espinhos (Figura 18a), simbolizando a coroa de espinhos usada por Cristo na crucificação.

O cervo também foi um dos epônimos escolhidos por Lorde Pacal, que aparece com freqüência entre os transformadores maias como o cervo Xipe Totec (pronuncia-se Shipi tou-tek), o, por assim dizer, Senhor dos cervos e o Senhor do sacrifício no México durante o período maia. O Mural de Bonampak, um transformador maia, exibe figuras[22] de Xipe Totec nascendo em um estábulo e operando milagres antes de mostrá-lo em outra emanação como um homem de barba carregando uma cruz feita com dois pedaços de madeira. Finalmente, ele aparece curvando-se para dois cervos (painel 4), que aplaudem o fim da performance. O painel 6 também mostra Lorde Pacal como um cervo.

La Tène

Em 1867, durante a onda de calor, as águas do lago Neuchâtel, no noroeste da Suíça, desceram para o seu nível mais baixo já registrado. Foi então que

---

22. Anteriormente caracterizado em *The Lost Tomb of Viracocha* (*Os Segredos das Pirâmides Peruanas — A Tumba Perdida de Viracocha*), lançado no Brasil pela Madras Editora, e em *The Terracota Warriors*.

O Túmulo de Glauberg

Figura 16. (a) O túmulo de Glauberg foi descoberto em 1987 e é escavado desde 1996. Dois túmulos foram encontrados junto com tesouros funerários e uma magnífica estátua em arenito, que foi chamada de "príncipe celta" (b).

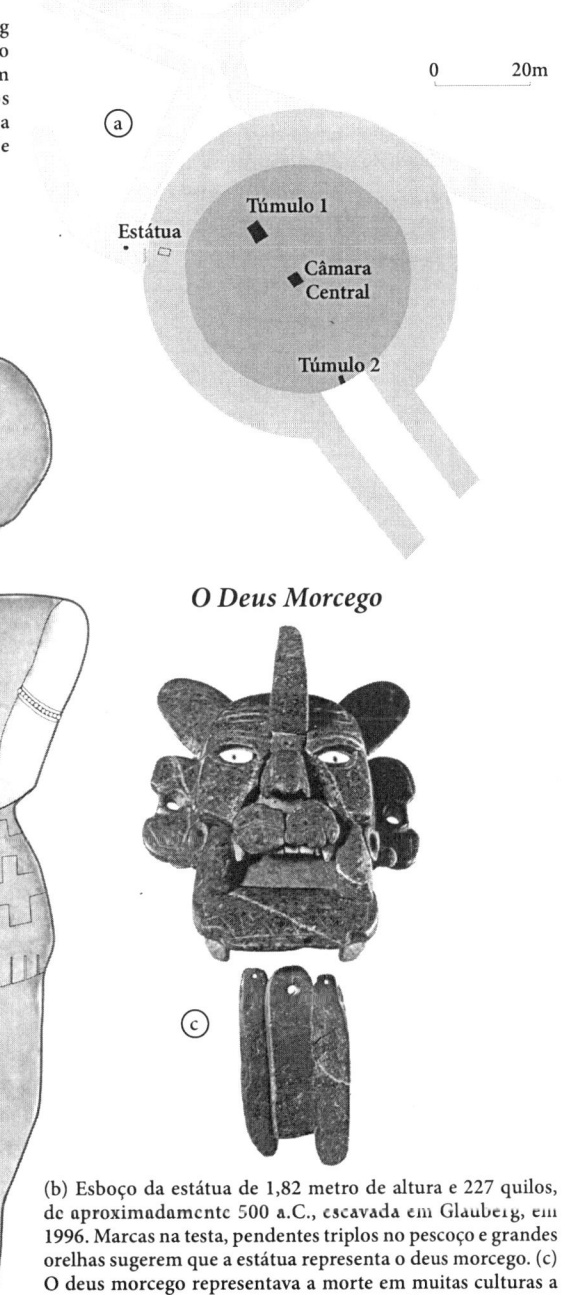

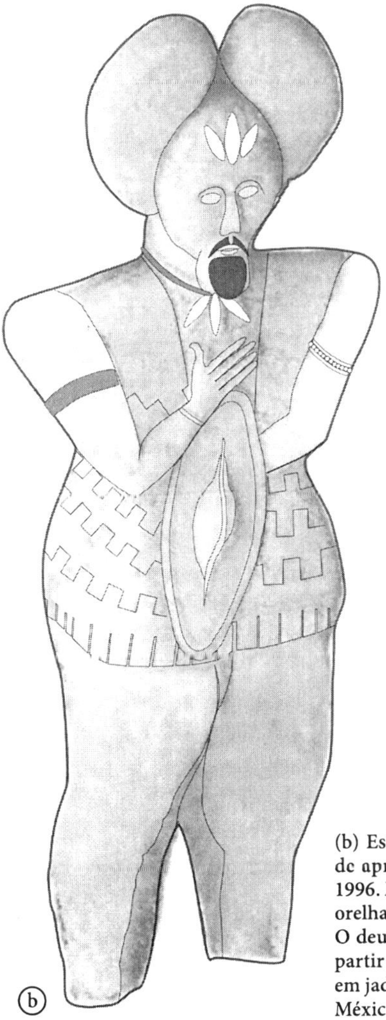

O Deus Morcego

(b) Esboço da estátua de 1,82 metro de altura e 227 quilos, de aproximadamente 500 a.C., escavada em Glauberg, em 1996. Marcas na testa, pendentes triplos no pescoço e grandes orelhas sugerem que a estátua representa o deus morcego. (c) O deus morcego representava a morte em muitas culturas a partir de Olmec, na América Central, em diante. Esta figura em jade, de 25 peças, encontrada no túmulo de Monte Alban, México, data de aproximadamente 700 d.C.

O Cervo, O Sol e a Cruz

Figura 17. Selo de uma garrafa de licor de ervas, feito na Alemanha e vendido atualmente na Irlanda, mostrando que o cervo ainda é associado ao Sol, à cruz de Cristo e à qualidade de cura medicinal das ervas.

O Cervo, as Galhadas e a Coroa de Espinhos

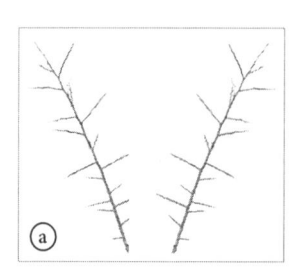

Figura 18. (a) Galhos de espinhos. (b) Soldados romanos preparando Jesus com uma coroa de espinhos para sua execução.

um arqueólogo amador, Freiderich Schwab, percebeu as pontas das toras que apareciam no fundo do lago. Estava claro que as pilhas de toras deviam ter sido levadas até lá havia muito tempo e ele conseguiu persuadir as autoridades a permitir que escavasse a área para determinar o que eram os troncos. Suas escavações no sedimento do lago descobriram aproximadamente 40 espadas e lanças de ferro. Em 1868, o lago foi completamente drenado durante os trabalhos de engenharia civil que regulariam o fluxo d'água. Mais objetos celtas foram retirados da lama, até outras 160 espadas de ferro — mais finas que aquelas encontradas em Hallstatt —, pontas de lança em ferro, escudos, armaduras, ferramentas e broches, mostrando um estilo e uma decoração desconhecidos dos arqueólogos. Desde então, mais de 3 mil objetos foram retirados do lago, mostrando que La Tène foi um importante centro celta que floresceu de 480 a 50 a.C. O estilo e o desenho dos objetos é mais alegre do que o do período celta anterior, remetendo à influência do grego clássico — com a aparência de acantos serpenteantes, voltas e representações antropomórficas de cervos, cobras, pássaros e criaturas desconhecidas (talvez míticas), todas fundidas com influência oriental e de Hallstatt.

O período La Tène é dividido em quatro fases: La Tène A (c. 480-400 a.C.); B (c. 400-250 a.C.); C (c. 250-120 a.C.) e D (c. 120-50 a.C.), de acordo com a aparência, o desenho e estilo dos quatro gêneros identificáveis de: armas — espadas, bainhas e lanças; roupas de batalha — escudos e capacetes; jóias — broches, colares e torques, braceletes, tornozeleiras e grampos de cabelo enfeitados; cerâmicas — vasos, jarros, urnas, caldeirões, baldes, frascos, pratos, taças e, o mais importante no sentido coloquial, arte decorativa celta.

O primeiro estilo de La Tène A foi observado pela primeira vez nos objetos encontrados nas covas dos sítios de Rheinheim (Figura 3) e Kleinaspergle, na Alemanha, e Basse Yutz, na França. O grupo Katzenbuckel, de Tumuli, próximo a Rheinheim, ao norte da fronteira Alemanha/França, no rio Blies, estava esquecido na antiguidade e só foi redescoberto quando escavações na área expuseram os restos de um túmulo, parte do qual fora destruído no processo. Em 1954, escavações mostraram que a cova pertencia a outra 'princesa' celta do início do período La Tène, embora o túmulo não fosse tão ricamente decorado como os primeiros, encontrados em Hochdorf ou Mont Lassois. De fato, não se sabe ao certo se o túmulo continha os restos de um homem ou de uma mulher, já que os ossos haviam sido corroídos pelo solo ácido.

Os tesouros incluíam um grande torque torcido feito em ouro; dois braceletes em lignito; anéis em ouro; broches em bronze e ouro, um dos quais lembrava um galo e era incrustado com coral — utilizado para abotoar roupas, das quais poucas restavam — uma grande quantidade de contas em âmbar e vidro; um grande espelho em bronze com uma alça antropomórfica — encontrado quebrado apesar de ter sido enrolado em tecido, para proteção; duas pias de bronze e um jarro de bronze — com mais de um metro de altura. Duas faixas cilíndricas em ouro foram tudo o que sobrou de um chifre orgânico para bebida. Esses últimos três itens são descritos como 'conjunto para banquete'. A ausência de armas e a quantidade de jóias são as únicas razões para sugerir que o ocupante do túmulo era uma mulher.

Em 1879, outro túmulo foi escavado em Kleinaspergle, mil metros ao sul do forte de Hohenasperg (Figura 15), na Alemanha. Esse tinha 7,6 metros de altura e 60 metros de diâmetro. A câmara central estava vazia e parecia ter sido roubada, porém, uma segunda câmara, com 2 metros por 3 metros, a oeste, foi encontrada intacta. Apenas alguns objetos foram resgatados: um broche e um bracelete de ouro; três pratos de bronze; uma tigela grande em bronze; um stamnos (uma espécie de caldeirão) etrusco em bronze; duas pontas de chifres em ouro para bebidas e quatro pedaços e pátenas de chifres para bebida. Duas xícaras rasas (kylikes) de um tipo feito em Atenas por volta de 450 a.C. haviam sido enfeitadas localmente com folhas de ouro, sem levar em consideração a decoração grega original. Foi encontrado um grande jarro de bronze, típico do período em estilo, mas não em decoração: a alça da base estava ligada ao corpo com a imagem de uma pequena cabeça humana e, na borda, com uma face antropomórfica. Novamente, a ausência de armas levou os arqueólogos a acreditar que os restos deviam pertencer a uma mulher.

Em 1927, em Basse Yutz, na França, foi encontrado um par de jarros em bronze de estilo similar (painel 14), juntamente com dois stamnoi durante a construção de uma nova estrada. Em 1929, o Museu Britânico conseguiu 5 mil libras para comprar os jarros que agora fazem parte de sua coleção, em Londres.

Os jarros, com 39,6 centímetros e 40,6 centímetros, datam de 400 a.C. e são particularmente belos e da mais alta qualidade em termos de arte. Cada um possui uma tampa, que pode ser removida e armazenada em uma corrente de segurança ligada à boca de uma cabeça de bronze em forma de cachorro na alça. A borda e a base são rodeadas com uma camada de coral. A tampa possui um belo botão semi-esférico em bronze, com enfeites de fios de bronze entremeados por um esmalte (vidro derretido) colorido; o primeiro surgimento de que se tem conhecimento da técnica *champlevé*.[23] O segundo, da fase La Tène, é caracterizado com as descobertas de uma cova de Waldalgesheim, na junção dos rios Reno e Nahe, em Bigen, próximo a Mainz, na Alemanha. Em 1868, um fazendeiro que arava sua terra se deparou com o que havia sobrado de um túmulo, agora descrito como

---

23. A técnica é freqüentemente comparada à posterior técnica Cloisonné, de entalhe ornamental, em que tiras de metal são soldadas na superfície de uma peça de metal e os compartimentos resultantes (*cloisons*) são preenchidos com esmalte colorido e, em seguida, queimados.

pertencente à outra 'princesa' celta. Somente a parte metálica do que, certa vez, havia sido o arreio dos cavalos e parte das rodas de uma carruagem de ferro permaneceram para sugerir que a cova era, na verdade, uma carruagem funerária. Não foram encontrados restos de esqueleto ou roupas. O ocupante usava um grande torque de ouro muito ornamentado, três braceletes de ouro e duas tornozeleiras de ouro. Um grande jarro em bronze, encontrado com uma jarra em bronze, foi gravado com delicados entalhes florais geométricos em forma de botões e folhas, representando a primeira aparição de um estilo que, acima de tudo, tipifica o estilo de arte dos celtas da forma que conhecemos hoje. O mesmo estilo é encontrado em um capacete de ouro de mesmo período, em Amfreville-sous-les-Monts.

Os ferreiros da época cobriam a superfície de potes, espadas, bainhas, capacetes e jóias com padrões intercalados entre cabeças humanas e de animais. Ainda é desconhecido como o trabalho de bordado em ouro, com seus arabescos, arcos e curvas que se torcem e viram, formando rostos humanos com olhos abertos, bochechas estufadas, narizes grandes e bocas tortas, pode ter sido realizado, em uma escala aparentemente microscópica de forma tão fascinante e ostensiva sem o uso de lupas para auxiliar no processo de produção.

O período La Tène A é, então, caracterizado pela presença de túmulos tumbas — alguns dos quais continham restos mortais e outros restos cremados; espadas em estilo Hallstatt — cuja lâmina mais longa e mais fina é contrabalanceada por um cabo em forma de tridente ou de antena; e pelos desenvolvimentos de broches no estilo Hallstatt — porém, com as pontas viradas.

O período La Tène B é caracterizado por túmulos cerimoniais e covas superficiais, espadas, algumas delas com a boca da bainha curvada e com trabalhos ornamentais circulares (por exemplo, uma cruz celta com segmentos abertos [transparentes]), na ponta afiada. A fase teve início com o surgimento de incrustações decorativas em coral e contas feitas com vidro derretido dispostas em montes, como no caso dos jarros de Basse Yutz.

Durante o terceiro período de La Tène, o belo trabalho decorativo rococó desenvolveu-se e tornou-se mais delicado. A incrustação com corais tornou-se mais produtiva. O trabalho com vidro derretido tornou-se mais comum e as espadas tornaram-se ainda mais longas sem o trabalho translúcido na bainha.

Durante a fase final de La Tène, as pontas das espadas tornaram-se cegas e arredondadas, bainhas retas; broches e contas de vidro ficaram mais sofisticados e ambiciosos com a introdução de cores diferentes ao vidro. Porém, o encerramento da terceira fase do período La Tène tinha algo mais a revelar, provavelmente o tesouro celta mais famoso: uma curiosa tigela em prata.

O Caldeirão de Gundestrup

Figura 19. (a) Caldeirão de Gundestrup, aproximadamente 100 a.C., encontrado em um pântano de Raevenose, Jutland, na Dinamarca, em 1891. (b) Touro abatido (base interna).

Cernunnos

Figura 20. Detalhe mostrando Cernunnos, o deus celta. Em sua mão direita, ele segura um torque celta elíptico, que descreve o caminho (portanto) do Sol. As pontas do torque possuem esferas, representando as diversas manifestações da estrela-gêmea (planeta) Vênus, como a estrela da manhã e da noite. Seu corpo, contendo um segundo torque (em volta do pescoço), torna-se, então, o corpo entre a estrela da manhã e a estrela da noite — o Sol, a luz, Deus. Cernunnos é, então, associado ao Sol. Na cabeça, ele tem os chifres do cervo, que troca sua galhada anualmente, associando o cervo ao Sol, à luz e a Deus. O cervo é o epônimo de Jesus. As galhadas também lembram galhos de espinhos, e uma observação detalhada mostra Cernunnos usando uma faixa torcida na testa — representando a coroa de espinhos usada por Jesus na crucificação. O caldeirão de Gundestrup, como o Antigo Testamento da Bíblia, fala sobre a vinda de Cristo (para os celtas).

O Caldeirão Gundestrup

Em 1891, um caldeirão com 35 centímetros de altura, 71 centímetros de diâmetro em prata já enegrecida e marcada, pesando 9,1 quilos (Figura 19a) foi descoberto em um pântano em Ravemose, Gundestrup, ao norte de Jutland, na Dinamarca. Ele contém, dizem os arqueólogos, cenas da vida celta em cada um dos 13 pequenos painéis, ou plaquetas, dourados incrustados na prata, unidos à tigela principal em prata. Uma das cinco plaquetas, localizadas na parede interna, contém o, por assim dizer, deus da caça celta, Cernunnos (Figura 20) que possui as pernas semicruzadas e é rodeado por nove criaturas. Em sua mão direita segura um torque e usa outro em seu pescoço.

Aqueles que conhecem a verdadeira natureza e o objetivo da mitologia celta verão mais coisas nessa cena. Em sua testa, Cernunnos possui os chifres de um cervo, associando-o ao Sol, à luz, a Deus e à cura. Como notamos anteriormente, o cervo também é associado a Jesus. O torque, em forma de elipse na mão direita de Cernunnos, descreve o caminho do Sol, proclamando a reverência do Sol. As pontas do torque possuem duas esferas, representando as diversas manifestações de Vênus como a estrela da manhã e a estrela da noite. Seu corpo, em um segundo torque (ao redor de seu pescoço), então, se torna o corpo entre a estrela da manhã e a estrela da noite — o Sol, a luz ou Deus. Cernunnos é, portanto, explicitamente retratado como Jesus no caldeirão de Gundestrup, como Jesus é retratado na Bíblia. Isso certamente significa que o caldeirão de Gundestrup conta, pelo menos nesta parte, a história de Jesus. Porém, em 100 a.C., época em que o caldeirão foi fabricado, Jesus ainda não havia aparecido na Terra e isso só pode significar que o surgimento do deus celta Cernunnos refere-se, como o Antigo Testamento da Bíblia, à futura vinda de Cristo (caso a data do caldeirão esteja correta).

Essa interpretação também é sustentada pelo surgimento de outro personagem próximo a Cernunnos: uma criança nas costas de um golfinho. O deus do Sol para os gregos e para os romanos era Apolo, o gêmeo (juntamente com Ártemis) do deus criador Zeus. A lenda diz que Apolo foi carregado nas costas de um golfinho de sua terra natal, a ilha de Delos, até o Monte Parnaso, onde tomou o controle do oráculo da Mãe Terra. Seu principal santuário oracular ficava em Delphi, que ele conquistou matando a serpente protetora do oráculo, Píton. Notamos anteriormente (nota de rodapé 15) que Chi Zeus era o nome dado a Cristo na Bíblia. No caldeirão, Cernunnos também é associado ao filho de Zeus e segura o que parece ser uma serpente, em segurança, por trás da mandíbula (como em conquista) em sua mão esquerda. Vale a pena mencionar que Apolo também era conhecido como o arqueiro que, como Jesus, mirava o coração.

Outras cenas nas plaquetas internas mostram o que só pode ser descrito como cenas do inferno, com indivíduos pendurados de cabeça para

O Mistério do Homem com os Braços Erguidos

Figura 21. (a) Ilustração de um homem com os braços erguidos, no caldeirão de Gundestrup, mostrado com dois cervos (como Lorde Pacal no Mural de Monampak, painel 4). (b) Figura decodificada de um homem, também com os braços erguidos, da Pirâmide das Inscrições de Palenque, de Lorde Pacal. (c) Figura de um homem com os braços erguidos no túmulo de Viracocha Pachacamac, Peru.

Os Segredos de Cernunnos

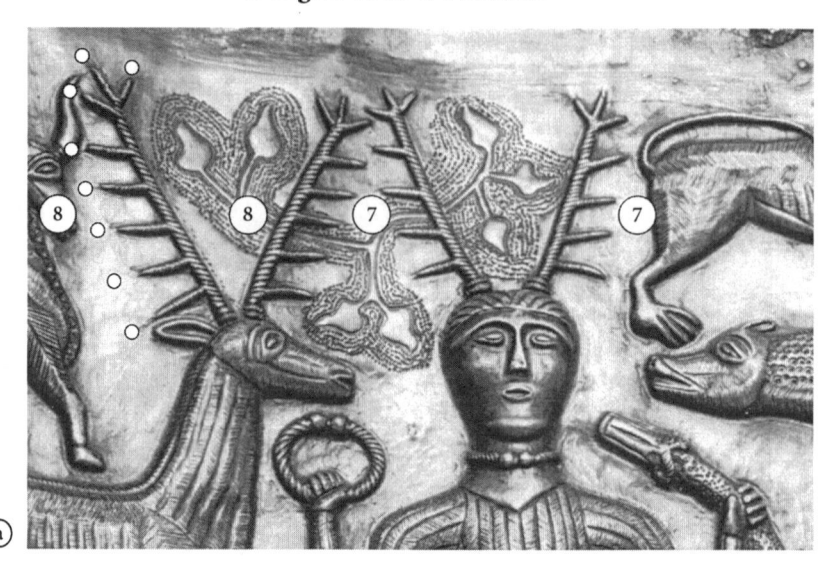

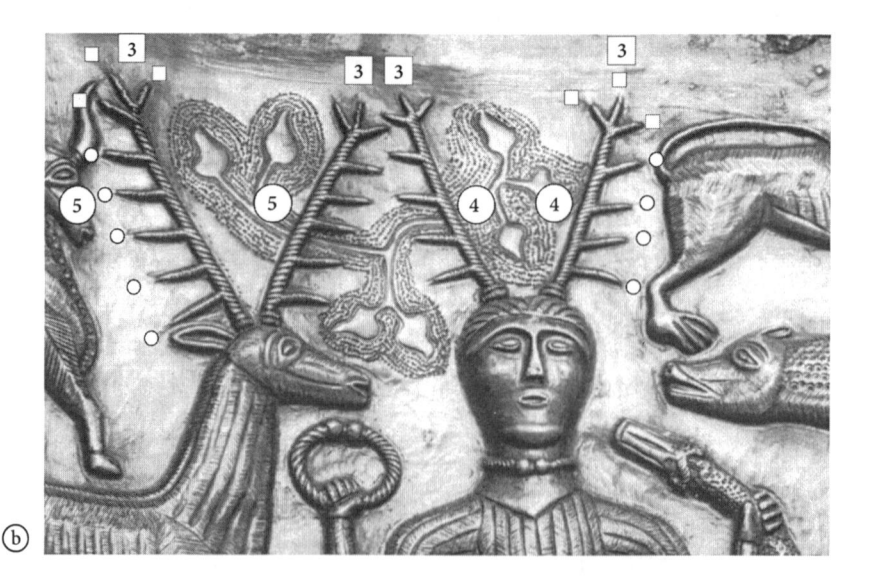

Figura 22. (a) Cada galhada na testa de Cernunnos possui sete chifres angulares (7,7). A Figura A10 mostra que o número 144.000 [a marca dos puros] somente aparece na testa de Lorde Pacal quando as transparências são justapostas em 7º e 7º (7,7). Cernunnos, então, da mesma forma, carrega o número 144.000 na testa. Isso é confirmado por outra análise numérica desta cena: o cervo verdadeiro, próximo a Cernunnos, não tem sete chifres em cada galhada, mas 8 (8,8). O agrupamento dos chifres pode ser analisado como em (b), que mostra os números 3,3, 3,3, 4,4 e 5,5. Os números 666 [o número da besta] não estão na seqüência, assim como não estão na matriz numérica do túmulo de Lorde Pacal (Figura A17).

baixo, sendo submersos em barris com líquidos em ebulição, soldados carregando lanças e marchando junto com a cavalaria, usando esporas nas botas — datando o objeto para não antes de 100 a.C., quando as esporas foram identificadas pela primeira vez como parte do armamento celta.

O círculo central, na base interna do caldeirão, apresenta uma cena memorável do que foi descrito como 'um touro moribundo perseguido por um caçador e dois cachorros' (Figura 19b). Entre 1400 a.C. e 400 d.C., os persas, indianos e gregos adoravam o deus do céu, Mitra,* que também era popular entre os romanos no primeiro século a.C. A lenda diz que o deus Sol enviou seu mensageiro, o corvo, para comandar Mitra a sacrificar um grande touro. Mitra obedeceu relutantemente e quando o touro morreu, um grande milagre aconteceu — o mundo começou. O manto de Mitra transformou-se em um globo celestial no qual os planetas e as estrelas brilhavam.[24] O sacrifício do Touro era o tema central do Mitraísmo. Outra lenda diz que, ao ver as aflições sofridas pela humanidade, Mitra desceu à Terra, onde seu nascimento foi testemunhado pelos pastores, em 25 de dezembro.[25]

Na Irlanda, o sacrifício do touro celta (tarb-feis) era uma característica essencial da posse oficial de um novo rei, uma cerimônia com um significado religioso profundo na sociedade celta irlandesa.

Sete plaquetas presas à parede externa do caldeirão mostram um homem com os braços levantados, contemporaneamente descrito como um dos bárbaros teutones que vagavam pela Alemanha naquela época.

Os chamados teutones com os braços levantados (Figura 21a) têm mais a dizer: a Figura 21b mostra o homem com os braços levantados que cobrem o rosto de Lorde Pacal em uma das figuras codificadas da Pirâmide das Inscrições de Palenque (painel 5b). A Figura 21c mostra outra representação do mesmo personagem com os braços erguidos no túmulo de Viracocha, no Peru. As duas aparições do pequeno homem são caracterizadas e distinguidas pelo fato de que cada um usa um chapéu com rolhas penduradas na aba — no caso de Lorde Pacal, sua arcada dentária superior, na figura codificada, representa as rolhas. Esse ponto ostensivamente inócuo é revelador, pois descreve Lorde Pacal e Viracocha no lugar das moscas, na Terra; o lugar sujo, que é oposto ao lugar puro, o céu. Desta forma, descreve cada um como o filho de Deus na Terra. Esse ponto sutil não poderia ser conduzido de outra forma.

A Figura 21a mostra um dos teutones adotando a mesma postura de braços erguidos. O teutone tem um cervo em cada mão, Jesus à esquerda, Jesus à direita e Jesus no meio.

---

* N.E.: Sugerimos a leitura de *Os Mistérios de Mitra*, de Franz Cumont, Madras Editora.
24. *Encyclopaedia of World Mithology*, Octopus, 1975.
25. *Encyclopaedia of Myths and Legends*, Arthur Cotterell, Cassel, 1989.

Como vimos, cenas decifradas do escudo do Sol de Monte Alban revelam que Lorde Pacal, Viracocha e Cristo foram todos diferentes encarnações do deus do Sol na Terra, e as cenas do caldeirão de Gundestrup parecem contar a mesma história sobre Cernunnos.

A cena que mostra Cernunnos sentado possui informações ainda mais esotéricas: ['aqui há sabedoria. Aquele que tem entendimento, calcule o número da besta; porque é o número de um homem', Apocalipse XIII, 18]. O número de chifres nas galhadas que o Cernunnos tem em sua cabeça soma sete em cada galhada: 7,7 (Figura 22a) e notamos que o número 144.000 [o número dos puros] — que aparece na testa de Lorde Pacal em sua figura decodificada (painel 5b, detalhada na Figura A10) — só aparece quando as transparências são posicionadas a 7 graus na vertical (7º e 7º). O fato de essas informações terem, deliberadamente, a intenção de serem passadas é confirmado por uma análise numérica da cena: o cervo real, que está próximo ao Cernunnos (Figura 21a) não possui sete chifres em cada galhada, e sim oito chifres em cada (8,8). O agrupamento dos chifres pode ser analisado, ainda, como na Figura 22b, que mostra os números 3, 3, 3, 3, 4, 4 e 5, 5 (além das seqüências de 7, 7 e 8, 8 acima). Os números 6, 6, 6 [o número da besta] não estão na seqüência, assim como estão faltando na matriz numérica do túmulo de Lorde Pacal (figura A20). A serpente que Cernunnos carrega em sua mão esquerda curiosamente leva o que parece ser o bico de um pássaro, como o de um pato, saindo de sua cabeça, ou, ainda, a criatura pode ter a intenção de representar um dragão, uma composição mitológica de um pássaro, uma serpente e um cervo. De qualquer forma, o Cernunnos é associado, aqui, à serpente emplumada (o pássaro e a serpente) de Lorde Pacal, Tutankhamon, Viracocha e Ch'in Shi Huangdi. Portanto, em uma mão de Cernunnos está a serpente emplumada (Apêndice 3) e, na outra, o Sol.

A serpente emplumada (Figura A27) aparece somente quando as transparências da máscara de jade em mosaico de Lorde Pacal, que foi encontrada cobrindo seu rosto em seu túmulo em Palenque, estão rotacionadas em 66,6º e, em seguida, sobrepostas. Da mesma forma, Lorde Pacal aparece como o Senhor dos Cervos no Mural de Bonampak (painel 4) somente quando cada transparência é rotacionada em 33,3º, quando são justapostas em 66,6º (uma em relação à outra) e, em seguida, sobrepostas. Tudo isso ilustra a importância do número 666 na codificação de informações pelos antigos em seus tesouros, e o caldeirão não é uma exceção.

A Marcha dos Romanos

Em 486 a.C., após o colapso dos fortes, a população celta espalhou-se a partir da Europa central. Aproximadamente 200 mil a 300 mil pessoas cruzaram os Alpes em direção ao norte da Itália. Em 391 a.C., um grupo de 30 mil celtas atacou a fortaleza etrusca de Clusium (atual Chiusi).

O exército etrusco pediu apoio a Roma, que respondeu enviando embaixadores, em um esforço de mediação. Porém, os embaixadores aliaram-se aos etruscos, forçando Roma a enviar tropas. A coalisão lutou bravamente, mas não era páreo para os 'bárbaros' celtas do norte, que tomaram a cidade e, em seguida, ganhando em força e em confiança, continuaram sua marcha em direção ao sul, para a Itália.

Em 387 a.C., os celtas atacaram o exército romano às margens do rio Allia, um afluente do rio Tiber, aproximadamente 16 quilômetros ao norte de Roma e, vitoriosos, marcharam para saquear Roma. Porém, desta vez, o destino estava ao lado de Roma: enfraquecidos pelas doenças e epidemias, os celtas foram persuadidos a retornar para o norte em busca de ouro. A defesa militar abalou os romanos que, em resposta, fortificaram a capital com um muro de proteção. A experiência, pelo menos por um tempo, os encorajou a adotar uma abordagem mais conciliatória com seus vizinhos. Porém, essa abordagem não duraria muito. Em 50 anos, os romanos recomeçaram suas campanhas agressivas em busca do império.

Por volta de 295 a.C., eles viraram o jogo com uma coalisão de celtas samnitas, etruscos e italianos, que haviam sido derrotados na batalha de Sentenium. Os celtas fugiram para o norte para consolidar sua posição. Alguns se desviaram para o sudeste, em direção à Grécia, onde destruíram Delphi, em 279 a.C., e pararam para aproveitar os espólios da guerra. Porém, os gregos, como se favorecidos pelos deuses, auxiliados por terremotos, tempestades e avalanches, retomaram o controle, matando 30 mil celtas. Aqueles que sobraram, fugiram para a Turquia. Em 225 a.C., bandos de celtas italianos do continente, auxiliados pelos celtas dos Alpes, atacaram Roma. Porém, não eram páreo para as legiões romanas, que os cercaram e destruíram-nos na batalha de Telamon.

O exército romano, disciplinado e organizado, tornou-se mais forte. Por volta de 125 a.C., tomou o controle de Marselha, muito depois de esta ter perdido o controle para a Grécia, conferindo-lhe uma posição segura a partir da qual avançaria, mais tarde, em direção ao norte, para a França. Em 57 a.C., sob o comando de Júlio César, o exército romano atacou e massacrou os celtas em Sambre, no nordeste da França, capturando mais de 50 mil, que se tornaram escravos.

Em 55 a.C., César, juntamente com duas legiões de tropas, cruzou o Canal Inglês em uma missão para verificar a extensão das defesas que poderiam fazer frente a uma futura invasão em larga escala. Sua presença logo foi detectada, resultando em conflitos com os celtas locais que, subornados, aceitaram as garantias de que os romanos partiriam em poucos dias, e foi o que fizeram. Dois anos mais tarde, César retornou, desta vez com 600 navios que carregavam 25 mil homens. Porém, os celtas, nesse meio tempo, alertados pelo primeiro aparecimento dos romanos, haviam se organizado sob o líder Cassivellaunus, cujas tropas repeliram a invasão romana e fizeram com que voltassem para a França.

Por volta de 52 a.C., em resposta às derrotas e submissão romanas, os celtas franceses se organizaram em uma força de batalha coesa sob o comando do guerreiro Vercingetorix (morto em 46 a.C.), que atacou os romanos no sul. César interceptou, forçando os celtas a recuarem para o forte em Alésia (atual Alise-Sainte Reine, na França). Lá, a força de César, com 50 mil homens, sitiou a guarnição militar que, mal alimentada, era incapaz de conter as linhas romanas, mesmo com a ajuda de reforços de outras 40 tribos celtas, que aumentaram seu número para 200 mil. Com muitas baixas, as forças de apoio recuaram e Vercingetorix rendeu-se a César. Toda a Gália estava sob o controle de Roma. Um milhão de celtas foram mortos e um milhão foram vendidos como escravos.

Os Druidas*

A conquista romana da Bretanha começou em 43 d.C., durante o governo do imperador Cláudio e durou mais de 40 anos. Nos últimos anos, (durante o governo do imperador Domiciano), o governador Agricola[26] levou a campanha para o norte, para a Escócia, porém, após diversas tentativas frustradas de conquistar o país, fixou a fronteira com um limite que abrangia a Inglaterra entre os rios Solway e Tyne. As colônias romanas estabeleceram-se em Londres, York, Chester, St. Albans, Lincoln, Gloucester, Bath, Chester, Manchester e Colchester. Foi em Colchester, em 60 d.C., que as tropas celtas, lideradas por Boudicca (morto em 61 d.C.), reuniram-se e revoltaram-se, sem sucesso, contra o governo imperialista romano. Oitenta mil celtas foram mortos. Isso acabou com a resistência celta contra os romanos em toda a Bretanha, com exceção de druidas estóicos que defenderam seu centro religioso em Ybys Môn, na ilha de Anglesy, no País de Gales, até que esta também foi destruída pelos romanos por volta de 70 d.C.

O druidismo** (do grego *drus*, que significa "carvalho") era a religião fora-da-lei dos celtas na Gália romana e na Bretanha, onde teve suas origens. O carvalho era reverenciado, pois sustentava a planta parasita visco, que

---

* N.E.: Sugerimos a leitura de *Os Druidas — Os Deuses Celtas em Formas de Animais*, de H. D'Arbois de Jubainville, Madras Editora.

26. Governou a Bretanha entre 78-85 d.C.

** N.E.: Sugerimos a leitura de *Explorando o Druidismo Celta*, de Sirona Knight, Madras Editora.

possui grãos brancos translúcidos que representam a fertilidade, a alma (a semente) e Vênus — o planeta branco do amor.[27]

Os druidas, como os maias, egípcios, peruanos e chineses, eram pregadores astrônomos que adoravam ao Sol e acreditavam na imortalidade da alma, na reencarnação (transmigração da alma) e na Astrologia. O ano druida de apenas 354 dias referia-se aos dias auspiciosos e de mau agouro e podia ser utilizado para prever as melhores épocas para plantar e colher. Em 1897, um exemplar em bronze do calendário druida, utilizado durante o governo do primeiro imperador romano, Augusto (63 a.C. a 14 d.C.), foi encontrado em Coligny, próximo a Bourg-en-Bresse, França, demonstrando que o druidismo era praticado naquela época. O calendário lista 62 meses em um período de 5 anos e preocupa-se com os movimentos do Sol e da Lua. Os dias bons eram descritos como 'mat' e os dias ruins como 'amn'.

Muitos escritores clássicos escreveram sobre o ritual e a prática druida. Strabo (63 a.C.-21 d.C.), Athenaeus (200 d.C.), Diodorus (60-30 d.C.) e César (100-44 a.C.) basearam suas evidências nos primeiros trabalhos de Posidônio. Muitas coisas também são aprendidas com Plínio, o Velho e, em seu *Historia Naturalis* [*História Natural*], de 77 d.C., sugere que o druidismo teve sua origem a partir dos três reis magos, os sábios da Pérsia que, como pregadores, tinham ciência das ordens mais elevadas da magia. Strabo os associa aos xamãs da Antiguidade, que aparecem em pinturas rupestres durante o período de caça de 30.000 a.C. Os xamãs, alguns dos quais vivem até hoje, acreditam que todo ser vivo possui um 'espírito', da mesma forma que a ciência moderna reconhece que todas as coisas tangíveis são compostas de átomos que ficam unidos devido à *potente força nuclear* (que mantém a união do núcleo do átomo) e a *força nuclear fraca* (que mantém os elétrons negativos externos em órbita ao redor do núcleo).

Naquela época, um xamã era capaz de localizar a caça por meio dos seus sentidos e também de deixar seu corpo quando quisesse para ter uma experiência extracorpórea e visitar o mundo da alma — um dom útil para pacificar e abençoar as almas dos animais que partiam, evitando, assim, a retribuição kármica.[28]

Podemos ter certeza de que sempre que um sacrifício humano é mencionado no contexto das civilizações que adoravam ao Sol, os relatores não estão familiarizados com o verdadeiro motivo do sacrifício que, sem dúvida, ocorreu. No México, os maias acreditavam que esta Terra era o inferno (Figuras A18, A19 e A20) e que a única maneira de fugir do inferno

---

27. Em *Natural History*, publicado por volta de 50 d.C., o sábio romano Plínio, o Velho (23-79 d.C.), descreve o ritual pagão do carvalho '... coberto com manto branco, o pregador sobe em uma árvore e, com uma foice dourada, corta um ramo de visco'. *Phrasalia*, [48 a.C.], Loeb, 1962.
28. A Lei Universal da ação e reação.

era morrer em sacrifício, ou, então, uma morte inspirada pelo dever — por meio da batalha. Os melhores e mais fortes atletas, invariavelmente soldados, podiam competir no jogo nacional de bola, que consistia em lançar uma pequena bola através de aros altos localizados um em cada ponta do estádio. Os aros representavam as manifestações gêmeas de Vênus no céu. Como recompensa, os vencedores eram mortos, escapavam do inferno (a Terra) e iam para o paraíso. Dessa forma, eles se tornavam sagrados, sacrificados. Outros simplesmente morriam naturalmente, sem nenhum propósito, para reencarnar seguidas vezes. Assim, o sacrifício era racionalizado como um sinal de amor, uma forma de fugir do inferno, e compaixão. (O Apêndice 2 descreve o que é a alma e como ela chega ao paraíso).

Os maias também eram preocupados com os efeitos da fertilidade inspirados pelo Sol que, àquela época, não atendia às necessidades das pessoas. Eles deixaram para trás entalhes em pedra exibindo práticas sangrentas ostensivas. Porém, há muito mais nos entalhes do que apenas um retrato insensível de masoquismo: eles tentavam transmitir a mensagem de que o Sol estava falhando com suas necessidades de fertilidade, falhando com a produção de estrógeno e progesterona, falhando com a menstruação (o sangue). Os astecas, que surgiram mais tarde, compreenderam a mensagem de forma errônea, perderam a trama e massacraram milhões de pessoas sem necessidade. Registros de escritores clássicos e de restos arqueológicos realmente sugerem que o sacrifício humano aconteceu entre os druidas, mas não sobraram provas que possam explicar o porquê. O verdadeiro motivo, sem dúvida, está em algum lugar entre os registros maias e astecas. Foi essa crença na transmigração da alma (reencarnação), a promessa de um lugar no paraíso, que fez dos celtas combatentes valentes, ávidos por morrer em combate, como notado por Júlio César, que questionou a fonte de sua coragem:

> Eles desejam inculcar isso como um de seus princípios básicos: a alma não se extingue, ela passa, após a morte, de um corpo para outro, e acreditam que os homens, sob esse princípio, são instigados à coragem, ignorando o medo da morte. (*Gallic War*, Wm. A. McDevitt [trad.] Livro VI, p.14)

Lucano acrescenta:

> Com vocês [os druidas], aprendemos que o destino do espírito do homem não é o túmulo ou o Reino das Sombras. O mesmo espírito, em outro mundo, anima um corpo e, se seu ensinamento estiver correto, a morte é o centro e não o final de uma longa vida. (*Pharsalia*, [c. 48 a.C.], Loeb, 1962)

A palavra maia deriva da antiga palavra indiana em sânscrito Maya, que significa ilusão. Os maias da América Central adotaram esse nome,

Astronomia Celta (I)
A Estrutura Setorizada do Vento Solar e nas Manchas Solares

O Sol

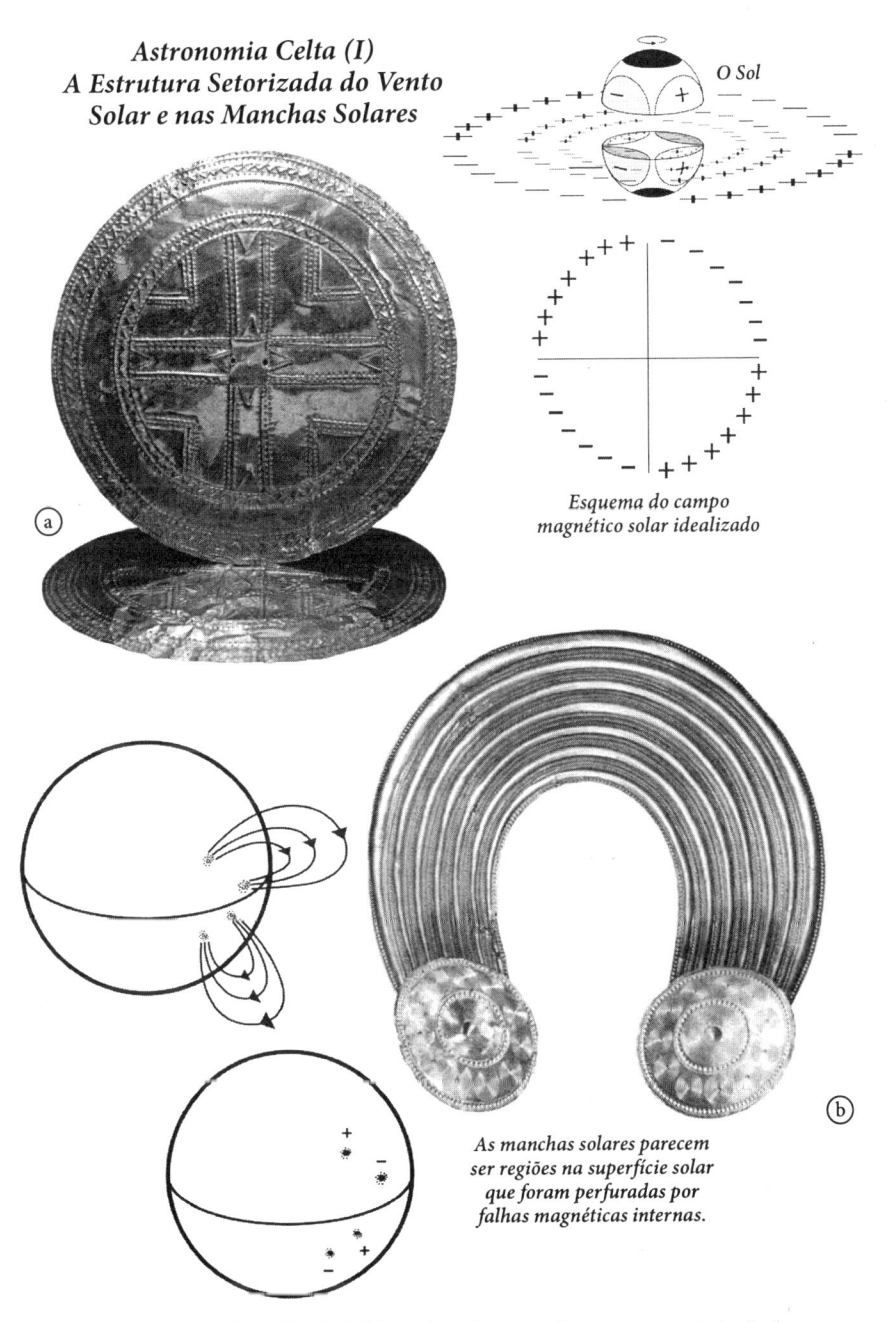

Esquema do campo magnético solar idealizado

As manchas solares parecem ser regiões na superfície solar que foram perfuradas por falhas magnéticas internas.

Figura 23. (a) Os discos dourados do Sol dos celtas, descrevendo a estrutura setorizada dos campos magnéticos do Sol (Irlanda, costa oriental, aprox. 800 a.C.) (b) O gorjal de Gleninsheen (Irlanda, costa ocidental, aprox. 800 a.C.). Um colar dourado celta mostrando explosões magnéticas de manchas na superfície do Sol. Os celtas compreendiam a superciência do Sol e as ordens elevadas da espiritualidade.

Astronomia Celta (II)
Lúnulas

(a)

PLANISFÉRIO
*Mostra as principais estrelas visíveis a
cada hora do ano para a Latitude 51,5°
Norte. Canadá e norte da Europa*

(b)

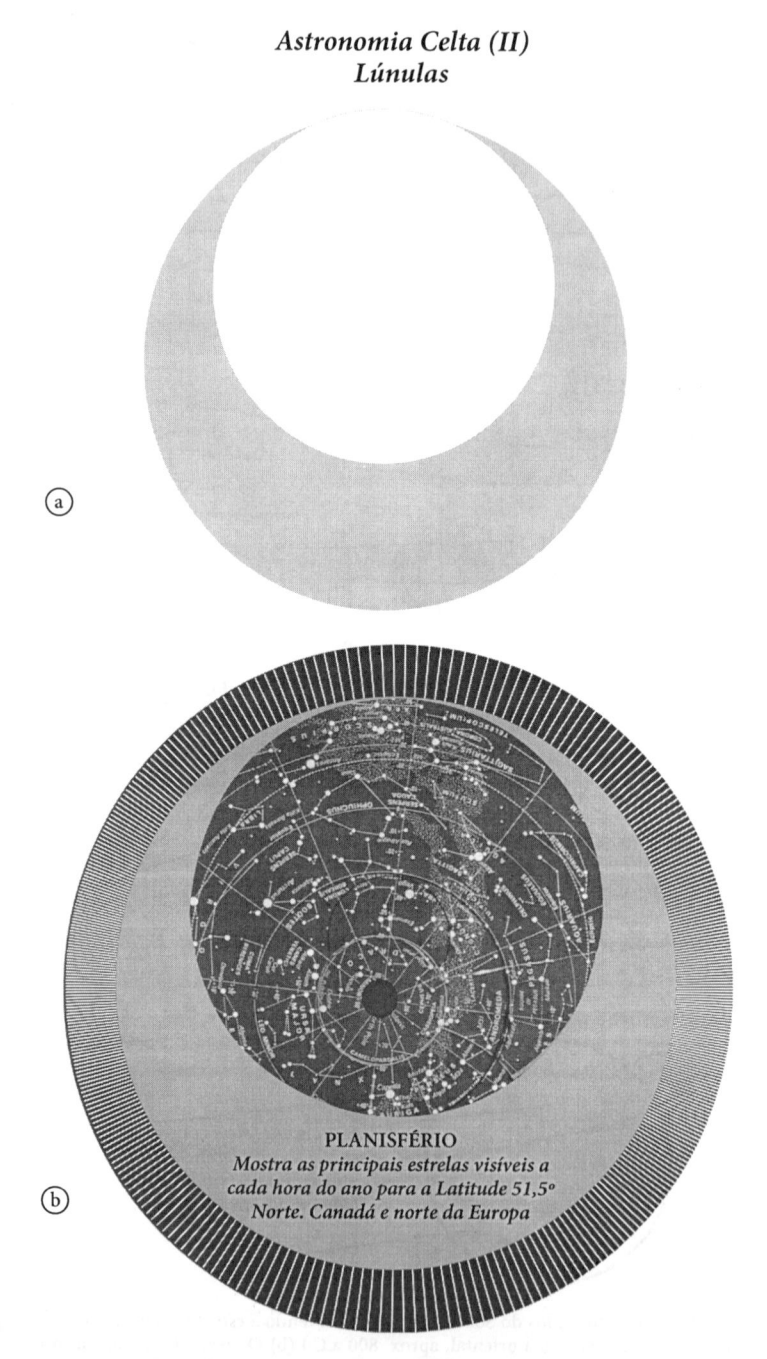

Figura 24. (a) Rascunho da Lúnula dourada 'Ross' celta (Irlanda, costa ocidental, aprox. 800 a.C.), uma das mais de 80 encontradas na Irlanda até hoje. A peça tem esse nome devido ao tempo de nascer e poente lunar de acordo com o astrolábio (b) utilizado na navegação.

pois acreditavam que o mundo físico somente poderia ser descrito de forma adequada como uma ilusão. Esses astrônomos mestres e cronógrafos acreditavam que o tempo era a chave para a compreensão de toda a existência física. Uma bela flor, por exemplo, suavemente apoiada entre os dedos das mãos, parece ser uma flor. Ela cheira como uma flor, tem o toque de uma flor, tem a aparência de uma flor e tem gosto de flor, no entanto, ela deve ser uma flor? Nisso está a ilusão. Na realidade, a flor é uma combinação de elementos físicos: átomos, moléculas e DNA, unidos por energia elétrica. Em comum com o corpo humano, a flor, conforme cresce, desenvolve sistemas físicos que, por sua vez, geram atividade elétrica. Aquela energia elétrica atrai energia elétrica (com uma carga igual e oposta a si mesma) do exterior. Isso significa que as plantas, em comum com as pessoas e todos os seres vivos, contêm carga elétrica adquirida do exterior, uma alma. Portanto, a energia celeste dentro da flor, por um momento, fica apenas dentro da flor. Em outro momento, talvez quatro semanas depois, o DNA da flor terá começado a se decompor e apodrecer. A carga elétrica será liberada e transmigrará para outra coleção de DNA, que começará a viver (atraindo uma alma externa para si), talvez para o DNA de uma borboleta, uma minhoca ou um cachorro em desenvolvimento. A alma, portanto, está apenas disfarçada em alguns momentos, o que significa que tudo ao nosso redor é uma ilusão. Isso serve para dizer que tudo ao nosso redor é uma manifestação de Deus, tanto na forma física quanto na forma de energia. A flor não é uma flor; ela só aparenta ser uma flor. Na verdade, a flor é Deus disfarçado.

Essa forma de observar o mundo explica as coisas imponderáveis da vida, por que vivemos, por que morremos e por que isso tem que acontecer. A energia da alma (Figura A20), que aumentou em voltagem durante seu tempo no mundo físico, eleva a cadeia energética, cada vez transmigrando para uma coleção de células físicas com maior voltagem: de planta para inseto, para animal, para homem. As almas com alta voltagem retornam a Deus quando o corpo morre. Desta forma, Deus cresce, o que é visto como algo bom, pois 'Deus é bom'. O universo cresce. Nesse esquema, as almas com baixa voltagem retornam a células físicas de baixa voltagem, que estão se desenvolvendo.

Os druidas devem ter adquirido a superciência do Sol e das ordens elevadas da espiritualidade de um professor superdeus, que viveu no início dos tempos; talvez, o rei de Hochdorf, de 550 a.C.

Porém, os ensinamentos recuam ainda mais no tempo: as pilhas de toras que descrevem o vento solar com radiação, próximo aos túmulos do deserto de Taklamakan e a adoção da cruz solar por parte dos celtas significa que eles devem ter tido conhecimento da superciência do Sol antes de 2000 a.C. Na Europa, os primeiros artefatos a emergir surgiram por volta de 800 a.C., na Irlanda. A Figura 23[29] mostra um par de pratos irlandeses

---

29. O Museu Nacional da Irlanda possui dezenas de exemplos como esse.

em cobre, de aproximadamente 800 a.C., que descrevem a natureza seccional em cruz dos campos magnéticos do Sol, e a Figura 23b mostra, com detalhes, que as manchas solares e o efeito que elas têm na Terra devem ter sido importantes para as pessoas daquela época. A Figura 24 mostra um colar celta em ouro, um dos mais de 80 descobertos até agora. O colar tem a forma de uma calculadora astronômica no formato de uma lua crescente. Não se sabe se as luas em ouro eram utilizadas como parte de um regime pré-histórico de navegação ou se eram puramente decorativas.

CAPÍTULO DOIS

Quem Escreveu a Bíblia?

O Antigo Testamento

Conforme os primeiros celtas migravam para o oeste, a partir do deserto de Taklamakan, assentamentos tribais desenvolviam-se nos vales férteis do Nilo e nas planícies da Suméria, entre os rios Tigre e Eufrates, atualmente, Iraque e Irã, e em Canaã (atual Israel).

Abraão, o pai fundador na história judaica, nasceu por volta de 1900 a.C., em Ur, Suméria (Figura 25). A Bíblia diz que Deus disse a Abraão para liderar as tribos hebraicas para fora da Suméria, a fim de escapar da fome daquela época. Juntos, seguiram o Eufrates e cruzaram o deserto em direção ao Egito. Inicialmente, os egípcios toleraram sua presença, porém, nos anos seguintes, eles sucumbiram à escravidão em uma terra onde os nativos adoravam diversos deuses.

As crenças competiam pela supremacia com relação ao sistema que melhor explicava como o mundo havia sido criado, quais forças controlavam a natureza, quais orações e práticas ofereciam a maior proteção contra forças malévolas e quais seriam as melhores maneiras de maximizar a prosperidade. Em tempo, as tribos se agruparam para proteger-se e também para economizar a escala de eficiência do plantio e colheita de grãos, armazenamento de comida e transporte.

A unificação do Egito teve início sob o reinado do rei Narmer,[30] por volta de 3000 a.C. — o primeiro de uma linhagem de faraós que perdurou por 30 dinastias, até 525 a.C. Com a unificação, a diversidade de deuses* tornou-se estruturada levando a uma hierarquia de crença politeísta. Os

---

30. Deve ter sido o mesmo que rei Menés.
* N.E.: Sugerimos a leitura de *Deusas e Deuses Egípcios — Festivais de Luzes*, de Normandi Ellis, Madras Editora.

Civilização Suméria

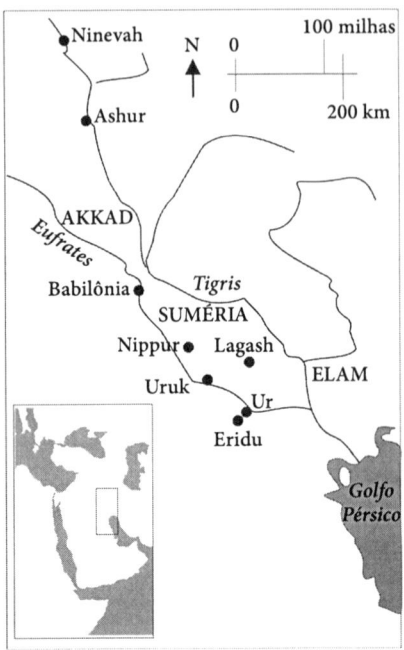

Figura 25. A Mesopotâmia fica entre os rios Tigre e Eufrates, no atual Iraque. As civilizações da Suméria, aprox. 3.500 a.C., e Babilônia, aprox. 609 a.C., floresceram ali.

diversos deuses, no entanto, reportavam a um deus principal, Atom, ou Ra, o deus do Sol, que criou a Terra e os céus. Ele controlava os deuses menores que, por sua vez, gerenciavam os elementos da Terra: o ar, a terra e a água. Ele também controlava o deus do céu, Osíris; o deus da ressurreição e a vida futura, que vivia na constelação de Órion. Foi a partir de então que a noção do corpo e da alma surgiu, com a crença de que esta existência terrena apenas sustentava o corpo por um curto período e poderia ser sucedida por uma extensão celestial que sustentava a alma — durante milhões e milhões de anos; almas puras renasciam nas estrelas e as impuras retornavam à Terra para outra tentativa de purificação espiritual. O novo conceito de 'reencarnação' referia-se a disciplina do coração, da mente e do corpo. Ao mesmo tempo, o panteon politeísta dos deuses, sob o controle (pela primeira vez) de um Deus Criador Supremo (Ra) significava que o monoteísmo — adoração de um só deus — havia, com efeito, se estabelecido sem que um tiro fosse disparado.

Uma civilização egípcia adoradora do Sol, que florescia, alcançou novos horizontes por meio de um desenvolvimento miraculoso em habilidade intelectual. Pirâmides enormes, que representavam os raios do Sol vindos do céu para a Terra, surgiam como que por mágica, a partir de construtores experientes, com um conhecimento que só poderia ter sido adquirido dos deuses — ou de um superdeus — que estaria entre eles. O surgimento da escrita em hieróglifos tornou possível a expressão das novas crenças em louvor a Deus, o grande arquiteto do Universo. As novas pirâmides sagradas tornaram-se local de oração e de abrigo dos textos de oração, dos quais mais de 800 foram encontrados entalhados em colunas dentro das pirâmides entre 2375 e 2055 a.C. As inscrições nas pirâmides de Pepi I, ao sul de Unas e Saqqara, foram as primeiras a serem descobertas, embora as pirâmides de Unas sejam datadas como as primeiras a receber as inscrições (2375-2345 a.C.). Nove pirâmides pertencentes a seis reis enterrados em Saqqara (que reinaram entre a sexta e a oitava dinastias) e três pirâmides de Pepi II, juntas, contêm uma completa coleção de inscrições. Algumas tinham a intenção de proteger os mortos do mal da vida após a morte; outras faziam oferendas e apelavam a Osíris em nome dos mortos para que propiciasse a ressurreição. Algumas eram lidas para os mortos para aliviar o caminho para o submundo ou para Ra na vida após a morte.

Mais de mil 'encantos' foram encontrados inscritos em caixões feitos entre 2055 e 1795 a.C. Era essencial colocar as esperanças e os desejos do morto juntamente com as orações, cantos e encantamentos dentro do caixão para evitar qualquer mal-entendido com os deuses em relação ao local final de descanso da alma. As inscrições na pirâmide de Unas documentam o mito de Osíris e levam a história mais além: '...Oh, rei, tu és a companhia de Órion... que tu atravesses a Via Láctea próxima... e que vás para onde está Osíris'. Esses dizeres pretendiam acompanhar o rei morto até a constelação de Órion, para que ele se tornasse uma estrela. A pirâmide de Unas, próxima a de Gisé, contém algumas das mais extraordinárias inscrições, incluindo a sabedoria do texto de Ptah-Hotep. O zodíaco circular no teto do templo de Dendera mostra as constelações descritas em forma de animais, exemplificando um conhecimento sofisticado em Astronomia e Astrologia. Porém, a paz, a prosperidade e a tranqüilidade não durariam.

Conforme cresceu, o Egito exigiu e sustentou uma burocracia administrativa para controlar e delegar poder e autoridade. Os servidores civis que, inicialmente, serviam aos interesses do faraó, começaram a servir a si mesmos — criando seus próprios impostos, proclamando seus cargos como hereditários e, no fim das contas, nomeando-se príncipes para suceder ao trono, como ocorreu na 11ª e 12ª dinastias.

Por volta de 1680 a.C., a autoridade central se rompeu e o controle foi perdido. O Egito foi invadido pelos hicsos ('governantes de países estrangeiros'), os invasores destemidos, ligeiros e ágeis do leste, que varreram o país em seus cavalos e carruagens para tomar o trono do Egito e a terra de Canaã — até a Mesopotâmia — inspirando o comércio e a cultura com os povos das margens dos rios Tigre e Eufrates. Porém, essa estabilidade durou pouco; em um período de cem anos, os hicsos foram, por sua vez, desalojados por Kanes, um monarca local do Alto Egito, que os expulsou, devolvendo o poder aos faraós. Teve início, então, o 'Novo Reino' do Egito.

O superdeus rei do sol, Tutankhamon, *'a imagem viva de Deus'*, viveu por volta de 1323 a.C. Seu breve reinado terminou quando tinha 19 anos. Os tesouros em seu túmulo, descoberto em 1922 no Vale dos Reis pelo arqueólogo Howard Carter, revelam que ele era conhecido por seu povo como a serpente emplumada, a qual levava em sua testa; significando que, como Lorde Pacal, compreendia e ensinava a superciência do Sol e as ordens elevadas da espiritualidade.

Um nome entalhado na parede de seu túmulo diz que o arquiteto do túmulo chamava-se Maya. Como Lorde Pacal, ele chegou ao trono aos 9 anos. Seu túmulo estava marcado com trancas que continham grupos de nove, por assim dizer, prisioneiros (Figura A16), ligados por cordas com ponta em flor de lótus, o símbolo da adoração ao Sol — pois ela abre suas pétalas pela manhã, segue o Sol pelo céu e as fecha ao pôr-do-Sol. A cena na moldura era uma metáfora complexa utilizada para passar três mensagens: primeiro, que essa existência terrena resume-se a uma obrigação divina — o lugar onde os indivíduos são aprisionados e controlados pelos efeitos do Sol. Ao se referir aos prisioneiros *cativos* na cena, ao mesmo tempo, denunciava seu *assassinato*, efetivamente sustentando a noção de 'não matarás'. Finalmente, a coleção de selos dava à porta do túmulo de Tutankhamon o número de um superdeus, 99999. Para assegurar que o significado numerológico não passasse despercebido, ele foi enterrado em nove níveis de caixão.

O número daqueles que são destinados ao paraíso estava habilmente oculto nas bandagens de sua múmia, que continha 143 tesouros, e seu corpo era o 144º tesouro do túmulo. A superciência do Sol estava bem representada por todas as constantes astronômicas do Sol, que aparecem repetidas vezes em suas jóias e na arquitetura do túmulo — provando, sem dúvida, que ele ensinou a superciência do Sol. E, como já ouvimos, uma pintura na parede do túmulo o descreve como gêmeo, aos 19 anos de idade, abraçando Osíris no céu; supondo que, assim como Lorde Pacal e Jesus, Tutankhamon, ao morrer, se transformou em Vênus.

Acredita-se que seus pais tenham sido a rainha Nefertiti e Akhenaton,* o filho de Amenophis III (que reinou de 1391 a 1351 a.C.) — porém, os tesouros decodificados do túmulo de Tutankhamon também revelam que Akhenaton pode não ter sido seu pai biológico, pois os tesouros revelam que Tutankhamon foi concebido, como Jesus, de forma Imaculada.[31]

Ninguém sabe o que aconteceu com Nefertiti, que quase sempre foi retratada vestindo roupas adornadas com o Sol e seus raios. Porém, uma passagem em Apocalipse pode ter algo a dizer:

---

* N. E.: Sugerimos a leitura de *Moisés e Akhenaton — A História Secreta do Egito no Tempo do Êxodo*, de Ahmed Osman, Madras Editora.
31. Consulte *As Profecias de Tutankhamon*; 'O Mistério da Carne Misturada'.

> Apareceu no céu um grande e admirável sinal: uma mulher vestida do Sol, com a Lua sob seus pés... Ela deu à luz um filho, um homem, que governará todas as nações com cetro de ferro. Seu filho foi arrebatado para junto de Deus e de seu trono. A mulher fugiu para o deserto, para um lugar que lhe havia sido preparado por Deus. (Apocalipse 12:1-6)

Howard Carter acreditava que os saqueadores de túmulo haviam roubado um aparelho de medição feito em ferro do túmulo de Tutankhamon. Porém, uma análise do tesouro sugere que o artefato havia sido escondido deliberadamente para passar a mensagem de que 'Tutankhamon governava com pulso de ferro' — um artefato divino que podia ser magnetizado e utilizado como um compasso, permitindo que liderasse seu povo para a terra prometida. Isso explica porque ele carregava um cajado e um mangual: o cajado, carregado pelos pastores, está associado à liderança espiritual — para fornecer nutrição espiritual, alimento para a alma. O mangual, utilizado para trilhar milho, fornece alimento para o corpo.

Sua mãe, Nefertiti, é retratada em uma famosa escultura do ceramista Thutmose, com seu olho esquerdo (o símbolo da Lua) faltando, associando-a à Lua (talvez sob seu pé). A pintura no túmulo de Tutankhamon mostra-o sendo elevado ao Céu.

Aqueles que não são familiarizados com *As Profecias de Tutankhamon* não terão ciência da verdadeira vida e momentos do grande rei. A descoberta de seu túmulo, em 1922, abriu caminho para um circo frenético da mídia que varreu o mundo ocidental. A beleza estonteante, o estilo e a sofisticação de seus tesouros, inicialmente, causaram espanto a todos que os admiravam, mas também causaram uma corrida para abastecer uma nova forma de arte — *ArtDéco* — que lutou e acabou não conseguindo ficar à altura da qualidade e genialidade dos protótipos de Tutankhamon, que haviam sido criados por milagre.

O túmulo inacabado de Akhenaton, a leste de Amana, nunca recebeu seu corpo. O psicanalista dr. Karl Abraham, um precursor de Sigmund Freud, propôs que Akhenaton, que reinou de 1353 a 1335 a.C., era, na verdade, Moisés da fé judia (*Imago*, I, 1912, p. 346-7). Freud, por sua parte, acreditava que o reinado de Akhenaton em Amarna chegou ao fim quando foi deposto e exilado para Sinai, porém, mais tarde, retornou em uma tentativa de tomar o poder de Ramsés I. Sem sucesso, ele persuadiu um bando de escravos hebreus a segui-lo para o deserto e iniciar uma nova religião, baseada somente na adoração monoteísta ao Sol, sem nenhuma preocupação com deuses subordinados.

A história oficial diz que Moisés foi um juiz e legislador hebreu, que liderou os israelitas para fora do Egito em direção à terra prometida de Canaã.

Após vagar pelo deserto durante 40 dias, ele os levou para o sul, ao longo da costa do Golfo de Suez (painel 15), para o Monte Sinai, onde recebeu a lei verbal e escrita, incluindo os Dez Mandamentos gravados em duas placas de pedra, de Jeová [Deus]. Em seguida, compilou os primeiros cinco livros do livro sagrado judaico, a Torá. Os mandamentos de Deus eram os seguintes: não possuir outro deus além de Jeová; não possuir ídolos; não usar o nome do Senhor em vão; lembrar-se do Sabbath e manter sua divindade; honrar a mãe e o pai; não matar; não cometer adultério; não roubar; não levantar falso testemunho [não mentir] e não cobiçar as posses dos outros. Estava, então, formada a base da história judaica sobre a qual todo o resto se seguiu e na qual todas as leis e costumes judaicos são baseados.

Então, Moisés construiu o tesouro mais sagrado dos israelitas, um trono para Deus, a Arca da Aliança,* e o levou consigo em suas viagens para o norte, ao longo do Golfo de Aqaba, em direção ao deserto onde, mais uma vez, suas tribos passariam fome, sede e dificuldades por mais alguns anos. Moisés, finalmente, contemplou a terra prometida, mas morreu antes de chegar lá. Seu sucessor, Josué, tomou o manto e liderou os israelitas para Canaã, por volta de 1200 a.C.

Saulo, o primeiro rei de Israel, foi ferido em uma batalha com os filisteus do norte e cometeu suicídio. Ele foi sucedido pelo rei Davi (1060-970 a.C.), que levou a arca para Jerusalém e fez de lá a capital. Nas crenças judaica e cristã, o Messias seria um descendente direto de Davi.

Embora 'os cinco livros de Moisés' datem de sua era, estudiosos concordam que ele não poderia ter escrito todos eles, dado que sua própria morte é descrita no último capítulo. Eles provavelmente se desenvolveram como o trabalho de muitos estudiosos, baseados nas antigas tradições e histórias contadas durante o êxodo no deserto:

> Então disse o Senhor a Moisés: Escreve isso para memorial em um livro, e relata-o aos ouvidos de Josué. (Êxodo 17:14)

Histórias consistentes de guerra foram escritas durante o reinado de Davi, juntamente com os nomes e feitos de seus seguidores. A história da arca e da vida de Saulo preenchem os dois livros de *Samuel*. Ele também provavelmente compilou os Salmos de Davi.

Uma vez por ano, as 12 tribos de Israel[32] encontravam-se diante da arca no Monte Sião, no centro de Jerusalém, para confirmar sua aliança a Deus e para seguir os preceitos divinos. O juiz — presidente, pregador e legislador da época — que administrava a Lei Mosaica e interpretava as Escrituras Sagradas conforme estas se desenvolviam, mantinha a ordem social. As

---

* N.E.: Sugerimos a leitura de *Os Templários e a Arca da Aliança*, de Graham Phillips, e *Os Segredos Perdidos da Arca Sagrada*, de Laurence Gardner, ambos da Madras Editora.
32. Aser, Benjamim, Dã, Levi, Gade, Issacar, Judá, José, Naftali, Rúben, Simeão e Zebulon.

primeiras escrituras bíblicas passaram a existir durante a época dos juízes. O sétimo livro da Bíblia, Juízes, é atribuído à sua genealogia (Juízes 10:1-5, 12:7-15), seus feitos e o código legal. Os Dez Mandamentos encontraram seu caminho em Êxodo (20:1-17).

Durante o reinado de Davi, Israel estava no auge, social, política e militarmente, até que seu filho, Absolom, organizou uma rebelião e marchou para a capital. Davi lhe derrotou e a seus seguidores, porém, temendo futuras rebeliões, demorou a abrir mão do trono para outro filho, até 963 a.C., quando escolheu Salomão para sucedê-lo.

Salomão, que era conhecido por sua sabedoria, escreveu mais de 3 mil provérbios que, juntos, formam o livro Provérbios, o 20º livro da Bíblia. Seus registros faziam crônicas da época, nos livros Samuel I e II, e uma versão da criação, que foi registrada para competir com aquela dos tempos de Davi.

Salomão, como seu pai, era um membro da maçonaria. O emblema de Davi, a Estrela de Davi, com seis pontas, o símbolo do judaísmo, consiste de dois triângulos equiláteros. O triângulo em forma de pirâmide contém ângulos de 60º, 60º e 60º (666) (Figura 9). Esses números, no triângulo invertido da estrela, tornam-se 999. Isso significa que Davi e Salomão compreendiam as ordens elevadas da espiritualidade: eles compreendiam que o objetivo desta existência terrena era purificar a alma dentro do corpo (666) e, assim, convertê-la em uma alma de maior valor [999], adequada ao paraíso.

O padrão quadriculado em branco e preto no chão do templo foi adotado pelo jogo 'xadrez' para, da mesma forma, levar o conhecimento adiante. O preto e o branco representam as forças opositoras do bem e do mal, e as noites e os dias da reencarnação, a virtude e o conhecimento perfeitos. Cada jogador possui 12 discos, representando os 12 halos dos discípulos, para auxiliar na jornada ao longo do tabuleiro, onde devem negociar, por sua vez, cada noite e cada dia [cada encarnação], como se fossem uma serpente, ao longo do tabuleiro de 64 quadrados (2^6) [o bem e o mal elevados à sexta potência]. O vencedor, que chega ao outro lado do tabuleiro, vence a batalha terrena, após poucos movimentos e com muitos prisioneiros (com o mínimo de mortes), para tornar-se um disco duplo, a estrela gêmea (planeta) Vênus nos céus, que, liberto e livre de amarras no mundo físico, tem o poder de mover-se para a frente e para trás no tabuleiro, como um fantasma.

O livro dos *Eclesiastes* na Bíblia é atribuído a Salomão, pois começa com 'Palavras do pregador, filho de Davi, rei em Jerusalém'. É também o livro mais reverenciado pelas ordens esotéricas, contendo muita sabedoria e mistério, lamentando, detalhadamente, como todas as atividades do homem no mundo físico são uma total perda de tempo. 'Vaidade de vaidade, diz o pregador, tudo é vaidade' (Eclesiastes 12:8). Outras observações incluem:

- O que é torto não se pode endireitar; o que falta não se pode enumerar.
- Porque na muita sabedoria há muito enfado.

- O que aumenta o conhecimento aumenta a tristeza.
- Tudo tem a sua ocasião própria, e há tempo para todo propósito debaixo do céu.
- Quem ama o dinheiro não se fartará de dinheiro.
- Qual o crepitar dos espinhos debaixo da panela, tal é o riso do tolo.
- A ira abriga-se no seio dos tolos.
- Aquele que abrir uma cova, nela cairá; e quem romper um muro, uma serpente o morderá.
- Quem observa o vento, não semeará, e o que atenta para as nuvens não colherá.

Salomão morreu em 929 a.C., quando a terra de Israel, sem fundos, estava em declínio. O país foi dividido em duas nações, Israel e Judá, que disputaram, por 200 anos, permitindo que os assírios tomassem o trono de Israel em 745 a.C. O legado de Judá foi rapidamente sucedido, ao cair, pela primeira vez, em 609 a.C. contra os egípcios e, em seguida, contra os babilônios. O período de 200 anos que abrigou 18 reis, a terra dos hebreus, havia passado. Porém, nem tudo estava perdido.

Durante os tempos difíceis, as histórias dos *Patriarcas* da época do *Êxodo* eram escritas em pergaminhos. A Canção de Lamec (Gênesis 4:23-24), as Canções de Miriam (Êxodo 15:21), o Poço (Números 21:17-18) e Hesebon (Números 21:27-29) foram escritos em papiro. As histórias de Acab, Jeú e Micas (I Reis e II Reis) foram narradas. As histórias sobre Elias e Eliseu foram combinadas e as leis que contêm os Dez Mandamentos, editadas.

A era dos reis produziu uma escola de profetas inspirados divinamente, que pregavam para quem quisesse ouvir. Quando Israel começou a declinar, eles foram sucedidos por um outro grupo conhecido como os profetas Clássicos, os '*nevyim*', que também pregavam verbalmente e cujos ensinamentos apareceram em livros após sua morte.

O primeiro dos *livros proféticos* a surgir foi o livro de Amós, que pregava a boa vontade, a justiça e a responsabilidade social; também dizia que o monoteísmo se estende a todos os homens, em todos os lugares. Oséias pregou o amor de Deus e dizia que todos os pecados seriam perdoados pela Sua misericórdia, acreditando que Ele não era apenas furioso e vingativo, mas também amoroso e clemente. Profetas menores, como Habacuc, Sofonias, Jonas, Abdias e Micas tiveram sua palavra, porém falharam em inspirar modificações intelectuais ao longo das linhagens dos três grandes profetas: Isaías, Ezequiel e Jeremias.

Isaías, nascido em Jerusalém, em 775 a.C., era médico e um sábio conhecido por sua inteligência, que pregava que a retribuição divina atingiria os pecadores que não expressassem arrependimento.

Ezequiel pregou em Jerusalém durante a ocupação israelita da cidade e avisou sobre a futura queda da nação. Quando o inevitável aconteceu, ele só podia prometer que um dia eles teriam um novo lar, um novo coração e um novo espírito.

Jeremias havia previsto a destruição de Jerusalém e a profanação do templo de Salomão, que ocorreu em 587 a.C., quando Sedecias — sucessor do rei babilônio Nebunchadnezzar — derrotou Israel, o que resultou no exílio de Israel e o cativeiro do país por parte dos babilônios.

Em 539 a.C., o rei persa, Ciro, derrotou os babilônios, colocando um fim ao governo babilônico. Jerusalém ficou em ruínas. O profeta Ageu compilou uma história sobre a reconstrução do templo no Monte Sião. Os profetas Zacarias e Malaquias narraram suas vidas e os acontecimentos da época.

Em 445 a.C., o profeta Neemias foi nomeado governador de Judá por Ciro e a pequena província vizinha a Israel recebeu o nome de Samaria. Porém, como anteriormente, os povos das terras divididas se desentenderam.

Neemias supervisionou a reconstrução física de Jerusalém e manteve um relato detalhado de suas próprias atividades. Seu livro, que apareceu somente cem anos após sua morte, tornou-se o mais completo e confiável relato histórico sobre os judeus, após sua captura.

Sob o governo de Ciro, os persas eram os verdadeiros libertadores das terras dos hebreus. Canaã passou a ser chamada de Palestina *'a terra dos Filisteus'*, referindo-se à terra que 'os Filisteus uma vez tentaram, sem sucesso, conquistar e controlar' e os hebreus, anteriormente 'filhos de Judá e Israel', passaram a ser conhecidos como 'os Judeus'.

Um novo livro de Neemias foi escrito. Mais Salmos foram adicionados àqueles que existiam, e dois poemas — o Livro de Jó e A Canção de Salomão — foram compostos. A história do reinado de Davi foi contada em Crônicas e os cinco primeiros livros de Moisés: Gênesis, Êxodo, Levítico, Números e Deuteronômio, foram editados.

Esdras, profeta e pregador-mestre da época, revisou o pensamento religioso e codificou a lei judaica no sistema utilizado atualmente. Isso permitiu aos aspirantes não-hebreus compreender os ensinamentos espirituais e adotar e converter à crença aqueles que escolhiam. O nome 'Judeu', portanto, descrevia as pessoas que se sujeitavam às leis monoteístas de Deus, entregues a Moisés, esclarecidas e decodificadas por Esdras, e não a linhagem sangüínea nacional dos hebreus. A conformidade com a Lei permitia ao fiel um lugar no paraíso após sua morte e era, portanto, de grande importância na vida do sagrado. A codificação de Esdras, feita em papiro, significava que os judeus poderiam consultar textos sagrados não contestados sempre que viajassem. Por volta de 330 a.C., o Pentateuco[33] foi concluído e todas as sinagogas possuíam, então, sua própria cópia da Lei, a *Torá* judaica.

---

33. O corpo dos livros aceitos pela Igreja.

Rota de Alexandre, o Grande

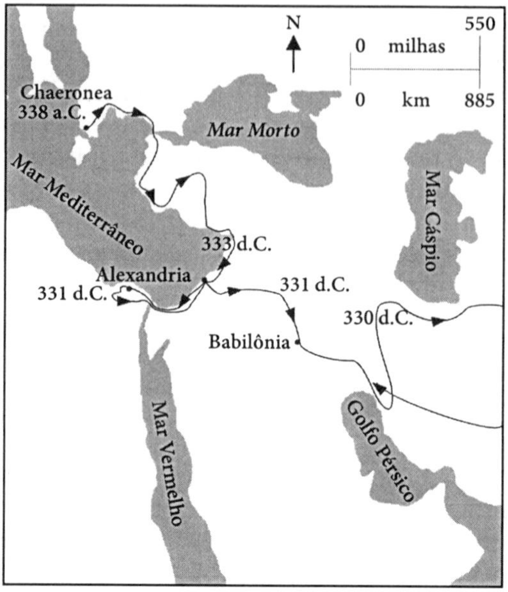

Figura 26. Rota de Alexandre, o Grande, da Ásia Menor ao Egito Alexandrino, e além das fronteiras orientais dos atuais Afeganistão e Paquistão.

Em 338 a.C., a vitória de Felipe II sobre o restante da Grécia, em Chaeronea (Figura 26) teria repercussões. Seu filho, Alexandre, o Grande,* marchou para conquistar o Mediterrâneo oriental e, em 333 a.c., derrotou o rei persa Dario, na Ásia Menor, dando aos hebreus novos senhores supremos. Alexandre marchou para o Egito e, em 331 a.C., estabeleceu a cidade de Alexandria. Sua morte, em 323 a.C., levou a batalhas pela sucessão: os seleucidos ganharam a área de Antioquia, na Síria, e os gregos ptolomeus asseguraram as terras do Egito para si.

Entre 283 e 246 a.C., Alexandria (sob o rei macedônio Ptolomeu II) sustentou uma população de aproximadamente 150 mil gregos e tornou-se rapidamente o centro do aprendizado e da cultura grega no Mediterrâneo. Filósofos, escritores, matemáticos e cientistas preencheram a grande biblioteca, na qual a primeira tradução do Pentateuco (do hebraico para o grego), o *Septuagint* (palavra em latim para 'setenta') foi escrito — por setenta e dois estudiosos judeus presos em um monastério sob as instruções do rei. O *Septuagint* refere-se à primeira tradução grega do *Antigo Testamento*, que

---

* N.E.: Sugerimos a leitura de *O Gênio de Alexandre, o Grande*, de N. G. L. Hammond, Madras Editora.

surgiu logo em seguida. Aproximadamente na mesma época, a história de Ester e o relato de Daniel a respeito do êxodo surgiram na Palestina, em hebraico.

Em 168 a.C., os seleucidos saíram de Antioquia, tomando a Palestina dos ptolomeus — declarando que o único deus a ser adorado seria o deus criador grego Zeus, para quem construíram um altar no templo. Em 166 a.C., os judeus, enraivecidos, voltaram-se contra os seleucidos e, em dois anos, baniram Zeus para restabelecer sua fé. O líder da rebelião, Judas Macabeu, morreu em 160 a.C., porém, a luta continuou, liderada pela família Macabeu, ou *Hasmonaeans* (em hebraico), até que os romanos chegaram, em 63 a.C.

O livro de Daniel descreve a revolta dos macabeus, juntamente com os dois livros dos macabeus. A história de Susana, Bel e o Dragão, A Oração de Manasses e A Canção das Três Crianças nunca foram incluídas na versão protestante da Bíblia, mas apareceram em uma segunda versão, chamada Apócrifos (ensinamentos secretos), algumas das quais estão incluídas na versão católica romana. O Antigo Testamento, da forma como o conhecemos atualmente, foi concluído por volta de 90 d.C. Os dois livros dos macabeus, A Sabedoria de Salomão e Eclesiastes, foram incluídos ao mesmo tempo, mas foram relegados aos Apócrifos.

O Antigo Testamento estava, então, completo com seus 17 livros históricos: Gênesis, Êxodo, Levítico, Números, Deuteronômio, Josué, Juízes, Rute, O Primeiro Livro de Samuel, O Segundo Livro de Samuel, O Primeiro Livro de Reis, O Segundo Livro de Reis, O Primeiro Livro de Crônicas, O Segundo Livro de Crônicas, Neemias e Ester; os cinco livros de ensinamento: Jó, Salmos, Provérbios, Eclesiastes e Cântico dos Cânticos e os 17 livros proféticos: Isaías, Jeremias, Lamentações de Jeremias, O Livro do Profeta Ezequiel, O Livro de Daniel, Oséias, Joel, Amós, Abdias, Jonas, Miquéias, Naum, Habacuc, Sofonias, Ageu, Zacarias e Malaquias.

O Novo Testamento

Grande parte do que sabemos sobre Jesus vem dos Evangelhos (palavra grega para 'boa notícia'), que seus seguidores Mateus, Marcos, Lucas e João compuseram após sua morte. Esses evangelhos aparecem no Novo Testamento da Bíblia. Há outros textos, não tão famosos, incluindo 13 papiros cópticos (os primeiros cristãos egípcios), encontrados em um jarro cerâmico selado, no deserto, em 1945, em Nag Hammadi,* Egito, que incluem O Evangelho de Felipe, O Evangelho de Tomás, Os Atos de Pedro, O Evangelho da

---

* N.E.: Sugerimos a leitura de *A Biblioteca de Nag Hammadi*, de James Robinson, Madras Editora.

Jesus, como a Estrela Gêmea Vênus

Figura 27. Capela da catedral de Guadalajara, México, mostrando o recém-nascido Jesus sob uma estrela brilhante, junto de Maria e José. Esferas em prata sobre urnas em cada lado de Jesus representam as diversas manifestações do planeta Vênus, como a estrela da manhã e da noite. José e Maria, então, apresentam Jesus como a estrela gêmea Vênus.

Verdade (datando de aproximadamente 150 d.C.) e O Evangelho de Maria Madalena (por volta de 135 d.C.).

Por volta de 63 d.C., o Império Romano se estendeu além da Palestina, uma região com mais de 8 mil milhas quadradas, com uma população de aproximadamente um milhão de judeus. Eles eram aliados relutantes do exército romano que os forçou a iniciar seus grandes projetos de estradas, pontes, aquedutos e prédios.

Aproximadamente 57 anos mais tarde, em busca de taxas, o governador César Augusto decretou que deveria ser feito um censo da população para quantificar as possibilidades de impostos, e foi esse censo que enviou os prováveis parentes de Jesus em uma jornada de 145 quilômetros à cidade de Belém. Sua mãe, Maria, não era casada, mas estava noiva de José quando ficou grávida por intermédio de uma concepção imaculada. Visões e sonhos persuadiram o casal de que a criança deveria nascer e ser criada no casamento. O casal concordou em se casar, cumprindo, então, as ordens divinas do Novo e do Antigo Testamento:

> O anjo lhe disse: Não temas, Maria, pois encontraste graça diante de Deus... Eis que conceberás e darás à luz um filho, e lhe porás o nome de Jesus... e o Senhor Deus lhe dará o trono de seu pai Davi (Lucas 1:30-32)

Durante a viagem, José e Maria seguiram uma estrela brilhante (Figura 27), que os levou a um estábulo em Belém, onde Jesus nasceu. Como José, padrasto, era um descendente da linhagem de Davi, o nascimento de Jesus, até onde os cristãos sabem, completa a profecia do Antigo Testamento dos Salmos:

> O Senhor jurou a Davi com firme juramento e dele não se apartará: um rebento da tua carne farei subir para o teu trono. (Salmos 132.11)

Jesus cresceu como o filho de um carpinteiro e passou os primeiros meses de sua vida exilado no Egito, tomado pelo rei déspota Herodes. Quando Herodes morreu, a família voltou para Nazaré, onde Jesus passou seus primeiros anos. Em todas as histórias, ele foi uma criança exemplar, com gosto pelas escrituras judaicas, desde as tradições orais que haviam sustentado os hebreus no deserto até as leis de Moisés e as teorias dos patriarcas do Pentateuco.

Seus movimentos exatos entre a idade de 12 e 30 anos são pouco conhecidos. Alguns dizem que ele viajou muito pelo Tibete, Índia e Grécia. Outros dizem que visitou a Inglaterra com José de Arimatéia, um mercador fariseu rico, um dos 71 ministros membros do Conselho Sanhedrin da Igreja e, possivelmente, um parente próximo de Jesus. Foi o conhecimento de mercador de José que levou alguns observadores a acreditar que ele era um mercador de metal que viajava para a Cornuália de navio, procurando por cargas de estanho, chumbo e cobre.

O inglês William Blake (1757-1827) acreditava que Jesus havia realmente visitado a Cornuália. O poeta, artista e gravador dizia ter muitas experiências espirituais, até o testemunho do aparecimento de anjos e visões do Céu e do inferno. Ele escreveu diversos livros proféticos, entre eles: *Matrimônio do Céu e do Inferno*,* 1790, *America*, 1793 e *Milton*, 1804. Ele ilustrou edições da Bíblia e obras de Shakespeare com seu famoso estilo artístico, baseado nos estilos de Michelangelo e Rafael; também escreveu o poema *Jerusalem*, por volta de 1800, especulando que Jesus, certa vez, caminhara pelas terras da Cornuália:

> E aqueles pés, nos tempos idos
> Pisaram as verdes montanhas inglesas?
> E teria sido o Santo Cordeiro de Deus
> Visto nos aprazíveis pastos da Inglaterra?
> E a Continência Divina
> Brilhou sobre nossos montes nebulosos?
> E Jerusalém foi construída aqui
> Entre os escuros e satânicos moinhos?
>
> Tragam meu arco para queimar Ouro!
> Tragam minhas flechas do desejo!
> Tragam minha lança! Oh nuvens desdobradas!
> Tragam minha Carruagem de Fogo!
>
> Não cessarei a luta mental;
> Nem minha espada adormecerá em minha mão
> Até construirmos Jerusalém
> Nas terras verdes e aprazíveis da Inglaterra.

Algumas pessoas dizem que a rendição de Blake, transformada em música em 1916, por *sir* Hubert Parry, é, simplesmente, um pensamento rebuscado. Afinal de contas, o segundo verso questiona se Jerusalém poderia ter sido construída entres os escuros e satânicos moinhos da Inglaterra — os moinhos não surgiram antes da época da geração de energia por meio da água, durante a Revolução Industrial, por volta de 1830 — muito tempo depois de Jesus.

Outros sustentam que, embora os relatos de Blake possam ser romantizados, não há evidências para embasar a história. O pesquisador Sean Thomas, da Cornuália, cita[34] a popularidade dos 'bolos de açafrão' da Cornuália, apontando que o tempero açafrão é nativo do sudeste da Ásia e abundante no

---

* N.E.: *Matrimônio do Céu e do Inferno*, de William Blake, lançado no Brasil pela Madras Editora.
34. *The Times* (Artigo revisão), 10 de abril de 2004.

Oriente Médio. Outro antigo prato da Cornuália, a torta de 'tâmara e limão', também deve ter sido feito com ingredientes importados do Oriente Médio, onde as tâmaras são cultivadas. Ele também nota similaridades nos nomes de locais da Cornuália com os nomes do Oriente Médio: o vilarejo de Joppa pode ter sido nomeado por causa do Porto Fenício de Joppa; a antiga cidade oposta ao Monte St. Michael, conhecida como Marazion, pode ter derivado de Mara Zion ou 'Zion pelo mar', sugerindo uma prévia conexão sionista, da mesma forma como as cidades da Cornuália Jericho, Bojewyan e locais como Market Jew Street e Joseph's Lane, no vilarejo mineiro de Redruth. As casas de fundição daquela época eram conhecidas como 'Casas Judias' e a palavra sarazin (talvez de Sarraceno) era utilizada para descrever os restos de estanho. Existe até um hino cornualês que começa com a frase 'José era minerador de estanho'.

No porto de Padstow, no norte da Cornuália, há um poço chamado 'Poço de Jesus', a partir do qual José e Jesus teriam navegado para o norte, em direção a Somerset e do rio Brue para os Montes Mendip, cheios de prata e chumbo, próximo a Glastonbury. As minas de prata de Charterhouse, acima do acampamento romano de Aquae Sulis (Bath), são conhecidas por terem operado até o ano 49 d.C.

A vida de Jesus como professor, opondo-se àquela de noviço, parece ter seu início após o encontro com seu precursor João, o Batista, aos 30 anos. Ele possuía 12 discípulos, seguidores que, com disciplina, absorviam os ensinamentos sagrados e que, mais tarde, divulgariam a palavra como apóstolos (professores).

Os nomes dos apóstolos relacionados no Novo Testamento, nos Evangelhos de Marcos (3:14-19), Lucas (6:12-16) e Mateus (10:2-4) são os seguintes:

Os 12 apóstolos originais — segundo Marcos (3:13-19):

- Simão (chamado de Pedro)
- Thiago, o filho de Zebedeu
- João, o irmão de Thiago
- André
- Filipe
- Bartolomeu
- Mateus
- Tomé
- Thiago, o filho de Alfeu
- Tadeu
- Simão, o cananeu
- Judas Iscariotes

De acordo com Lucas (6:13-16):

- Simão (a quem também chamou de Pedro)
- André, o irmão de Simão
- Thiago
- João
- Filipe
- Bartolomeu
- Mateus
- Tomé
- Thiago, o filho de Alfeu
- Simão, chamado Zelote
- Judas, o irmão de Thiago
- Judas Iscariotes

De acordo com Mateus (10:2-4):

- Simão (chamado de Pedro)
- Thiago, o filho de Zebedeu
- João, o irmão de Thiago
- André, o irmão de Simão Pedro
- Filipe
- Bartolomeu
- Tomé
- Mateus, o publicano (um coletor de impostos chamado de 'Levi', por Marcos)
- Thiago, o filho de Alfeu
- Lebeu, cujo sobrenome era Tadeu [Judas Tadeu]
- Simão, o cananeu
- Judas Iscariotes

De acordo com Lucas, ele iniciou seu ministério por volta dos 30 anos. Adquiriu rapidamente seu grupo de discípulos e seguiu para a Galiléia, estabelecendo um novo ministério em Capernaum, uma pequena cidade judia à beira do lago, com uma população de 5 mil pessoas entre Damasco e Alexandria. Ele ensinou as leis de Moisés e os Dez Mandamentos e começou a deixar suas marcas como professor incomum. As pessoas ficavam fascinadas com seu ensinamento, pois as ensinava com autoridade e não à maneira dos escribas.

> Um novo mandamento vos dou: que vos ameis uns aos outros; assim como eu vos amei a vós, que também vós vos ameis uns aos outros. (João 13:34)

Esse 'amor' de que Jesus falava não era o amor sentimental dos *affectionados* unidos pelo desejo. Sim, ele tinha ciência de como os sentidos físicos estimulavam a produção hormonal na mente e no corpo, e como essas químicas podiam levar a mente, o coração e a alma para um mundo de ilusões e 'insanidade induzida pelos hormônios', a que muitas pessoas chamam 'amor'.

Ele também tinha consciência de que a Teoria Geral da Existência e as Teorias da Reconciliação Divina e do Desenvolvimento Espiritual Interativo (figuras A18, A19 e A20) demandavam uma geração contínua de filhos que somente a insanidade poderia comportar. Também não se tratava do amor entre dois irmãos, que morreriam um pelo outro. Tratava-se de algo mais do que esses dois casos.

O amor do qual ele falava se referia a um *sincero e genuíno desejo de bem-estar espiritual, físico, intelectual e emocional de outro ser vivo*. Um amor que sobreviveria à ingratidão, à má conduta e à repudiação de Deus. Um amor oferecido espontaneamente àqueles que nada haviam feito para merecê-lo, a todos aqueles que possuíam uma faísca de bondade. 'E aquele que não tiver?', perguntou Jesus, dizendo que seu pai não queria que ninguém perecesse.

Sua percepção contemplava um Deus, o Pai invisível, mas que a tudo vê, sempre atento a todas as ações de seus filhos, diligente com o pensamento e a vontade. Nenhuma outra religião deixou o Pai tão intimamente próximo de Seus filhos, com igualdade para todos, o bom e o mau e os mal-agradecidos.

A crença de que um juízo final poderia ocorrer, no qual a condição da alma que parte seria determinada de acordo com as ações de sua vida, é talvez a mais salutar para os cristãos. O caminho para a salvação seria espiritual, sem cerimônias, sem pagamentos ou pedidos diários. Os pecados seriam perdoados e o perdão aliviaria a alma do fardo da culpa, permitindo a purificação mediante a da verdade interior. Pensa-se que a sinceridade era mais importante que os atos de caridade.

Jesus ensinou, em parábolas, histórias que tinham significado em dois níveis: o literal e o figurado. Elas, geralmente, formavam alegorias que impressionavam a mente, que, como vimos, era o método preferido de ensinamento de Lorde Pacal.

O objetivo da parábola era persuadir o ouvinte a considerar profundamente os assuntos e, dessa forma, inspirar a mudança. Em Mateus, 13, 3-23, Jesus aponta como pessoas diferentes reagem ao ouvir a palavra de Deus: 'Algumas sementes do semeador caíram no caminho e foram comidas pelos pássaros. Algumas caíram em solo rochoso e morreram na terra quente.

Algumas caíram em solo bom e tiveram êxito em dar frutos'. A mensagem é: aqueles que ouvirem e compreenderem a palavra de Deus obterão resultados impressionantes. Vinte e nove Parábolas de Jesus aparecem nos Evangelhos de Mateus, Marcos, Lucas e João.

O rabino Moses Maimonides, o grande teólogo judeu comenta:

> Cada vez que você encontrar um conto em nosso livro, cuja realidade seja repugnante tanto para a razão quanto para o senso comum, tenha certeza de que o conto possui uma profunda alegoria velando uma verdade profundamente misteriosa; e quanto mais absurda a carta, mais profundo o conhecimento do espírito. (*Hidden Wisdom in the Holy Bible*, vol. 1, G. Hodson, Wheaton III, Theosophical Publishing House.)

A Parábola do Semeador tem mais a dizer. Ela significa que os ensinamentos de Deus inculcam conhecimento e sabedoria no indivíduo e, ao fazê-lo, produz o talento que resulta em bons trabalhos. A inferência, aqui, é que nenhum homem é mais inteligente que seu sucessor. Ainda assim, paradoxalmente, está claro que alguns homens possuem melhores idéias que os outros?

Deus é luz e a luz penetra a mente por intermédio do olho. Todo olho é uma combinação diferente de cores, o que significa que todo olho está preparado para receber luzes de diferentes freqüências. O olho converte a luz em sinais elétricos que viajam através dos nervos ópticos até o cérebro, que detecta os sinais de luz. Os olhos afinados com a freqüência de Deus, portanto, recebem e processam as idéias de Deus.

Isso quer dizer que a voltagem, trazida de uma encarnação anterior, é insuficiente para incentivar o processamento intelectual e a aquisição do conhecimento e do crescimento virtuoso da voltagem da alma durante a encarnação presente: para ouvir a mensagem de Deus, os indivíduos precisam ter um coração puro e estar afinados com a freqüência de Deus. As boas idéias vêm de Deus. As más idéias, do corpo.

Cristo declara abertamente que algum conhecimento é oculto propositalmente: 'Aquele que em ouvidos, ouça o que o Espírito diz' (Apocalipse 2:7, 11, 29, 3:6, 13, 22, 13:9). A seus discípulos, ele diz:

> 'A vós foi concedido conhecer os mistérios do reino de Deus, mas aos outros se lhes fala por parábolas, para que vendo não vejam, e ouvindo não entendam. (Lucas 8:10)

Os motivos para o segredo tornam-se aparentes com o discurso:

> Não lanceis aos cães as coisas santas, não atireis aos porcos vossas pérolas, para que não as calquem com os seus pés e, voltando-se contra vós, vos despedacem. (Mateus 7:6)

O autor Roland Peterson diz:

> Certos conhecimentos podem ser destrutivos nas mãos daqueles que são moralmente despreparados — destrutivos para si mesmo e para os outros. (*Everyone is Right*, Roland Peterson, De Vorss & Co., 1986)

O Popol Vuh, livro sagrado dos maias começa com as seguintes palavras:

> O Popol Vuh não pode mais ser visto (...) o livro original escrito há muito tempo existiu, porém sua visão foi escondida do buscador e do pensador. (*The Popol Vuh*, Delia Goetz e Sylvanus G. Morley, University of Oklahoma Press, 1947, p. 79)

Outra passagem do mesmo livro diz:

> Vamos partir [morrer], completamos nossa missão aqui. Então, Balan-Quitze deixou o símbolo de seu ser. "Esta é uma lembrança que deixo para vocês, este deverá ser seu poder"... Ele deixou o símbolo cuja forma era invisível, pois estava embrulhado e não podia ser aberto: a costura não era aparente, pois não *foi vista* quando fizeram o embrulho. (*The Popol Vuh*, Delia Goetz e Sylvanus G. Morley, University of Oklahoma Press, 1947, p. 79) [Itálicos do autor]

Isso significa que Lorde Pacal escolheu omitir seu conhecimento sagrado 'disfarçado' nos transformadores maias. Escondido dos arqueólogos e dos saqueadores de túmulos. Escondido dos buscadores e pensadores.

Porém, foi outro dom de Jesus que fez com que sua fama se espalhasse: ele podia curar os enfermos com suas mãos, ou, simplesmente, com sua vontade. Como os outros superdeuses, Jesus operava milagres: 34 relacionados a ele são descritos nos Evangelhos. Ele surgiu para superar as leis físicas e atingir resultados sobre-humanos mediante seus esforços e, além disso, ter uma visão profunda das bases da natureza física e da influência da mente sobre assuntos que não faziam parte de seu mundo.

Conforme a fama e os ensinamentos de Jesus se espalhavam, ele tornou-se conhecido como 'rei dos judeus' entre seus seguidores. O clero judeu opôs-se, insistindo que ele não estava de acordo com sua percepção do Messias. Afinal de contas, ele era o filho de um pobre carpinteiro, nascido em um estábulo, e não tinha credenciais para se autonomear rei. Como este homem, Jesus, poderia dizer que era o filho de Deus que eles questionavam? Do ponto de vista dos judeus, isso era uma blasfêmia.

Por sua vez, os romanos não tinham base para persistir nos assuntos sobre Jesus ou religião. Eles estavam mais preocupados em manter a lei e a ordem e, com isso, um fluxo ininterrupto de impostos. Porém, os adversários de Jesus conspiraram para capturá-lo e o Sinédrio julgou-o culpado de blasfêmia, apesar das apelações de José de Arimatéia e outros.

Os romanos, incertos sobre qual ação tomar, deixaram o destino de Jesus nas mãos de um *referendum*, no qual se chegou ao consenso de puni-lo com a morte por crucificação. O resultado não tomou Jesus de surpresa. Na noite anterior, temendo a evolução dos eventos, ele organizou uma ceia de despedida com seus 12 discípulos:

> Jesus tomou o pão e, depois de o benzer, partiu-o e deu-lho, dizendo: Tomai, isto é o meu corpo. Em seguida, tomou o cálice [cheio de vinho], deu graças e apresentou-lho, e todos dele beberam. E disse-lhes: Isto é o meu sangue, o sangue da aliança, que é derramado por muitos. (Marcos 14:22-24)

Então, Jesus previu os eventos que se seguiriam dizendo:

> Esta noite serei para todos vós uma ocasião de queda; porque está escrito: Ferirei o pastor, e as ovelhas do rebanho serão dispersadas. (Mateus 26:31)

Ele falou da iminente traição de um dentre o grupo:

> (...) mas é preciso que se cumpra esta palavra da Escritura: Aquele que come o pão comigo levantou contra mim seu calcanhar (...) Em verdade, em verdade vos digo: um de vós me há de trair! (*João* 13:18-21) [A escritura a que Jesus se referia era a do livro do Antigo Testamento, Salmos (41:9): Até o meu melhor amigo, em quem eu confiava plenamente, e que comia do meu pão, pois até esse me trai.]

Então, um dos 12, chamado Judas Iscariotes, foi até os pregadores e lhes disse:

> Que quereis dar-me e eu vo-lo entregarei. Ajustaram com ele 30 moedas de prata (*Mateus* 26:15). Judas, o traidor (...) tomado de remorsos (...) Ele jogou então no templo as moedas de prata (...) Os príncipes dos sacerdotes tomaram o dinheiro (...) e compraram com aquela soma o campo do Oleiro, para que ali se fizesse um cemitério de estrangeiros. (Mateus 27:3-7)

Cumprindo, assim, *a profecia do Antigo Testamento*:

> *Eles pagaram-me apenas 30 moedas de prata pelo meu salário.*
>
> *O Senhor disse-me: Lança esse dinheiro no tesouro, esta bela soma, na qual estimaram teus serviços. Tomei as 30 moedas de prata e lancei-as no tesouro da casa do Senhor.* (Zacarias 11:12-13)

> Levantou-se o sumo-sacerdote e lhe perguntou: Nada tens a responder ao que essa gente depõe contra ti? Jesus, no entanto, permanecia calado (...)

Disse-lhe o sumo-sacerdote: Qual o vosso parecer? Eles responderam: Merece a morte! Cuspiram-lhe então na face, bateram-lhe com os punhos e deram-lhe tapas (...) Jesus compareceu diante do governador (...) Ele, porém, nada respondia às acusações dos príncipes dos sacerdotes e dos anciãos. (Mateus 26:62-67, 27:11-12)

Era desprezado, era a escória da humanidade, homem das dores (...) Mas ele foi castigado por nossos crimes, e esmagado por nossas iniqüidades (...) Foi maltratado e resignou-se; não abriu a boca, como um cordeiro que se conduz ao matadouro, e uma ovelha muda nas mãos do tosquiador. Ele não abriu a boca. Por um iníquo julgamento foi arrebatado. Quem pensou em defender sua causa, quando foi suprimido da terra dos vivos. (Isaías 53:3-8)

Depois de o haverem crucificado. Os que passavam o injuriavam. Ele salvou a outros e não pode salvar-se a si mesmo! Próximo da hora nona, Jesus exclamou em voz forte: Meu Deus, meu Deus, por que me abandonaste? (Mateus 27:35-46)

Meu Deus, meu Deus, porque me abandonaste? (...) Confiaram em ti e tu os livraste (...) A minha força se desfez como água; todos os meus ossos se desconjuntaram (...) e a língua pega-se-me à boca, porque me lançaste no pó da morte (...) e atravessaram-me as mãos e os pés (...) Repartem entre si as minhas roupas e a minha túnica, tiram-na à sorte. (Salmos 22:1-18)

Havia ali um vaso cheio de vinagre. Os soldados encheram de vinagre uma esponja e, fixando-a em uma vara de hissopo, chegaram-lhe à boca (...) Havendo Jesus tomado do vinagre, disse: Tudo está consumado. Inclinou a cabeça e rendeu o espírito (...) Chegando, porém, a Jesus, como o vissem já morto (...) um dos soldados abriu-lhe o lado com uma lança e, imediatamente, saiu sangue e água. O que foi testemunha desse fato o atesta, e o seu testemunho é digno de fé (...) Assim se cumpriu a Escritura: Nenhum dos seus ossos será quebrado. E diz em outra parte a Escritura: Olharão para aquele que transpassaram. (João 29:29-37)

Muitas são as aflições que o justo tem na vida, mas o Senhor o livra de todas elas. Até o seu corpo está guardado por Deus, nenhum dos seus ossos será quebrado. (Salmos 34:19-20)

À tardinha, um homem rico de Arimatéia, chamado José, que era também discípulo de Jesus, foi procurar Pilatos e pediu-lhe o corpo de Jesus (...) José tomou o corpo, envolveu-o em um lençol branco e o depositou num sepulcro novo, que tinha mandado talhar para si na rocha. (Mateus 27:57-60)

Jesus ensinou que o objetivo oculto da vida era purificar o coração (Figura 28). Um coração puro purifica a alma e uma alma pura vai para o Céu

Os Puros de Coração

Figura 28. (a) Jesus apontando para seu coração puro exposto, que irradia luz. O halo ao redor de sua cabeça possui uma cruz solar com quatro braços.

para gozar da paz, da alegria e da felicidade com o criador. O caminho para um coração puro passava pelo amor, pelo sacrifício e pelo sofrimento.

Essa é outra forma de dizer que a energia eletromagnética de Deus, a alma — destacada de sua fonte divina —, deve estar sempre em estado de permanente desequilíbrio enquanto está dentro do corpo — da mesma forma como uma rocha erguida será sempre atraída para o chão, a alma pura será sempre atraída de volta ao Céu, de onde veio.

Muitos acreditam que a prática egípcia da mumificação facilitava o processo de reencarnação para que a alma do morto retornasse à Terra. Porém, os egípcios também preservavam os órgãos internos, com exceção do coração e do cérebro. Ao fazê-lo, explicavam que um cérebro antigo em uma nova vida não tem valor, pois um cérebro novo tem a memória vazia. Da mesma forma, um novo coração não possui memória emocional. Na vida seguinte, nossa vida intelectual e emocional começam do início, não do ponto em que a deixamos. Os reencarnados não podem se beneficiar do conhecimento prévio que, como já ouvimos, é o motivo pelo qual os antigos codificavam seu conhecimento em seus tesouros para que eles mesmos os redescobrissem, caso não conseguissem chegar ao Céu.

A inferência aqui é que o coração também *deve* ter uma memória, 'memória emocional'. O cérebro se lembra de fatos e figuras, a superciência do Sol, porém é o coração que se lembra do amor dado e recebido, ganho e perdido. De fato, quando revisamos nossas vidas, nossos sucessos e falhas, não são as casas, os carros ou os empregos que vêm à nossa mente, mas o arrependimento, o remorso, a alegria e a felicidade do relacionamento com as coisas vivas.

Uma memória de computador armazena dados processando informações eletronicamente, colocando-as em células de memória que retêm a carga elétrica para uso posterior. O coração, portanto, deve armazenar informações emocionais no órgão coração utilizando carga elétrica da mesma forma. Há relatos documentados de pacientes com coração transplantado que tiveram experiências de memória de como o doador faleceu, talvez levando um tiro, ou morto em um acidente de carro. O coração é um órgão dinâmico que pode nos levar ao Céu.

A placa celta de crucificação Rinnagan (Figura 29), uma placa de bronze batido da capa de um manuscrito teológico perdido do século VII, foi encontrada em um cemitério de uma igreja em County Roscommon, Irlanda. Ela mostra a crucificação de Cristo com Longinus — o soldado romano que espetou o flanco de Cristo com a espada — e Stephanon, à sua esquerda, oferecendo uma esponja encharcada com vinagre aos lábios de Cristo. De cada lado de sua cabeça, dois anjos aparecem como a estrela da manhã e a estrela da noite. A preciosa relíquia celta está, atualmente, guardada no Museu Nacional da Irlanda, em Dublin. Os arqueólogos estão perplexos pelo fato de a placa mostrar Cristo com espirais celtas ao redor do peito e da cabeça e pelo fato de apresentar os anjos, um de cada lado dele.

O Significado Perdido da Espiral Celta

O *Bhagavad Gita* afirma que Deus é luz. Deus, portanto, deve ser o Sol. A alma humana, como parte de Deus, também deve ser o Sol em uma forma um pouco diferente (como a água pode ser vapor ou gelo). A figura 30a mostra a estrutura magnética do Sol. A Figura 30b mostra a distribuição positiva e negativa da energia magnética presente em um corte feito na região equatorial. Os espirais de energia (Figura 30c), entalhados no centro do coração de Cristo na placa de crucificação de Rinnagan correspondem exatamente à energia do Sol (Figura 30b): dois quadrantes compostos de uma espiral de duas partes, o *yin* e o *yang*, os princípios claro e escuro de energia que os antigos chineses acreditavam ser inerentes a todas as coisas vivas.

A Crucificação de Cristo

Figura 29. Placa em bronze da crucificação de Rinnagan, encontrada em um cemitério de County Roscommon, Irlanda, e agora mantida na coleção celta do Museu Nacional da Irlanda, em Dublin. Essa cena mostra a crucificação de Cristo, com Longinus à sua direita, perfurando seu flanco com a espada. Stephaton, à sua esquerda, carrega uma esponja ensopada com vinagre para molhar os lábios de Cristo. Os dois anjos acima representam a estrela gêmea (planeta) Vênus, a estrela da manhã e da noite.

Como vimos, a região equatorial do Sol (Figura 30a) faz a rotação a cada 26 dias (28 dias para um observador da Terra) e o pólo magnético solar faz a rotação uma vez a cada 37 dias (41 dias para um observador da Terra). Ao mesmo tempo, a Terra se move ao redor do Sol uma vez por ano. O efeito da 'rotação diferencial' dos campos magnéticos do Sol significa que, a cada mês do calendário, um dos setores do campo equatorial solar irá aumentar a custa de seu vizinho adjacente (Figura 30b), resultando nos dois quadrantes iguais (*yin* e *yang*, mencionados anteriormente) e, além disso, dois quadrantes desiguais.

As espirais de duas partes, *yin* e *yang* (Figura 30b), fazem a rotação em direções opostas, indicando, respectivamente, as polaridades dos campos negativo e positivo que não são alteradas pelo campo polar em um determinado mês. Os dois quadrantes desiguais possuem espirais de três partes, cada uma representando os setores dos campos adjacentes que *são* alterados pela rotação do campo magnético polar a cada mês. Dessa forma, as espirais de energia contidos no coração de Cristo, na placa de crucificação Rinnagan (Figura 30c) são idênticos aos do Sol.

A interação magnética (para o mês que está sendo examinado) torna um quadrante espiral-coração mais positivo (mostrado como cinza-cinza-preto) e o outro, mais negativo (mostrado como preto-preto-cinza). A aparência da espiral no coração de Cristo mostra que a energia de Cristo, a alma, é o mesmo tipo de energia que a do Sol e que reside no coração. O fato de esta ser uma interpretação razoável da disposição do coração espiralado de Cristo é suportado pela aparência das duas miniaturas de espirais triplas que aparecem acima das quatro espirais do coração: essas duas espirais triplas são imagens espelhadas de cada uma, sugerindo que as espirais do coração representam a energia da alma, a energia da imagem espelhada, no homem.

Outra distinção é enfatizada pelas espirais de energia localizados no halo de Cristo: essas espirais triplas são obtidas por rotação simples, sugerindo que a energia seja algo além de uma imagem espelhada. Além do mais, o centro do pequeno halo de espirais triplas integra as três espirais duplas em uma espiral tripla.

Os formadores das espirais na placa de crucificação Rinnagan, portanto, destacam a diferença entre a energia da alma e a energia divina: a energia da alma é a energia divina (energia solar), que é ligada ao coração de um homem, enquanto a energia do halo é pura energia divina, luz.

A espiral, ou flor, é uma característica central da arte celta, significando que os celtas se preocupavam com a purificação da alma — a conversão da energia da alma em energia do halo [a conversão do 666 em 999], a superciência do Sol e as ordens elevadas da espiritualidade.

A redistribuição de energia (Figura 30b) pode ser analisada de forma mais simples, como na Figura 31: aqui, o quadrante reduzido é considerado 'neutralizado' (N) a cada mês. Isso quer dizer que um observador, da Terra, vê somente três dos quatro quadrantes em qualquer mês (30,4375 dias). A radiação das partículas solares (cargas positivas e negativas) resulta em 12 seqüências diferentes de modulações magnéticas do campo magnético da Terra, resultando em 12 tipos de mutações genéticas nos primeiros ovos impregnados e o conseqüente desenvolvimento de 12 diferentes tipos de personalidade a cada ano (Astrologia dos símbolos solares). Além disso, os padrões de radiação são detectados pelo cérebro humano, causando variações nos níveis do hormônio melatonina e na produção dos hormônios da fertilidade estrógeno e progesterona, e a conseqüente regulação da menstruação e da fertilidade das mulheres — por isso os antigos adoravam ao Sol como o deus da Astrologia e o deus da fertilidade.

A espiral de quatro partes do coração foi representado pelos celtas de Hallstatt como a suástica invertida (Figura 32ai). A espiral tripla de energia do halo refere-se ao vento solar após a neutralização do campo do setor equatorial. Aqueles que aumentam a voltagem de sua própria alma durante sua vida na Terra vão para o Céu. A espiral tripla foi ilustrada pelos celtas como o símbolo de três pernas do homem (figura 32bi), o emblema nacional do povo celta, o Manx, da ilha de Man.[35]

Após a Crucificação

Após a crucificação, o corpo de Jesus foi colocado em um túmulo previamente preparado por José de Arimatéia (...) Pôncio Pilatos, temendo os boatos de que o corpo poderia ser roubado, pediu que a entrada do sepulcro fosse bloqueada por uma enorme pedra e que dois centuriões romanos montassem guarda.

No dia seguinte, Maria Madalena* — que, dizem alguns, era mais próxima de Jesus que qualquer outra pessoa — visitou o túmulo. Os centuriões estavam mortos. A grande pedra que bloqueava a entrada do túmulo havia sido removida, expondo a entrada:

> (...) E eis que houve um violento tremor de terra: um anjo do Senhor desceu do céu, rolou a pedra e sentou-se sobre ela (...) Vendo isso, os guardas tremeram de pavor e ficaram como mortos. Mas o anjo disse a Maria (...) Não temais! Sei que procurais Jesus, que foi crucificado. Não está aqui: ressuscitou como disse (...) Vinde e vede o lugar em que ele repousou (...)

---

35. Uma ilha anexa do Reino Unido localizada no mar irlandês.

* N.E.: Sugerimos a leitura de *O Legado de Madalena*, de Laurence Gardner, Madras Editora.

A Crucificação de Cristo (II)

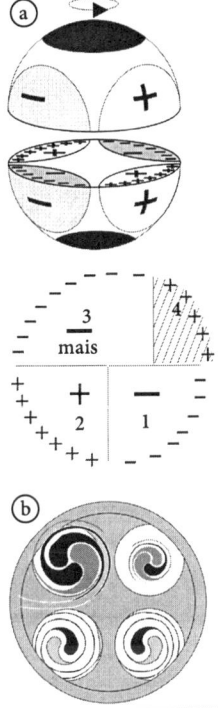

Figura 30. (a) Campos magnéticos do Sol. (b) Visão plana de a) corte transversal dos campos magnéticos centrais do Sol, mostrando os quatro quadrantes desiguais da atividade magnética, que muda a cada mês. No quadro: esquema dos centros de energia na placa de crucificação de Rinnagan; (c) A energia do chacra do coração de Cristo corresponde aos campos magnéticos do Sol. (d) A alma (imagem espelhada) — indicando que a energia do chacra do coração representa a alma no homem. (e) O chacra do halo difere do chacra da coroa, pois cada espiral é rotacionada em 90° com relação à espiral do lado (ao contrário da energia solar do coração, que é uma imagem espelhada — e não pode ser obtida por meio da rotação).

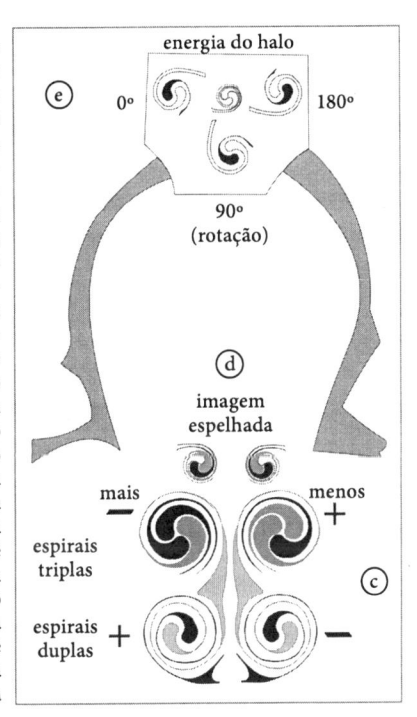

Os Celtas e a Astrologia dos Signos Solares

Após um mês, o pólo solar gira em 90° com relação à linha central.

Distúrbio mensal na linha central, causado pelos pólos.	Seqüência do padrão de radiação — Neutralizado pelos pólos	Mês	Elemento	Signo Astrológico
1234	123N	1	Fogo	Áries
1234	12N4	2	Terra	Touro
1234	1N34	3	Ar	Gêmeos
1234	N234	4	Água	Câncer
1234	123N	5	Fogo	Leão
1234	12N4	6	Terra	Virgem
1234	1N34	7	Ar	Libra
1234	N234	8	Água	Escorpião
1234	123N	9	Fogo	Sagitário
1234	12N4	10	Terra	Capricórnio
1234	1N34	11	Ar	Aquário
1234	N234	12	Água	Peixes

Figura 31. A região central do Sol gira a cada 26 dias. As calotas polares magnéticas giram uma vez a cada 37 dias. A Terra gira em torno do Sol a cada 365,25 dias. Essa interação causa a neutralização de um setor central diferente a cada mês. A seqüência de radiação do vento solar resultante viaja para a Terra e fica presa nos cinturões de radiação Van Allen, fazendo com que os campos magnéticos da Terra variem no nível do solo (Figura 8). As modulações magnéticas afetam a produção de estrógeno e progesterona nas mulheres, regulando o ciclo menstrual e causando mutações genéticas em óvulos fertilizados — redistribuindo as seções de DNA — produzindo 12 tipos diferentes de personalidade ao longo do ano, por isso os antigos adoravam o Sol como deus da fertilidade e deus dos [signos solares] astrológicos.

Os Segredos das Espirais Celtas

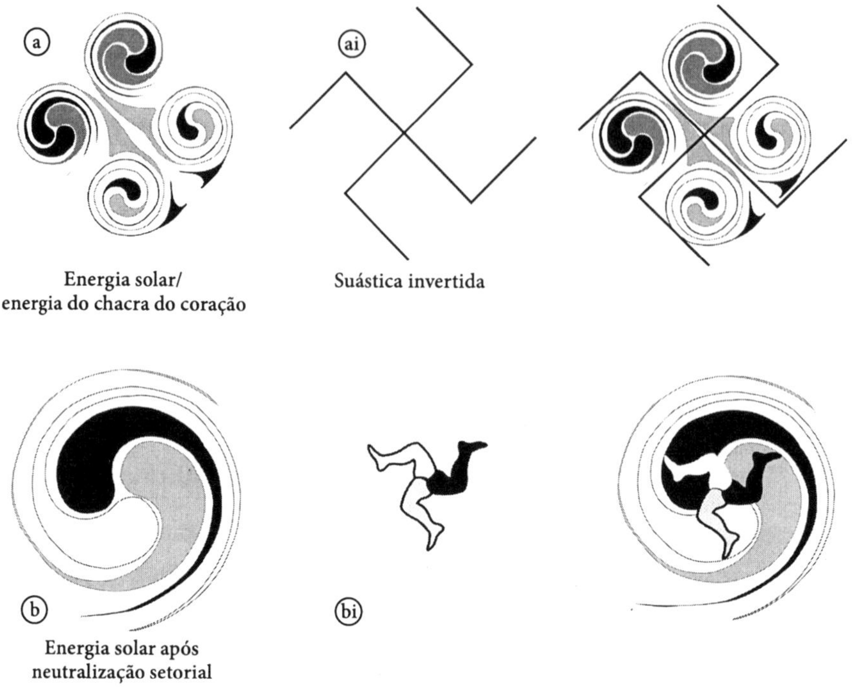

Energia solar/
energia do chacra do coração

Suástica invertida

Energia solar após
neutralização setorial

Figura 32. (a) Campos de energia magnética da linha central do Sol. (ai) Suástica invertida dos celtas de Hallstatt, descrevendo o padrão da radiação solar, vistos de Vênus, antes da neutralização setorial causada pela interação com os campos polares. (b) Padrão de radiação do vento solar, visto de Vênus, após a neutralização setorial causada pela interação com os campos polares. (bi) O símbolo celta para os Man, da ilha (celta) de Man (uma colônia do Reino Unido).

Ide depressa e dizei aos discípulos que Ele ressuscitou dos mortos (...) Ele vos precede na Galiléia. Lá o haveis de rever. (Mateus 28:2-7)

Maria correu para Jerusalém e, como o anjo havia previsto, encontrou com Jesus ressuscitado [que disse]: 'Não temais! Ide dizer aos meus irmãos que se dirijam à Galiléia, pois é lá que eles me verão'. (Mateus 28:10)

O verso 16 descreve como ele encontrou seus discípulos. João 20:25 diz que houve dois encontros. O primeiro, com dez discípulos presentes, e o segundo, com 11, incluindo Tomé, que não participara do primeiro e duvidara daquilo que lhe haviam falado, daí a expressão 'parece-se com Tomé'.

E disse-lhes: Ide por todo o mundo e pregai o Evangelho a toda criatura. Quem crer será salvo. (Marcos 16:15-16)

João 21, 14 menciona um terceiro encontro entre Jesus e os discípulos: a terceira vez que Jesus apareceu para seus discípulos após voltar dos mortos. O livro Atos dos Apóstolos diz que Jesus permaneceu na Terra por 40 dias após a ressurreição:

> (...) aos apóstolos que escolhera (...) a eles se manifestou vivo depois de sua Paixão, com muitas provas, aparecendo-lhes durante 40 dias (...). (Atos 1:2-3)

Atos, então, registra como os discípulos reuniram-se e rezaram para Deus, pedindo para serem guiados na seleção de um substituto para Judas Iscariotes, dizendo:

> (...) [quem deve tomar parte] (...) para tomar neste ministério e apostolado o lugar de Judas que se transviou, para ir para o seu próprio lugar. Deitaram sorte e caiu a sorte em Matias, que foi incorporado aos 11 apóstolos. (Atos 24-26)

Os nomes dos apóstolos, dados nos Atos dos Apóstolos, difere, portanto, dos outros registros dos Evangelhos:

- Pedro
- Tiago
- João
- André
- Filipe
- Bartolomeu
- Mateus
- Tomé
- Tiago
- Tiago (filho de Alfeu)
- Judas, o irmão de Tiago [Tadeu, Judas Tadeu]
- Simão Zelotes (o Cananeu)
- **Matias**, que substitui Judas Iscariotes

Essa parece ser a última vez que os discípulos se encontraram com Jesus ressuscitado. Porém, Atos diz que o Espírito Santo os visitou no dia do Pentecoste.[36] Lá, as línguas dos apóstolos, diante da multidão reunida,

---

36. Cinqüenta dias após o Festival Judeu da Páscoa [o festival da primavera de 8 dias que comemora como o Anjo da Morte *passou* pelas casas dos judeus para que somente os primogênitos egípcios fossem mortos — o que é visto na retribuição divina, seguindo o edital do faraó de que todos os meninos judeus deveriam ser mortos].

foram encantadas, permitindo que eles falassem em muitos idiomas e, dessa forma, espalhassem os ensinamentos de Cristo pelo mundo.

O Evangelho de Marcos, o primeiro dos quatro a surgir, foi escrito por Marcos por volta de 70 d.C. O Evangelho de Mateus surgiu logo após, escrito em grego e, então, O Evangelho de Lucas (80 ou 90 d.C.), que também compilou os Atos dos Apóstolos. O Evangelho Segundo João foi o último a surgir, de acordo com fragmentos de um papiro descoberto por volta do ano 100 d.C., que contém parte do 18º capítulo.

A Aparição de São Paulo

Nos anos imediatamente após a crucificação, 60 outras pessoas foram chamadas para o apostolado, até mesmo São Paulo — o convertido Saulo, que nascera em Tarso (Turquia) e obtivera cidadania romana. No início, ele apedrejava os cristãos, mas, após ter uma visão de Jesus (na estrada para Damasco), tornou-se em cristão.

Após a crucificação e ascensão de Cristo, Paulo viajou muito por meio do Mediterrâneo oriental, fazendo pelo menos 14 viagens missionárias para Chipre, Attalia, Tarso, Iconium, Antioquia, Ásia Menor, Tróia, Filipos, Tessália [próximo a Macedônia], Atenas, Corinto e Creta antes de retornar a Jerusalém. Lá, os judeus acusaram Paulo de blasfêmia, resultando em sua prisão pelos romanos (*Atos* 25). Paulo foi, então, mandado para Roma (*Atos* 27) em 64 d.C., onde pode ter sido absolvido e solto antes de ser preso novamente e executado em [atual] Tre Fontane, em Roma, em 67 d.C.

A vida e os momentos de Paulo foram registrados em cartas escritas por ele por volta de 51 d.C.: A Epístola de Paulo, o Apóstolo, aos Romanos [abr. Romanos]; A Primeira Epístola de Paulo, o Apóstolo, aos Coríntios [abr. Coríntios I]; A Segunda Epístola de Paulo, o Apóstolo, aos Coríntios [abr. Coríntios II]; A Epístola de Paulo, o Apóstolo, aos Gálatas [abr. Gálatas]; A Primeira Epístola de Paulo, o Apóstolo, aos Efésios [abr. Efésios]; A Epístola de Paulo, o Apóstolo, aos Filipenses [abr. Filipenses]; A Epístola de Paulo, o Apóstolo, aos Colossenses [abr. Colossenses]; A Primeira Epístola de Paulo, o Apóstolo, aos Tessalonicenses [abr. Tessalonicenses I]; A Segunda Epístola de Paulo, o Apóstolo, aos Tessalonicenses [abr. Tessalonicenses II] e A Epístola de Paulo, o Apóstolo, a Filêmon [abr. Filêmon]. As epístolas de Paulo aos Hebreus, Tito e Timóteo não lhe são atribuídas, mas se acredita que foram escritas após sua morte. Todas as epístolas foram escritas em grego.

Outras epístolas do Novo Testamento, cuja autoria é incerta, apareceram nos 50 anos seguintes: A Epístola Geral de Tiago, Pedro (I e II), João (I, II e III) e Judas.

Apocalipse, o último livro do Novo Testamento, foi escrito por São João na ilha grega de Patmos, para onde fora banido pelo imperador Domitian. Ele conta sobre uma *Revelação* feita por São João. Seu significado é desconhecido e alegórico, contendo visões, pesadelos sobre o Céu e o inferno, profecias sobre o fim do mundo e o dia do Julgamento Final. Contém os enigmáticos números 666 e 144.000, que aparecem nos tesouros de todos os outros superdeuses (descritos anteriormente no Capítulo 1) e termina com Jesus dizendo "Eu sou a estrela radiosa da manhã" e aconselha que ninguém modifique, adicione ou retire qualquer palavra que tenha sido escrita.

Comparação do Novo Testamento

Atualmente, os Evangelhos, as Epístolas e as Revelações estão perdidos em falsificações canônicas livres, pensamentos desejosos e especulações. Um texto padrão seria realmente necessário, um que separasse o joio do trigo: uma combinação dos trabalhos sagrados em uma coleção única nos moldes do Antigo Testamento.

O atraso deveu-se à dificuldade em diversas áreas, entre elas: a seleção do material que deveria ser incluído e a incerteza com relação a quem ou qual autoridade estava qualificada para julgar.

Por volta de 150 d.C., um empresário muito rico chamado Marcion, tinha sua própria palavra em sua cidade, Sinope, no Mar Negro. Ele acreditava que Deus havia enviado seu filho, Jesus, para a Terra a fim de libertar a humanidade do Deus dos judeus, Jeová, e decidiu que o verdadeiro Deus não era o malvado Jeová, mas o novo, amado e clemente Deus proclamado por Jesus.

Então, ele buscou uma ruptura total com o Antigo Testamento e com a história e as crenças dos judeus. Seu pai, o bispo local, ficou tão surpreso que baniu seu filho *herege* da cidade. Marcion, sem recuar, decidiu ir a Roma e doar sua fortuna à Igreja na esperança de formar um Novo Testamento — segundo Marcion, que seria aceito pela Igreja Cristã emergente.

Ele começou excluindo os Evangelhos de Mateus, Marcos e João, ficando com o de Lucas. Decidiu excluir os judeus e qualquer elemento judeu, afinal, acreditava ele, haviam levado Jesus à crucificação. A Parte I de suas Escrituras continha o Evangelho de Lucas e a Parte II, apenas algumas epístolas de São Paulo. Em sua opinião, nada mais merecia inclusão. Então, revisou ambas as partes, removendo quaisquer referências aos judeus.

Os cristãos, surpresos com a versão de Marcion, decidiram ignorá-lo e sua primeira tentativa de compilar um 'Novo Testamento' foi deixada para trás.

A primeira tentativa de consolidação veio de um mártir cristão chamado Justin, que morreu em Roma, em 165 d.C. Ele fez uma crítica sobre o que seria verdadeiro e o que seria falso nos ensinamentos da época e, ao fazê-lo, tornou-se um antepassado daquilo que, no futuro, seria incluído em qualquer Novo Testamento.

No século XVIII, alguns fragmentos de um antigo manuscrito (por volta de 200 d.C.) chamado 'Fragmentos Moratórios' (homenagem ao nome do bibliotecário que os descobrira) surgiu na Biblioteca de Milão. Eles contêm uma dissertação, em latim mal escrito, sobre a eficácia da literatura cristã: os Evangelhos são classificados como genuínos como são os Atos, Apocalipse, as Epístolas de Paulo, João e Judas, mas não Hebreus, Pedro e Tiago ou João III. O autor desconhecido escreve em latim extremamente fraco e primitivo que se degenera, com muitos erros gramaticais; sugerindo que ele não era alfabetizado ou que o manuscrito havia sido transcrito de maneira pobre.

No século II, Irineu, bispo da Gália, citou os quatro Evangelhos, as Epístolas de Paulo, os Atos, Apocalipse, as Epístolas de Pedro I e João I e II.

Aproximadamente na mesma época, um sírio cristão, chamado Tatian, tentou resumir os quatro Evangelhos em uma história escrita em grego moderno para os leigos. Sua versão foi favorecida durante os 200 anos seguintes, até o ano 360 d.C., quando o estudioso Efrain comentou sobre ela. Porém, em 450 d.C., o pregador da igreja síria, Theodore de Antioquia, declarou a versão inválida em favor dos quatro Evangelhos separados.

O Evangelho da Verdade, um dos escritos gnósticos encontrados em Nag Hammadi em 1947, sugere que um Novo Testamento nas linhas do atual existiu por volta de 150 d.C. O Gnosticismo — conhecimento divino baseado em uma combinação de Cristandade, Filosofia grega, Hinduísmo e Budismo — foi um antigo rival da cristandade ortodoxa.

Em 254 d.C., em Alexandria, a antiga igreja Father Origen reconfigurou as escrituras em um Novo Testamento em grego, que, mais tarde, foi aumentado pelo bispo de Cesarea (na Palestina), Eusebius Pamphili, em 314 d.C.

A perseguição dos cristãos prevaleceu desde a data da crucificação até o reinado de Constantino, o Grande (285-337 d.C.), em Roma. Em 306 d.C., ele sucedeu seu pai como imperador romano adjunto, em York, na Inglaterra. Em 312 d.C., durante uma batalha vitoriosa fora de Roma, ele teve uma visão da cruz de Cristo na face do Sol, o que inspirou sua conversão ao Cristianismo. Um ano depois, conclui seu "Edital da Tolerância", que estendia a tolerância religiosa a todas as crenças e, em 324 d.C., tornou-se o primeiro imperador romano cristão a governar todo o Império Romano.

A Igreja, que estava se desenvolvendo em Roma, baseou-se na estrutura do império. As dioceses foram estruturadas ao longo das linhas da administração romana: os bispos da cidade encontraram-se no *sínodo*, nas capitais. Os bispos romanos compartilhavam poder com os de Constantinopla e Alexandria, e também de Antioquia e Jerusalém, a leste. Ao mesmo tempo, um número significante de cristãos escolheu uma vida de renúncia, recolhendo-se a monastérios estabelecidos pelos monges Pachomius (290-346 d.C.) e Basil (aproximadamente 330-377 d.C.), no leste, e Benedito (aproximadamente 480-550 d.C.), no oeste.

A comunidade cristã na Bretanha crescia de forma constante e começaram a surgir mártires. S. Alban, um cidadão romano proeminente de Verulamium (atual St. Alban), foi o primeiro mártir inglês a ser executado — decapitado em um monte, 48 quilômetros ao norte de Londres, onde fica, atualmente, a igreja de St. Alban. A Igreja Britânica deve ter sido organizada em dioceses por volta de 314 d.C., quando, sabe-se, os bispos de York, Londres e Lincoln, participaram do Conselho de Arles, em 314 d.C. As primeiras igrejas foram estabelecidas em Silchester, em 360 d.C., e em Caerwent.

O primeiro Concílio Ecumênico a representar toda a Igreja Cristã aconteceu em Nicéia, em 325 d.C. Em 367 d.C., Athanasius, bispo de Alexandria, incluiu o Apocalipse no Novo Testamento e declarou, em sua Carta de Athanasius, que o Novo Testamento fosse fixo e inalterável. Outros Concílios Ecumênicos ocorreram em Constantinopla (381 d.C.), Éfeso (431 d.C.) e Chalcedon (451 d.C.).

O desenvolvimento de uma versão em latim do Novo Testamento, preferida em Roma, era diferente da versão em grego. Na Itália, os primeiros padres da igreja, Ciprião, Hilário e Ambrósio, preferiram uma versão de acordo com as linhas dos fragmentos moratórios até que, em 382 d.C., o papa Damascus encarregou o estudioso cristão Jerônimo de fazer uma nova versão da Bíblia em latim. Inicialmente, ele trabalhou em Roma, antes de mudar-se para um monastério em Belém, onde traduziu o Antigo Testamento, a partir do hebraico; e o Novo Testamento a partir da versão em grego. Sua versão, o *Vulgata* (livro do povo), tornou-se a versão mais popular em latim da Bíblia no século VII, porém não foi adotada como a Bíblia Católica oficial até 1546, pelo Concílio de Trento.

Na Síria, os Evangelhos integrados de Tatian foram favorecidos até o século V, quando os bispos sírios desenvolveram a Bíblia padrão, o *Peshitto*, que foi apresentada nas versões em grego e em latim nos séculos VI e VII. A versão mais antiga que se conhece do Novo Testamento vem de um antigo manuscrito *Peshitto*, datado, precisamente, como escrito em 464 d.C.

José de Arimatéia, que havia adquirido e escondido o Santo Graal utilizado por Cristo na Última Ceia, foi preso na Palestina. Dizem que os poderes divinos do Graal o sustentaram durante o cárcere. Após sua libertação, a lenda diz que ele velejou com Lázaro — que fora ressuscitado por Jesus —, Maria Madalena e o apóstolo Filipe da Palestina até Marselha, na França. Maria e Lázaro ficaram em Marselha com José; o Graal e os 12 seguidores de Cristo continuaram sua viagem para Glastonbury. A lenda diz que, ao chegar ao continente, José escalou um monte local e colocou no chão sua bengala de palissandra, criada a partir da coroa de espinhos de Cristo, a qual milagrosamente, criou raízes no Monte Wearyall onde, até hoje, floresce em todos os Natais. Em 60 d.C., José comprou terras em Glastonbury Hill, sobre as quais construiu sua primeira igreja cristã com madeira e ramos, chamada Vetusta Ecclesia, onde foi enterrado, mais tarde, junto com o Santo Graal.

A recuperação do Graal tornou-se a grande busca dos cavaleiros da Távola Redonda. O Graal, como diz uma versão das histórias de Arthur,[37] foi entregue por José ao cavaleiro *sir* Galahad, que 'tomou o corpo de nosso senhor em suas mãos por mais de 300 anos após a morte de José e, então, faleceu'.

O Colapso do Império Romano

Em 330 d.C., a capital do Império Romano foi transferida para Bizâncio — atual Istambul — por Constantino, o Grande, que a renomeou como Constantinopla, a capital do Império Bizantino.

Aproximadamente no final do século IV, Roma sofreu diversos ataques bárbaros e, conseqüentemente, chamou as tropas de fora do império. Por volta de 406 d.C., os romanos haviam saído da Bretanha, deixando um vácuo de poder. A Inglaterra foi invadida por bárbaros da Escócia e celtas da Irlanda. Um novo líder celta, chamado Vortigern (ativo 425-450 d.C.), surgiu nas fronteiras galesas para ridicularizar os celtas ingleses e, sob pressão, apelou para a ajuda romana para reprimir os invasores. Inicialmente, os romanos responderam com tropas, mas, posteriormente, percebendo a futilidade de sua contribuição, retiraram-se, deixando Vortigern sozinho.

Vortigern encontrou-se com o Conselho dos Reis Britânicos, que concordaram em trazer os mercenários da Alemanha. Os anglos, saxões e jutes enviaram três chalupas cheias de guerreiros pelo canal, em troca de ouro. De acordo com o historiador inglês Bede,[38] o primeiro carregamento chegou em 449 d.C., liderado pelos irmãos saxões Hengist e Horsa. Inicialmente, o acordo funcionou bem. Tão bem que a filha de Hengist se casou com Vortigern, que lhe deixou como herança a terra de Kent. Porém, Hengist queria mais, e a traição começou: ele organizou um banquete para 300 nobres britânicos e 300 anglos e saxões que, sob as ordens de Hengist, sacaram suas adagas e mataram os ingleses. O banquete ficou conhecido

---

37. *The Ultimate Encyclopaedia of Mythology*, Arthur Cotterell, Hermes House, 1999, p. 13.
38. *A História Eclesiástica de Bede sobre o Povo Inglês*. Ed. B. Colgrave e R. A. B. Mynors (Oxford, 1969) IV. 4.

São Patrício

Figura 33. Estátua de São Patrício (Timoleague) West Cork, Irlanda), carregando o cajado, símbolo da liderança espiritual.

como 'a noite das facas longas'. Grande parte do sudeste da Inglaterra estava, então, nas mãos dos anglos e saxões, que forçaram o que restara dos homens de Vortigern para o oeste. Porém, muitas áreas da Inglaterra, a oeste e sudoeste, permaneceram livres do controle saxão.

São Patrício

São Patrício (389-461 d.C.) foi um inglês, um escravo na Bretanha então ocupada pelos romanos, que foi vendido para um proprietário de terras do nordeste da Irlanda, por volta de 404 d.C. Ele passou sua juventude supervisionando ovelhas, rezando e contemplando a Deus. Após seis anos, fugiu, tentando retornar à sua casa por meio do mar irlandês. Viajando à noite para evitar ser visto, ele andou 321 quilômetros para o sudeste da Irlanda e implorou por uma passagem em um pequeno barco para a França. Sua experiência irlandesa suscitou, em sua mente, a possibilidade de uma missão divina para converter os celtas irlandeses à Cristandade, mas, para tanto, ele precisaria, primeiro, da autoridade da Igreja.

Durante 21 anos, Patrício estudou a Teologia Cristã nos monastérios franceses de Lerins e Auxerre e, durante esse tempo, teve um sonho visionário chamando-o de volta para a Irlanda para continuar sua missão. Em 432 d.C., como bispo ordenado pela Igreja da Inglaterra, retornou à Irlanda para completar a ordem divina, inicialmente ganhando os corações e as mentes dos reis locais e, em seguida, pregando aos druidas no idioma maia-irlandês. Nos anos que se seguiram, estabeleceu uma igreja cristã celta na Irlanda. Seus ensinamentos eram vistos como divergentes, levantando a suspeita dos bispos ingleses que, dizendo que ele era herege, tentaram excomungá-lo, no que falharam.

Patrício construiu as primeiras igrejas e estabeleceu as primeiras práticas de adoração na Irlanda. A lenda diz que ele tinha proteção divina: certo dia, um rei poderoso foi enviado a fim de preparar uma armadilha para Patrício e seus seguidores, mas, milagrosamente, todos ficaram invisíveis. O rei podia ver apenas um grupo de veados diante de si, e ouviu vozes cantando:

> Cristo em mim, Cristo diante de mim,
> Cristo sob mim, Cristo sobre mim,
> Cristo à minha direita, Cristo à minha esquerda,
> Cristo quando me deito, Cristo quando me sento,
> Cristo quando desperto,
> Cristo no coração de todos aqueles que pensam em mim,
> Cristo na boca de todos aqueles que falam comigo,
> Cristo em todos os olhos que me vêem,
> Cristo em todos os ouvidos que me ouvem.

A oração tornou-se conhecida como *Canto do Veado*.

Acredita-se que Patrício seja o responsável por introduzir o trevo irlandês na Irlanda, para representar a Divina Trindade do Pai, do Filho e do Espírito Santo, porém não há evidências que provem esse fato.

CAPÍTULO TRÊS

Os Monastérios

Portos de Refúgio

A difusão da Cristandade inspirou a construção de novos monastérios por toda a Europa e Oriente Médio. Devotos aglomeravam-se para inscrever-se no novo etos de castidade, obediência e pobreza cristãos.

Eram dois os motivos para a castidade: aqueles que escolhiam uma vida de réplica física — ter filhos — achariam difícil purificar sua própria alma, pois amariam a seus filhos mais do que a seus semelhantes, ao contrário do ensinamento cristão que, primeira e unicamente, declarava o amor aos semelhantes — o que inclui os filhos dos semelhantes. Os ensinamentos não dizem nada sobre aproximação dos próprios filhos, nada sobre preferi-los aos filhos dos semelhantes. O segundo motivo é fisiológico: a ejaculação do esperma rico em proteína, nos homens, esgota a energia vital do corpo. O corpo precisa utilizar energia para repor o esperma, em vez de utilizar essa energia para aumentar a voltagem da alma: as energias no corpo deveriam fluir pela espinha para formar o halo, não para baixo, para formar o esperma — por isso existe a circuncisão, como um inibidor da masturbação, tão popular entre os judeus.

> Alguns homens, descendo da Judéia, puseram-se a ensinar aos irmãos o seguinte: Se não vos circuncidais, segundo o rito de Moisés, não podeis ser salvos. (Atos 15:1)

Evitando fornicação, São Paulo escreve:

> Seria bom ao homem não tocar mulher alguma. Todavia, considerando o perigo da incontinência, cada um tenha sua mulher, e cada mulher tenha seu marido. (I Coríntios 7:1)

Ele preferia a vida do isolamento, do monge e do padre celibatário, retornando ao casamento somente quando a força de vontade é fraca:

> Mas, se não podem guardar a continência, casem-se. É melhor casar do que se abrasar. (I Coríntios 7:9)

Abrasar, aqui, refere-se à insaciável dor auto-inspirada nascida da luxúria e do desejo, que distraem a mente do pensamento pacífico. Ela surge a partir da má percepção da mente daqueles que desejam possuir, controlar, consumir e descartar — despertando um drama auto-sustentável no qual o participante é voluntário e acaba, inevitavelmente, na autodestruição. Difere substancialmente dos atributos positivos do *sofrimento*.

O sofrimento surge a partir de estímulos externos sobre os quais a vítima possui pouco ou nenhum controle. Ele causa dor na mente. A mente combatente leva à dor no coração. A dor no coração leva à busca da alma e a busca da alma leva ao extermínio da impureza, da mesma forma como se tira um trapo molhado da água. Dessa forma, a dor purifica o coração, que purifica a alma, em preparação para entrar no Céu. Eis o coração do ensinamento cristão.

Quando pagamos pelos nossos próprios erros, sofremos — pois temos de trabalhar mais e mais arduamente para ganhar dinheiro e pagar pelo erro. A mente sofre, o coração sofre e a alma purifica-se e vai para o Céu. O tolo, que prefere que outros paguem por seus erros, simplesmente os envia ao Céu e, ao mesmo tempo, reserva sua alma ao esquecimento. O homem inteligente, portanto, paga *apaixonadamente* por seus próprios erros e *prontamente* paga pelos erros do tolo. Esse é o caminho para o Céu. Ao pagar pelos erros dos outros, Cristo tomou os pecados do mundo para si, sofreu, purificou sua alma e subiu ao Céu. A Teoria da Redenção Espiritual Repetitiva (Figura A20) ilustra as escolhas e as conseqüências disponíveis. Nós escolhemos nosso próprio destino.

Torna-se claro que alguns indivíduos raramente pagam por seus erros e são, portanto, proibidos de entrar no Céu desta vez: é o cliente que paga pela incompetência ou pela inaptidão de um advogado. É o inocente convicto que paga pela incompetência ou inaptidão do juiz. Dessa forma, os inocentes sofrem e tornam-se puros, enquanto os culpados reservam suas próprias almas ao inferno.

Eis o coração da lei do Carma, a lei universal da ação e reação que, automaticamente, corrige tudo o que é errado.

> Muitos dos primeiros serão os últimos e muitos dos últimos serão os primeiros. (Mateus 19:30)

> É mais fácil um camelo passar pelo fundo de uma agulha do que um rico entrar no reino de Deus. (Mateus 19:24)

Os Monastérios

O retiro nos monastérios significava um exílio auto-imposto em que a espiritualidade predisposta poderia escapar das pessoas *normais* que são guiadas pelo desejo de reproduzir-se e autodestruir. Eles leram a história de como pessoas normais pregaram um homem completamente inocente a uma cruz, e preferiram não passar por isso.

Eles viraram as costas para o modo normal de vida e agruparam-se nos monastérios, que se tornaram portos de refúgio e centros de oração, trabalho e educação para aqueles que buscavam a salvação. Lá, passavam o tempo contemplando a Deus, replicando Seu trabalho; entalhando e decorando pedras com cruzes e monumentos; transformando metais preciosos e pedras preciosas em vasilhames litúrgicos e copiando as primeiras cópias *iluminadas* dos textos bíblicos durante anos de trabalho e estudo árduos.

A necessidade de textos trouxe consigo a necessidade de palavras que progredissem de simples letras maiúsculas para textos em que houvesse letras maiúsculas e minúsculas. Os registros progrediram, colocando os textos em pergaminhos ou véus (couro de bezerro) — utilizando guias retas e dividindo as páginas em dois os três rubros.[39] As folhas eram, então, unidas em uma forma primitiva de livro, um códex.

O *Codex Argentus*, Códex de Prata, surgiu no século VI, em um monastério italiano. O bilíngüe *Codex Carolinus*, distribuído em duas colunas — uma gótica e, outra, latina — surgiu logo em seguida. Em 476 d.C., o monge beneditino inglês São Bonifácio (680-754 d.C.), que foi encarregado pelo papa Gregório II de levar a Cristandade à Alemanha, levou o *Victor Codex* latino, ou Fulda, para terras alemãs.

Os manuscritos bíblicos freqüentemente possuíam diversos volumes belamente decorados com tintas, geralmente ligadas a metais em relevo e couro, levando ao surgimento de versões menores, contendo apenas os Salmos ou os Evangelhos,. Também havia versões portáteis dos livros, conhecidos como 'Evangelhos de Bolso', utilizados pelos monges em suas missões. A produção de textos continuou de forma manual até o advento do papel e o desenvolvimento da impressão, por volta de 1250. Por volta de 1440, blocos simples de madeira surgiram e a introdução do tipo móvel, em 1450, permitiu uma nova versatilidade na produção de livros, até então desconhecida.

Em 597 d.C., o papa Gregório I enviou Santo Agostinho (morto em 605 d.C.) para a Inglaterra a fim de converter formalmente os ingleses ao Catolicismo romano. Ele batizou o rei Ethelbert de Kent logo após sua chegada em Ebbsfleet e acabou sendo o primeiro arcebispo da Cantuária.

A quase independente Igreja Cristã celta, estabelecida por Patrício, na Irlanda, estava, naquela época, seguindo seus próprios caminhos e as diferenças fundamentais entre as duas Igrejas, notadas pela primeira vez na

---

39. Assim chamado porque a primeira letra de cada coluna era sempre 'iluminada' em vermelho, *ruber* (em latim).

época de Patrício, começaram a aprofundar-se. A organização da Igreja na Irlanda diferia do sistema episcopal organizado pelos bispos na Europa. Na Irlanda, os monastérios eram, freqüentemente, fundados por famílias para assegurar que seus membros governassem como Abades, presidindo batismos, missas e funerais, e fossem vistos como superiores aos bispos. Outra diferença dizia respeito à data da Páscoa, que celebrava a ressurreição de Cristo: Roma preferia que o banquete móvel caísse no primeiro domingo *após* a Lua cheia do equinócio de primavera, enquanto os celtas prefeririam sua própria data.[40]

Em 431 d.C., o papa Celestino enviou o bispo Palladius à Irlanda, presumidamente para incrementar o trabalho de Patrício.[41] Um dos primeiros monastérios irlandeses foi o de S. Enda, em Arainn (Inishmore, Ilhas Aran). O monastério de S. Finnian, em Clonard, County Meath, tornou-se uma escola para monges monásticos, que espalhariam a palavra em outras partes da Bretanha e no Continente.

O abade irlandês S. Columba (Colm Cille, 521-597 d.C.), nascido em County Donegal, com descendência real, estabeleceu diversos monastérios na Irlanda, até o de Durrow, próximo a Tullamore, County Offally. O estudioso do século VII, Adomnan (628-704 d.C.), o nono abade de Iona (679-704 d.C.), em *Vita Columbae* (*Life of Colm Cille*), de aproximadamente 697 d.C., descreve-o como:

> (...) um discípulo perfeito, escolhido por Deus, que experimentou revelações proféticas, o poder de operar milagres (...) visitado por anjos (...) que se devotou à vida cristã (...) que, com a ajuda de Deus, estudou a sabedoria e manteve seu corpo casto (...) passou 34 anos como um soldado de Cristo na ilha. (*Vita Columbae*, Adomnan [citado de Encyclopaedia of Ireland, Gill & Macmillan, 2003])

---

40. A Páscoa, comemorando a ressureição de Jesus, coincide com o festival judeu da Passagem. A chamada 'Controvérsia da Páscoa' refere-se à disputa sobre a data preferida para o festival. Os judeus calculam a data da Passagem como tendo ocorrido em uma Lua cheia. Os cristãos sabiam apenas que a crucificação coincidia com a Passagem e que ela ocorria algum tempo depois do equinócio da primavera (dia 21 de março) e em um domingo. Isso significa que o domingo de Páscoa cai no primeiro domingo após a Lua cheia que segue o equinócio da primavera, isto é, uma data diferente a cada ano. Os celtas irlandeses possuíam sua forma peculiar de fazer cálculos, mas entraram na linha em 632 d.C. Northumbria (Lindisfarne) aderiu em 664 d.C.; Iona, em 716 d.C.; e a igreja de Gales por volta de 768 d.C.

41. No entanto, um relato do Próspero de Aquitaine, *Chronicon*, de 431 d.C., diz que "o papa Celestino ordenou Palladius, enviando-o aos irlandeses, que acreditavam em Cristo, como seu *primeiro* bispo (...) Escritores que surgiram depois, como Muirchu, ansiosos por respeitar Palladius, ainda que desejando apresentar Patrício como o *primeiro* bispo, imaginaram Palladius falhando em sua tarefa e sendo sucedido por Patrício, daí a data da chegada de Patrício [como bispo] em 432 d.C." (citação de *The Encyclopaedia of Ireland*, Gill & Macmillan, 2003).

Esse texto se refere ao tempo que ele passou após navegar do extremo norte da Irlanda, em 563 d.C., com 12 companheiros para construir o monastério na ilha Escocesa de Iona. A partir dali, ele fez viagens missionárias ao continente; viagens essas que tiveram um papel importante na conversão da Bretanha à Cristandade.

Em 635 d.C., outro monge irlandês, S. Aidan (600-651 d.C.), um prodígio de S. Columba, estabeleceu um monastério cristão em Lindisfarne (Holy Island), fora da costa de Northumberland, no nordeste da Inglaterra. Aidan, como seu sucessor, Patrício, na Irlanda, não reconheceu pessoalmente a Igreja de Roma e recusou-se a falar latim.

Apenas em 664 d.C., o rei Oswey de Northumbria, no Sínodo de Whitby, decidiu adotar a forma romana de Cristandade na Bretanha [revogada, mais tarde, durante a Reforma]. A autoridade papal foi estabelecida na Irlanda inspirando, ao mesmo tempo, bispos de ambos os lados do mar Irlandês a fazerem visitas mais regulares ao papa, em Roma.

O Trabalho dos Anjos

Quase no final do século VII, os monastérios das ilhas Lindisfarne e Iona produziram os melhores manuscritos iluminados em estilo celta. Os romanos, durante sua ocupação da Inglaterra, proibiram e suprimiram a arte celta em favor de sua própria arte. Porém, os romanos nunca chegaram à Irlanda, onde a tradição celta continuava intacta. Com a partida dos romanos e a fuga dos monges para a Bretanha, o estilo celta La Tène, favorecido pelos monges, ganhou um novo sentido de ser. Manuscritos profusamente ilustrados, adornados com animais celtas (Figura 34), caligrafia rebuscada (Figura 35) e trabalhos em nós celtas (Figura 37) — já estabelecidos nos antigos monumentos em pedra — começaram a surgir na forma de manuscritos. O escritor do século XII, Gerald of Wales, somente poderia descrevê-los como 'os trabalhos dos anjos'.

> Encheu-o de um espírito divino para dar-lhe sabedoria, inteligência e habilidade para toda sorte de obras: invenções, trabalho em ouro, em prata e em bronze, gravação de pedras de engaste, trabalho em madeira, execução de toda espécie de obras. Concedeu-lhe também o dom de ensinar, assim como a Ooliab, filho de Aquisamec, da tribo de Dã. Dotou-os de talento para executar toda sorte de obras de escultura e de arte, de bordados em estofo de púrpura violeta e escarlate, de carmesim e de linho fino, e para a execução assim como o projeto, de toda espécie de trabalhos. (Êxodo 35:31-35)

Mitologia Celta

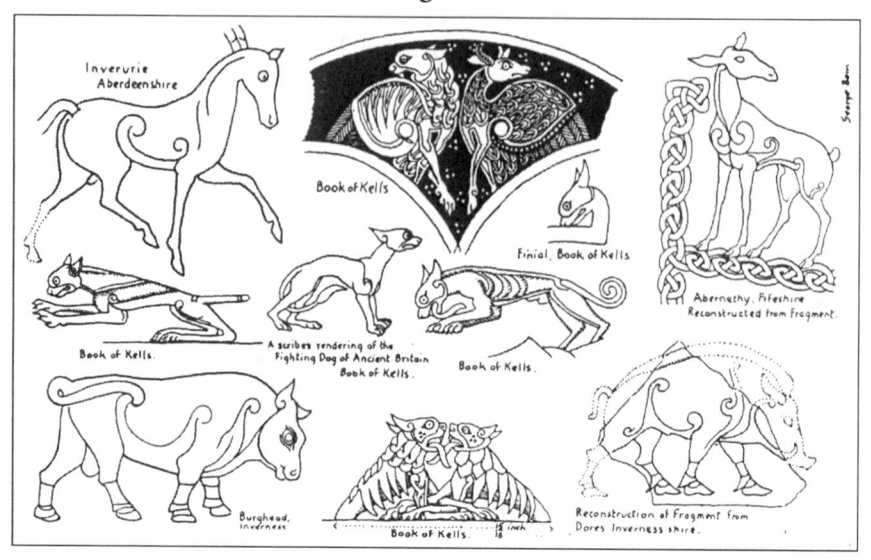

Figura 34. (a) Desenhos de animais gravados na pedra e copiados nos manuscritos, muito comuns na arte celta (*Celtic Art — Methods of Construction*, de George Bain).

Entrelaçamento de Linhas Contínuas Celtas

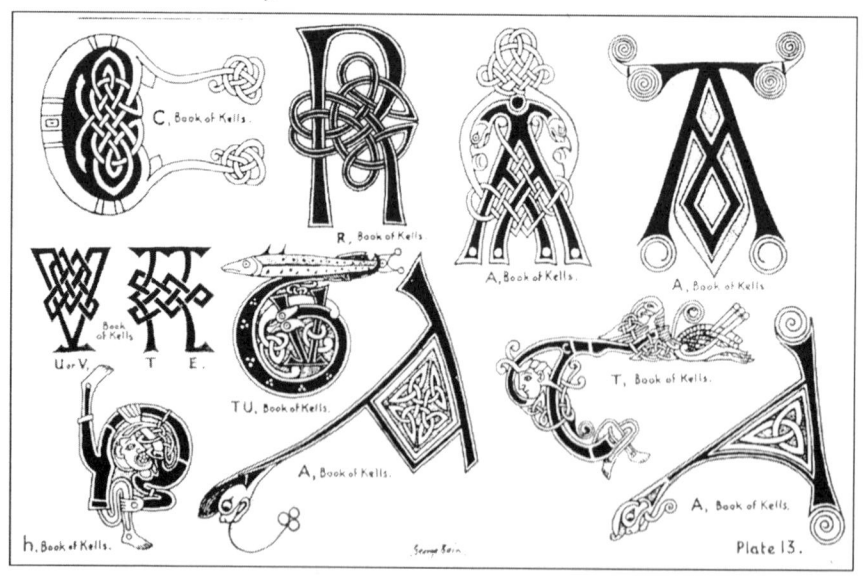

Figura 35. Caracteres textuais decorados com voltas e desenhos em linhas contínuas eram utilizados de forma extensiva nos primeiros manuscritos cristãos (*Celtic Art — Methods of Construction*, de George Bain).

Também sabemos que o [assim chamado] *Livro de Lindisfarne* foi escrito por volta de 698 d.C., porque Aldred, o último administrador de Chester-le-Street, por volta de 950 d.C., adicionou um atrativo [um comentário] em inglês — a mais antiga tradução dos Evangelhos em inglês — e um colofão [uma marca do editor], nomeando o bispo Eadfrith de Lindisfarne como o criador do original:

> Eadfrith, bispo da igreja de Lindisfarne [em 698 d.C.] originalmente escreveu este livro para Deus e S. Cuthbert e, juntamente, para todos os santos cujas relíquias estejam na ilha. E Ethewald, bispo dos habitantes de Lindisfarne, fez a impressão pelo lado de fora e a cobriu, já que sabia como fazê-lo. E Billfrith, o Eremita, forjou os ornamentos que estão na parte externa e os adornou com ouro, pedras preciosas e prata. E Aldred, inválido e o padre mais pobre, fez o realce em inglês nas entrelinhas.

O formato dos livros monásticos iluminados de Lindisfarne, Iona, Kells e Durrow varia, mas, em geral, todos contêm os textos dos quatro Evangelhos, que retratam ilustrações dos apóstolos, páginas ornamentadas e páginas iniciais. O formato e as ilustrações foram ocultos pela formatação: não havia sentenças ou parágrafos, apenas longas cadeias de letras que deviam ser separadas por letras iniciais maiores, que auxiliavam os leitores na leitura do texto. As páginas ornamentadas eram puramente decorativas e não tinham nenhum papel nas histórias; eram seções separadas. A página inicial de cada Evangelho era ricamente decorada com padrões celtas (painel 16), inspirados nos antigos desenhos encontrados nas armas, jóias e arreios celtas. Retratos dos apóstolos nos livros de Kells e Durrow eram em estilo romano, e não celta, sem dúvida porque eram baseados em versões de retratos enviados por Roma.

Os primeiros textos teológicos a alcançarem a Bretanha e a Irlanda chegaram com os missionários durante a época romana, e foram escritos em *uncial* formal romano [com letras redondas, separadas] e *meio-uncial* [com letras que ultrapassavam a parte de cima ou de baixo das linhas].

Os mais antigos manuscritos irlandeses existentes, datando do final do século VI, incluem as tábuas de inscrição *Springmout Bog*, o *Codex Usserianus Primus* (fragmentos de um livro do Evangelho) e o *Cathach*, todo escrito no que passou a ser conhecido desde então como "maiúscula insular" [caligrafia separada por serifas triangulares nas verticais]. A caligrafia era feita com uma pena pontiaguda colocada paralelamente à página, produzindo letras sólidas compostas de traços largos para baixo e traços finos na horizontal. Isso deu ao texto uma aparência bastante horizontal que, mais tarde, foi adotada e desenvolvida pelos monastérios da ilha de Lindisfarne (painel 16) e Iona.

Não se sabe ao certo onde foi escrito o *Livro de Kells*. Muitos acreditam que ele derive do monastério de Iona, na Escócia, por volta de 795 d.C.

As transações da Igreja colocaram nele provas de que esteve em Kells por volta do século XI.

Os monges de Lindisfarne, fugindo dos Vikings, levaram seus manuscritos, juntamente com outros artefatos litúrgicos preciosos para Iona, para que estivessem seguros. Quando o monge Alcuin ouviu falar do primeiro ataque devastador ao monastério de Lindisfarne, em 8 de junho de 793 d.C., ele escreveu uma carta de aviso a Ethewald, Bispo de Lindisfarne:

> Considere [os] com cautela, irmãos, e examinem [os] com diligência, para que a prática do mal, desacostumada e desconhecida, [os derrubem](...) Considerem a vestimenta, a forma de usar o cabelo, os hábitos luxuosos dos príncipes e do povo. (Carta de Aluin para Ethewald, *The Annals of Ulster*, 793 d.C.)

Porém, o refúgio não duraria. Iona foi pilhada em 795, 802 d.C. e, novamente em 806 d.C., forçando os monges a cruzar o mar Irlandês em direção a um novo monastério em Kells [que ficou pronto em 814 d.C.]. Logo em seguida, os vikings assaltaram monastérios irlandeses novamente, forçando os monges a abandonar seus santuários e esconder ou enterrar seus tesouros. A partir de 840 d.C., os vikings estabeleceram acampamentos na costa e nas margens dos lagos da Irlanda.

O *Livro de Kells* é composto por 340 folhas de pergaminho [680 páginas] escritas em maiúsculas insulares por pelo menos três pessoas. Os Evangelhos são baseados no latim vulgar, preferido por Roma (autorizado pelo papa Damascus de S. Jerônimo em 404 d.C.), misturado com o menos confiável latim arcaico. Esses textos eram acompanhados por textos preliminares, incluindo uma lista de nomes hebreus, *breves causae* — títulos, seções de Evangelhos, *argumenta* — as breves vidas dos apóstolos, e o altamente decorado *Canon tables* — que dividia o texto em seções numeradas e permitia que o leitor cruzasse as referências entre os Evangelhos.

O *design* colorido do livro foi criado, provavelmente, por três artistas, utilizando uma variedade de influências derivadas dos celtas, germânicos, pictos [antigos escoceses] e mediterrâneos. É admirado como o mais colorido dos manuscritos iluminados e possui ilustrações de página inteira de Cristo, Cristo com a Virgem Maria, miniaturas da tentação e a prisão, bem como uma página com retratos simbólicos dos quatro apóstolos: Marcos, como um leão; Mateus, como um anjo; João, como uma águia; e Lucas, como um touro, referindo-se a passagens da Bíblia:

> Quanto ao aspecto de seus rostos, tinham todos eles figura humana, todos os quatro uma face de leão pela direita, todos os quatro uma face de touro pela esquerda e todos os quatro uma face de águia. (Ezequiel 1:10)

> Havia ainda diante do trono um mar límpido como cristal. Diante do trono e ao redor, quatro animais vivos cheios de olhos na frente e atrás. O

primeiro animal vivo assemelhava-se a um leão; o segundo, a um touro; o terceiro tinha um rosto como o de um homem; e o quarto era semelhante a uma águia em pleno vôo. (Apocalipse 4:6-7)

Cantavam como que um cântico novo diante do trono, diante dos quatro animais e dos anciãos. Ninguém podia aprender esse cântico, a não ser aqueles 144 mil que foram resgatados da Terra. (Apocalipse 14:3)

De forma geral, os quatro símbolos representavam Cristo como um leão — o rei [da selva], como o touro do sacrifício, como a águia — subindo ao Céu, e como o Espírito Santo no Céu — o anjo [embora, no *Livro de Durrow*, João seja mostrado como o leão].

O mais antigo manuscrito iluminado insular contém o Psalter *Cathach of St Columba*, compilado na época de S. Columba e que contém poucas iniciais aumentadas, enquanto alguns vestígios de um livro de Evangelhos, encontrado em Durham, Inglaterra, contém trabalhos em nós primitivos, anteriormente encontrados apenas em pedras.

O primeiro livro totalmente iluminado a conter os Evangelhos foi o *Livro de Durrow*, de aproximadamente 680 d.C., que contém uma inscrição dizendo que ele foi copiado por S. Columba, sugerindo que foi escrito antes do *Livro de Kells* e de Lindisfarne. Surgiu no monastério Columban, em Durrow, Irlanda, por volta de 680 d.C., mas não foi escrito lá. Parece provável, devido ao estilo e à decoração, que tenha sido escrito em Lindisfarne ou, pelo menos, em outro monastério em Northumbria, Inglaterra, fundado por S. Columba, que provavelmente o levou até Durrow. Ele contém 248 folhas de pergaminho e mede aproximadamente 245 por 145 milímetros. Novamente, contém a tradução dos Evangelhos para latim vulgar do século IV de S. Jerônimo e seus prefácios; interpretações dos nomes hebreus e das tábuas de Canon. O texto é escrito em maiúsculas insulares e algumas das ilustrações derivam do antigo latim vulgar. Onze páginas ricamente coloridas, destacadas com vermelho, amarelo, verde e marrom, incluindo símbolos em vez de retratos dos apóstolos e as páginas ornamentadas são ricamente decoradas com animais, círculos (cruzes solares), espirais dentro de espirais (como as mostradas na Figura 30, representando a radiação solar) unidas umas às outras por um motivo fluido, conhecido como espiral trompete — tudo contido em um padrão elaborado de linhas entrelaçadas.

O *Livro de Lindisfarne* chega a uma queda d'água no Iluminismo celta com um novo e alto nível de decoração e sofisticação. Ele contém os quatro Evangelhos do latim vulgar, cada um introduzido por uma figura do apóstolo e seu símbolo. Os retratos dos apóstolos são menos estilizados do que aqueles contidos nos *Livros de Kells* e contêm influência clássica e bizantina; os apóstolos aparecem em roupas de estilo grego e seus nomes aparecem em grego latinizado. Assim como os outros, o livro também contém tábuas de Canon, prefácios, argumentos e material sobre os banquetes dos Santos.

As cinco páginas iniciais, uma no começo e uma entre os Evangelhos, e as páginas ornamentadas são ricamente decoradas com arabescos e bordas contínuas, contendo conjuntos de cabeças de pássaros e animais, cada uma se entrelaçando na figura à sua frente.

Decodificando os Desenhos Celtas de Linhas Contínuas

As ligações entre o Sol e as escrituras estão evidentes nos manuscritos iluminados, e está claro que os esforços cautelosos dos monges, ao cantar louvores a Deus, foram muito pouco recompensados pela qualidade dos trabalhos. Mas, por que gastar uma quantidade de tempo e esforço tão desproporcionais na decoração dos Evangelhos em vez de converter os desviados? Tal consideração pede que reorganizemos as palavras do rabino Moses Maimonides:

> Sempre que você encontrar em um *livro uma decoração ou um embelezamento sem sentido, que parece desafiar a razão e o senso comum*, tenha certeza de que ele contém uma alegoria profunda que oculta uma verdade profundamente misteriosa; e quanto maior a absurdidade do *padrão*, mais profunda a sabedoria do espírito [alterações do autor em itálico].

O desenho de linhas contínuas não é exclusivo dos celtas, como observou o *Lost Tomb of Viracocha*:

> Maria Reiche não foi a primeira nem a última a notar que cada um dos desenhos no deserto de Nazca (veja a Figura 36, o macaco) foi feito com uma única linha contínua que circunscrevia o [desenho da] criatura (...) Uma técnica similar é utilizada em um jogo comum de crianças, onde uma das *regras* do jogo é que o lápis não perca contato com a superfície desenhada até que o desenho esteja terminado.
>
> Há outras características dos desenhos (...) A primeira é que deve ter havido um *motivo* para a *regra*, para não levantar o lápis (...) do papel (deserto) e, além disso, esse motivo deve ter tido algo a ver com o *método utilizado na construção* das linhas ou com a *mensagem* que se desejava transmitir pelas linhas (ou ambos). Engenheiros familiarizados com circuitos elétricos notarão, imediatamente, uma similaridade: as primeiras máquinas de *fac-símile* utilizavam papel eletro-sensível ou térmico. Geralmente, a parte de baixo do rolo de papel conecta-se com um circuito elétrico enquanto a caneta que comporta o sinal faz contato com o lado de cima do papel.

Os Monastérios

Os Desenhos em Linha Contínua de Viracocha

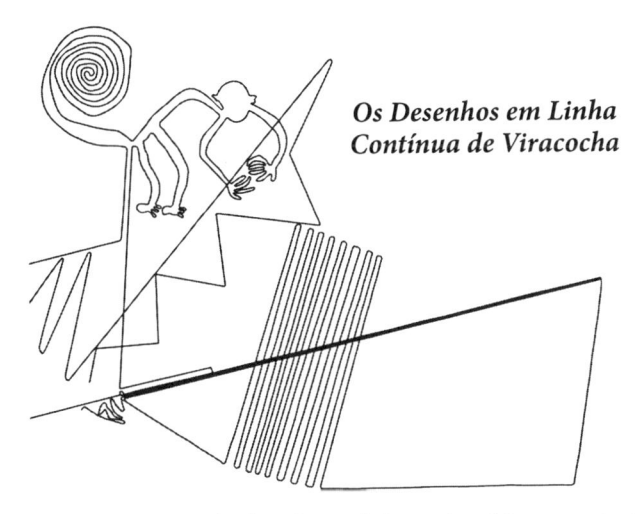

Figura 36. Figura de um macaco, um dos desenhos em linha contínua feitos nas areias do deserto de Nazca, no Peru, por volta de 500 d.C. Uma das regras desse estilo de desenho é não levantar o lápis do papel. Os desenhos eram formados, portanto, mediante um processo ininterrupto (fluxo constante); isso nos diz que a radiação solar oxidava as pedras superficiais, deixando-as marrom-escuras, em contraste com as pedras de cor mais clara, com as quais as linhas eram feitas (a Figura A25 contém mais dois desenhos de Nazca). O macaco neste desenho possui quatro dedos na mão direita e cinco na mão esquerda: um dedo está faltando em uma das mãos, assim como na gravação em baixo relevo de Viracocha no Portal do Sol de Tiahuanaco (Figura A6f). O macaco abraça a maior das três formas idênticas (triângulos) e a estátua de Viracocha é a maior das três estátuas no Templo das Cabeças de Pedra, em Tiahuanaco (Figura A2a). O desenho em linha do macaco nos diz, portanto, que as figuras também foram criadas (desenhadas) pelas mãos de Viracocha.

Sempre que um sinal é enviado para a caneta, ela flui por meio do papel para o outro lado do circuito, fazendo uma marca negra no papel preso entre os dois condutores. O processo continua, e não é preciso dizer que, caso a caneta não tenha mais contato com o papel, a corrente será forçada a parar e as marcas no papel (desenho) também irão parar, não levando em conta a presença de um sinal na ponta da caneta. Isso significa que a caneta deve estar em contato com o papel o tempo todo: ela não deve ser retirada do papel durante o período de tempo em que o desenho é feito. A característica de *linhas contínuas* de Nazca nos diz que, quem quer que tenha feito os desenhos, entendia seu princípio: que *um processo contínuo era, na verdade, empregado no processo de desenho de linhas contínuas*. Se nos lembrarmos, foi *o fluxo contínuo de luz ultravioleta (a corrente) do Sol na superfície do vale* [de Nazca] *que oxidou as rochas* [no solo] *em primeiro lugar*, e permitiu que as linhas fossem criadas daquela forma. Isso chama nossa atenção para a compreensão da natureza e as capacidades da radiação solar. <u>Ao utilizar a técnica das linhas contínuas, os antigos estavam tentando chamar nossa atenção para o poder do Sol</u>.

(*The Lost Tomb of Viracocha*, Maurice Cotterell, Headline, 2001).

A seção foi concluída por uma análise dos padrões da criatura, reconhecendo que eles só poderiam ter sido criados por milagre, por Viracocha, o filho de Deus, que vagou pelas terras do Peru por volta de 500 d.C.

Da mesma forma, utilizando a técnica das linhas contínuas, os celtas tentavam chamar nossa atenção para o poder do Sol e para o fato de que os desenhos de linhas contínuas apenas poderiam ser possíveis por intermédio de Deus na Terra.

Além disso, os dedicados monges escribas, sem dúvida, buscavam a salvação mediante o trabalho, sempre mantendo sua caneta no papel, sempre alertas:

> Vigiai, pois, visto que não sabeis quando o senhor da casa voltará, se à tarde, se à meia-noite, se ao cantar do galo, se pela manhã, para que, vindo de repente, não vos encontre dormindo. (Marcos 13:35-36)

Era a forma de chegarem ao Céu.

Decodificando os Padrões dos Nós Celtas

O artista e estudioso escocês George Bain, nascido em Scrabster, Caithness, Escócia, em 1881, dedicou sua vida ao estudo e ensino das bases da construção dos padrões de entrelaçamento e nós celtas encontrados nos trabalhos em pedra e, mais tarde, nos manuscritos iluminados. Por seus esforços, ele ficou conhecido como o 'pai do desenho celta moderno'. Após sua morte, em 1968, sua família doou seus trabalhos ao museu Groam House, em Rosemarkie. A William McLellan & Co., de Glasgow, publicou seu livro *Celtic Art — Os Métodos de Construção* em 1951.

Na introdução, Bain comenta:

> Esse manual básico foi preparado especialmente para ser utilizado nas escolas primárias e secundárias. Ele também será útil para fornecer instruções a estudantes de Arte, artistas e trabalhadores da arte em diversas habilidades. Muitas coisas serão úteis para o arqueólogo e para o historiador, embora eu não tenha me envolvido com tais assuntos, pois o objetivo primário deste livro é mostrar aos outros os resultados de muitos anos de pesquisa sobre os métodos utilizados pelos artistas antigos (...) Percebendo a espessura da língua escrita, principalmente quando utilizada por mim como meio para a transmissão clara de instruções sobre a parte artística, parte geométrica e parte matemática do método peculiar para diversas formas de arte celta e, particularmente, sobre a escola picta. Transfiro o ônus da compreensão ao aluno, forçando uma observação mais próxima de cada estágio dos métodos com *muito poucas palavras*

para dificultar ou assistir. Muitos anos de experiência levaram-me a crer que uma vez que essa pequena dificuldade inicial é ultrapassada nesse modo de leitura, *dispensar as palavras é benéfico*. [Itálicos do autor].

Com humildade genuína, conquistada com anos de pesquisa sobre os possíveis métodos dos grandes artistas e artesãos intelectuais da nação picta, que produziram ótima arte nas frágeis pedras de East Pict, e suas contrapartes nos livros de Durrow, Kells e Lindisfarne, o broche Tara, o Cálice de Ardagh e outras obras-primas da arte joalheira celta, apresento o resultado de meus estudos (...) A minúcia extrema da arte dos manuscritos iluminados e a impossibilidade dos olhos comuns de perceberem grande parte de seu conteúdo mostra, conclusivamente, que os artistas não mostraram suas habilidades para os olhos ou aplausos humanos.

Eles estavam imbuídos da idéia de que os olhos de Deus detectariam erros e trabalhariam unicamente para glorificá-lo. Seus auxílios à vista e as ferramentas que permitiam que desenhassem uma linha com exatidão, além da habilidade moderna, podem nunca ser conhecidos. Fazendo referência a uma página de *Book of Arnagh*, um dos 'Evangelhos de Bolso', o professor J. O. Westwood escreveu:

> No espaço de aproximadamente um quarto de polegada (...) contei, com o auxílio de uma lupa, não menos que 158 entrelaçamentos de uma fita fina formada por linhas brancas com acabamentos em preto sobre um fundo preto. Não é surpresa que a tradição alega que essas linhas precisas teriam sido traçadas por anjos. (*Celtic Art — The Methods of Construction*, George Bain, Wm. McLellan & Son, Glasgow, 1951)

Bain fez diversos rascunhos dos desenhos encontrados nas pedras e nos manuscritos. A Figura 34 mostra algumas das figuras animais que ele catalogou a partir das pedras escocesas e do *Livro de Kells*. Suas investigações são reveladoras. O rascunho do 'cão lutador' (Figura 34, centro), do *Livro de Kells*, é idêntico aos moldes de bronze dos jarros de Basse Yutz (painel 14) que datam de um período muito anterior, de 400 a.C., significando que a fera deve ter sido favorecida pelos celtas na arte decorativa por mais de 1.000 anos.

Ele também notou (Figura 37) que os nós celtas entrelaçados fazem parte de grupos que compreendem desenhos de uma linha, desenhos de duas linhas, desenhos de três linhas, desenhos de quatro linhas, desenhos de cinco linhas e desenhos de nove linhas. Curiosamente [pelo menos deve ter sido para ele], nunca encontrou desenhos feitos com seis, sete ou oito linhas individuais, embora isso não fosse problema para ele. Bain deve ser parabenizado por suas descobertas incríveis, mas nunca lhe ocorreu que os padrões poderiam remontar as representações celtas dos *números* 1, 2, 3, 4, 5 e 9. Afinal, se eles representavam números, por que os números 6, 7 e 8 estariam faltando?

Codificação dos Números Celtas

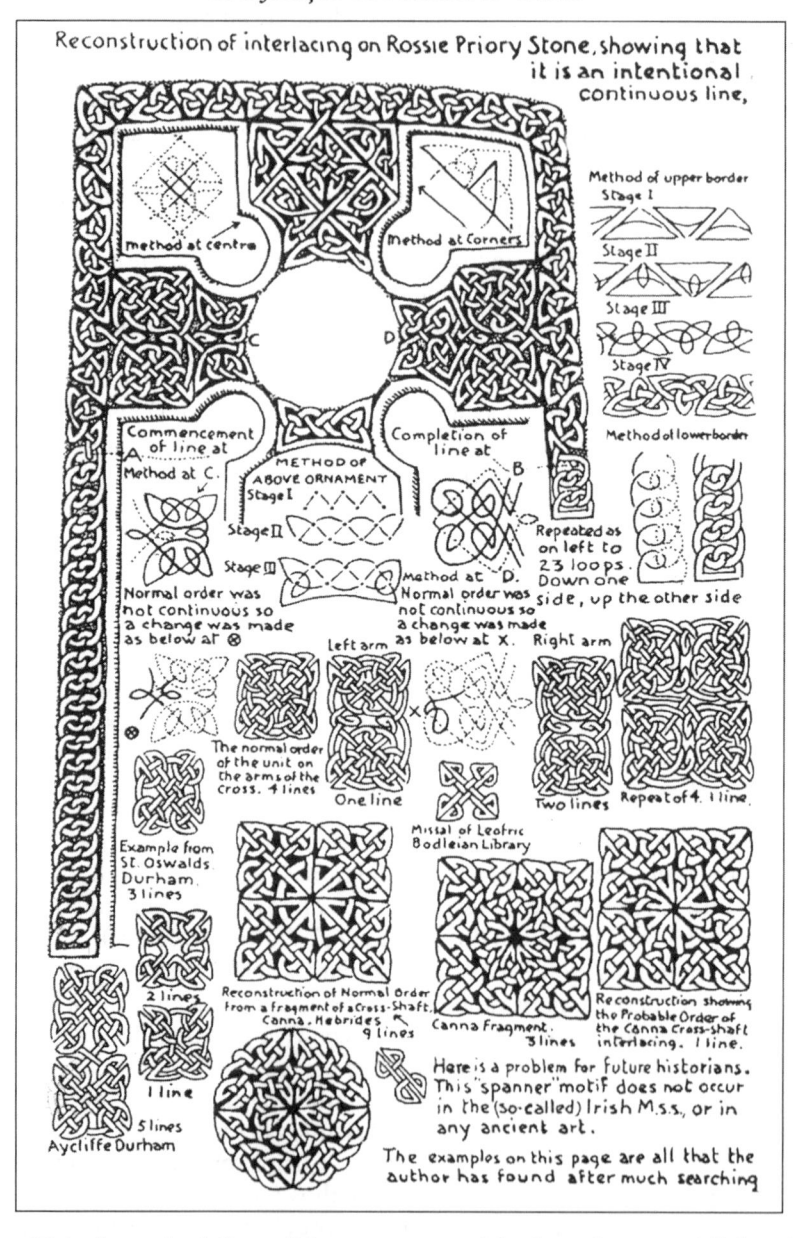

Figura 37. As observações de George Bain mostravam os padrões de entrelaçamento de linhas celta, compostos de construções de 1-, 2-, 3-, 4-, 5-, 7-, 8-, 9- linhas. Nenhum padrão de 6- linhas foi encontrado. O padrão-números celta, então, pára em 6-, longe do padrão de 9- linhas (o Sol), chamando a atenção para a importância dos números 6 e 9 [666 e 999] e do Sol, mostrando, novamente, que os celtas conheciam a superciência do Sol e as ordens elevadas da espiritualidade. (*Celtic Art — Methods of Construction*, de George Bain).

Para os celtas esotéricos, o fato de os números pararem antes do 6 e recomeçarem em 9 era importante. Esse fato anunciava ao mundo que os celtas estavam totalmente cientes do corpo (6) e da alma (9) e, dado que o padrão para o número 9 lembra o Sol (Figura 37), eles devem ter se preocupado com o Sol e seus efeitos sobre a Terra.

A Figura 38 relembra uma seção de números matriz do Templo das Inscrições de Palenque (Figura A17). Os números 6, 7 e 8 também faltam na matriz e só podem ser encontrados ao decodificar-se as contas no colar de jade que adornava o pescoço do falecido Lorde Pacal em seu sarcófago. Quando as contas são contadas e racionalizadas, os números faltantes aparecem, não em sua forma própria, mas como fatores de outros números compostos. A mensagem da matriz de Lorde Pacal tinha, então, dois significados: não havia lugar para o número 666 em seu túmulo e a matriz completa (que termina em 99999) multiplicada pelos ciclos de tempo utilizados pelos maias [20 dias, 260 dias, 360 dias, 7.200 dias e 144.000 dias] resulta o número do nascimento de Vênus, 1.366.560 dias.

A Figura 38 também mostra que os celtas codificaram as mesmas informações em seu sistema numérico de nós e a análise deve ser contínua, para revelar as mesmas informações (Figura 39): quando os números faltantes 678 são subtraídos do número do corpo [666] (Figura 39a), o resultado é -012. Quando a *imagem espelhada* [representando a alma] dos números faltantes (876) é subtraída no número da alma [999], o resultado é +123. Isso nos diz, imediatamente, que o corpo (-) possui polaridade oposta [voltagem] à alma (+), como levantado anteriormente pela Teoria da Redenção do Espírito Repetitivo (Figura A20).

Continuando os resultados das séries numéricas: 012, 123 (...) chegamos ao número 234. Essa mesma seqüência foi encontrada na formação das tropas do Pit número 3 do exército em terracota de Ch'in Shi Huangdi, na China [havia duas tropas em uma câmara, três tropas em outra e quatro tropas em outra, quando lidas de acordo com as instruções do túmulo]. Nesse caso, era seguido por um zero [não havia tropas no canto noroeste da câmara, resultando em 2340. 2.340 revoluções do planeta Vênus (visto da Terra) de 548 dias = 1.366.560 dias — o número maia do nascimento de Vênus, reconhecendo que Lorde Pacal, como Jesus, fora Vênus.

Os manuscritos iluminados dos celtas contêm, portanto, a superciência do Sol e as ordens elevadas da espiritualidade.

Há outras obras iluminadas menos conhecidas, que ainda não foram mencionadas: o missionário celta S. Willibrord embarcou em uma missão evangélica para as ilhas Frisian, no noroeste da Holanda, em 690 d.C., e foi nomeado arcebispo em 695 d.C. Três anos depois, fundou um monastério em Echternach, Luxemburgo, onde os monges escrivãos fizeram cópias dos manuscritos iluminados. Um deles foi o *Evangelho de Echternach*. O colofão diz que o texto foi copiado a partir de um original que havia sido revisado em 558 d.C., por Eugippius, o abade de um monastério próximo a Nápoles.

Decodificando o Código dos Números Celtas (I)

Quantidade de linhas separadas

1, 2, 3, 4, 5, 6 ?, 7 ?, 8 ?, 9

O Sol

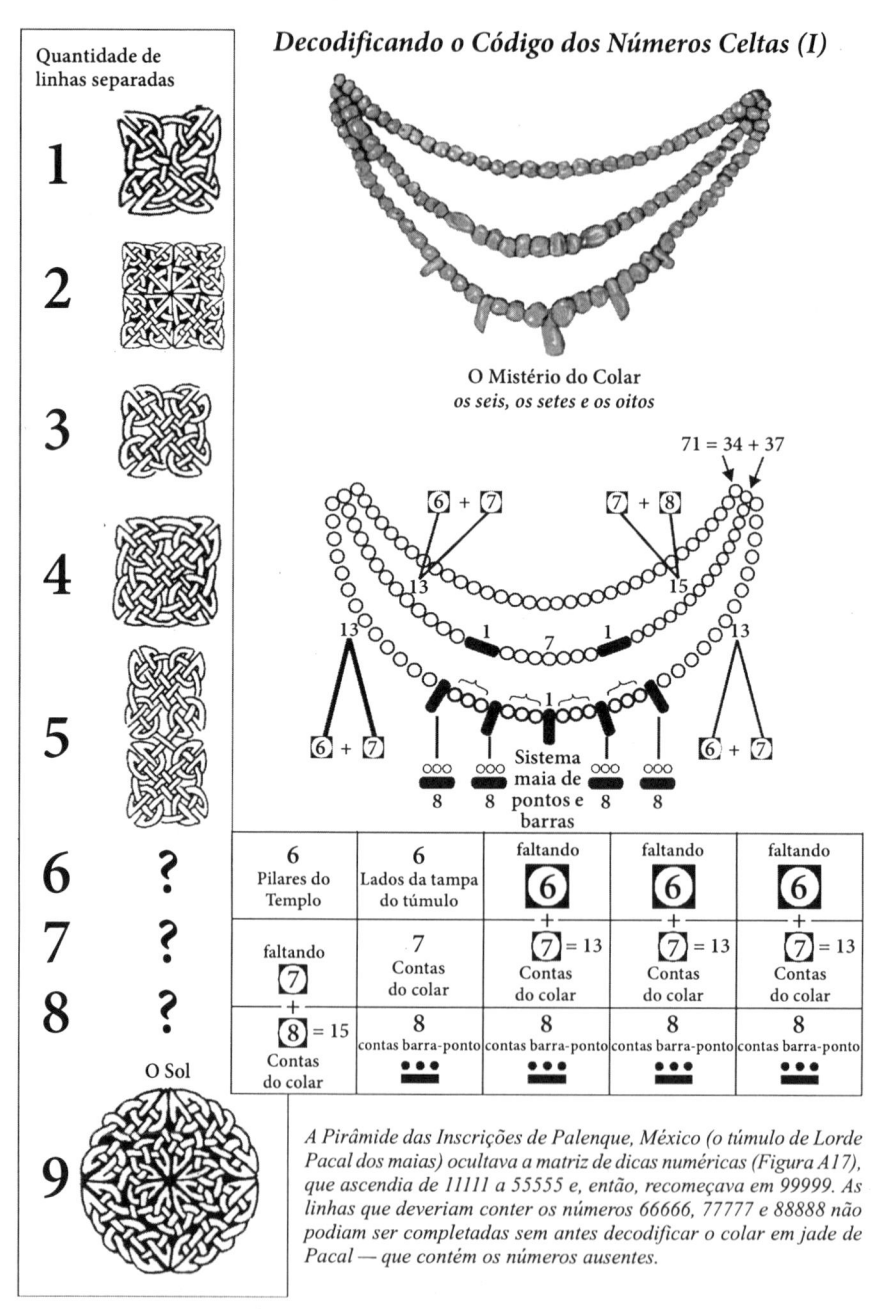

O Mistério do Colar
os seis, os setes e os oitos

71 = 34 + 37

Sistema maia de pontos e barras

6 Pilares do Templo	6 Lados da tampa do túmulo	faltando 6	faltando 6	faltando 6
faltando 7	7 Contas do colar	7 = 13 Contas do colar	7 = 13 Contas do colar	7 = 13 Contas do colar
8 = 15 Contas do colar	8 contas barra-ponto	8 contas barra-ponto	8 contas barra-ponto	8 contas barra-ponto

A Pirâmide das Inscrições de Palenque, México (o túmulo de Lorde Pacal dos maias) ocultava a matriz de dicas numéricas (Figura A17), que ascendia de 11111 a 55555 e, então, recomeçava em 99999. As linhas que deveriam conter os números 66666, 77777 e 88888 não podiam ser completadas sem antes decodificar o colar em jade de Pacal — que contém os números ausentes.

Figura 38. (a) Padrões de linhas contínuas celtas contendo disposições de uma, duas, três, quatro, cinco e nove linhas. Os números 6, 7 e 8 estão ausentes nas linhas contínuas, assim como a matriz numérica de Lorde Pacal em Palenque. O 'padrão-números' celta, então, como a matriz da Pirâmide das Inscrições, pára em 6 (666) e recomeça em 9 (999). Desta forma, os celtas chamavam a atenção para o corpo (666) e para a alma (999) e para o fato de que 666 não tinha lugar no pensamento ecumênico celta — assim como não tinha lugar no túmulo de Lorde Pacal.

Decifrando o Código dos Números Celtas (II)
Os Segredos da Reencarnação

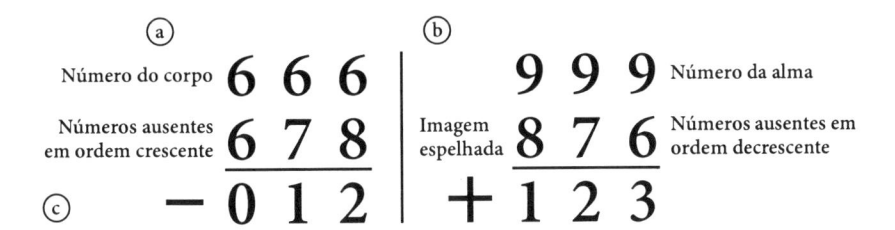

(a) Número do corpo 6 6 6

Números ausentes em ordem crescente 6 7 8

(c) − 0 1 2

(b) 9 9 9 Número da alma

Imagem espelhada 8 7 6 Números ausentes em ordem decrescente

+ 1 2 3

Próximo na seqüência =
(d) 2 3 4

(e) 2 3 4 0 x 5 8 4 = 1 3 6 6 5 6 0

Intervalo de Vênus   Número do nascimento de Vênus

(f)

	9 Degraus baixos da pirâmide	9 Níveis da pirâmide	9 Degraus altos da pirâmide	9 Senhores pintados nas paredes do túmulo	9 / 9* Códigos dos lados esquerdo e direito da tampa
Decodificação com relação aos ciclos do calendário utilizado pelos maias	9 x 144.000	9 x 7.200 +	9 x 360 +	9 x 260 +	9 x 20

= 1.366.560 dias

Figura 39. Os números 6, 7 e 8 estão ausentes da seqüência numérica celta (Figura 38). A seqüência numérica celta pára antes do 6 (666 — representando o corpo) e reinicia em 9 (999 — representando a alma). (a) Quando a alma está no corpo (666), sua tensão é capaz de aumentar (representado pelos números ausentes em ordem crescente: 6, 7, 8). (b) Quando a alma está no Céu (999), sua tensão só pode diminuir [caso retorne à Terra] (representada pelos números ausentes em ordem decrescente: 8, 7, 6). Quando os números ausentes e sua imagem espelhada (a alma) são subtraídas do corpo e da alma (c), as seqüências de -012 e +123 surgem, indicando, em primeiro lugar, que a tensão do corpo é negativa (-) e que a voltagem da alma é positiva (+). Em segundo lugar, a continuação dessa nova série de números produz a seqüência 234. (d) 234 é importante porque (e) 2.340 revoluções do planeta Vênus somam o número do nascimento de Vênus, adorado pelos maias, 1366560, o mesmo número produzido na matriz numérica (f) do Templo das Inscrições, em Palenque. O mesmo número, 2340, foi codificado na disposição dos guerreiros de terracota no poço número 3, em Xian, pelo primeiro imperador da China, Ch'in Shi Huangdi [o Filho do Céu — veja The Terracota Warriors].

Os Evangelhos Lichfield foram produzidos por volta de 740 d.C., entre o surgimento dos livros de Lindisfarne (em 698 d.C.) e de Kells (aprox. 795 d.C.). Não se sabe onde foram escritos, porém uma inscrição no final do Evangelho de São Mateus diz:

> Gelhi, o filho de Arihtuid, trouxe seu Evangelho de Cingal e deu seu melhor cavalo em troca dele (...) e Gelhi doou sua compra à igreja de Llandeilo Fawr [no sul de Gales].

Por volta do século X, o livro, consideravelmente danificado, havia encontrado seu caminho para as mãos de S. Chad, em Lichfield. Ele tem muito em comum com o *Livro de Lindisfarne*, por exemplo, o desenho da página ornamentada e os símbolos dos apóstolos; porém, o estilo dos retratos apostólicos é mais contido do que aquele do *Livro de Kells*.

CAPÍTULO QUATRO

Uma Terra sem Rei

As Lendas Arthurianas

O período seguinte ao êxodo dos romanos e à chegada dos anglo-saxões à Bretanha foi caótico. A partida dos romanos abriu espaço para uma liberdade geral, e os anglos e os saxões rumaram para o sudeste da Inglaterra. Foi durante as chamadas 'épocas negras' que surgiu a lendária figura do rei Arthur.

Não se sabe ao certo se Arthur foi um rei-guerreiro, como é retratado. Os primeiros relatos a seu respeito remontam ao escritor do século VI, Gildas, que credita ao rei Arthur uma vitória, em aproximadamente 500 d.C., em uma batalha de Mons Badonicus (Monte Badon), em que uma confederação de cavaleiros britânicos enfrentou e derrotou os saxões; uma vitória que resultou em 50 anos de paz. Porém, ninguém sabe onde ocorreu essa batalha, nem quem lutou, ou a quem atribuir os 50 anos de paz, ou quando foi travada. Sabe-se apenas que o rei conseguiu uma vitória.

No século IX, o monge Nennius descreveu 12 das batalhas de Arthur em seu livro *History of Britain*. Porém, novamente, não há provas concretas que sustentem esses relatos. Nennius descreve Arthur como um *dux bellorum*, um comandante da cavalaria romano-britânica, que deve ter vivido, portanto, no mínimo 50 anos antes [em aproximadamente 450 d.C.] da chegada dos saxões. Um poema galês do século VII, *The Book of Aneirin*, descreve Arthur, historicamente, como um grande guerreiro.

As lendas de Arthur surgiram nas obras do século XII do francês Chrétien (Cristão) de Troyes, Geoffrey de Monmouth e na obra do século XV, do autor inglês Thomas Malory. Acredita-se que Arthur tenha nascido no castelo de Tintagel, na Cornuália, e que tenha sido enterrado na igreja de Glastonbury.

Chrétien de Troyes escreveu diversos relatos sobre as lendas arthurianas: *Percival, ou Lê Conte Du Graal* (aprox. 1182), *Lancelot, ou Lê Chevalier de la Charrette* (aprox. 1178), *Erec* (aprox. 1170) e *Yvain, ou Lê Chevalier au Lion* (aprox. 1178).

Em *Percival, ou Lê Conte du Graal*, o herói, um jovem cavaleiro chamado Percival, chega a um misterioso castelo, próximo de um rio. O senhor do castelo é conhecido como rei Pescador, principalmente por ser aleijado e, portanto, incapaz de andar ou correr, capaz apenas de pescar. Dentro do castelo, Percival tem uma visão de uma procissão liderada por um jovem que carrega uma lança branca que pinga sangue em suas mãos. Ele é seguido por dois homens que carregam candelabros, e por uma bela jovem que carrega o Santo Graal, ou *Sang Royal* (francês para *Sangue Sagrado* de Cristo) em um cálice. A luz do cálice ilumina toda a sala. Uma donzela carrega um prato entalhado e vem por último na fila. A procissão passa por Percival e sai da sala. Perplexo, ele falha em descobrir quem ou o que a procissão deveria representar. Quando ele se levanta, no dia seguinte, o castelo está deserto e, quando tenta ir embora, a ponte levadiça fecha-se sozinha. Ele sobrevive ao calvário e, mais tarde, fica sabendo que deveria ter perguntado: 'a quem o Graal serve?' Se ele tivesse feito a pergunta, o rei Pescador teria sido curado e poderia andar novamente.

Essa versão do Graal difere substancialmente das outras. Essa, isoladamente, parece ser um conto alegórico sobre Cristo, o rei Pescador, que é simbolizado pelo peixe, o Vesica Piscis, o símbolo geométrico da Cristandade, formado por dois círculos sobrepostos (painel 3), que representam o planeta gêmeo Vênus (painel 3c). O sangue que pinga da lança provavelmente representa a espada do soldado romano Longinus, que perfurou o flanco de Cristo na cruz e, portanto, tinha 'sangue em suas mãos'. Os portadores dos candelabros representam aqueles que buscam a luz, e a bela garota faz o papel de Salomé, a filha do rei Herodes Antipas, que pediu e recebeu a cabeça de João, o Batista, em uma bandeja de prata.

> A filha de Herodíades apresentou-se e pôs-se a dançar, com grande satisfação de Herodes e dos seus convivas. Disse o rei à moça: Pede-me o que quiseres, e eu lhe darei. E jurou-lhe: Tudo o que me pedires te darei (...) Ela saiu e perguntou à sua mãe: Que hei de pedir? E a mãe respondeu: A cabeça de João, o Batista. Tornando logo a entrar apressadamente à presença do rei, exprimiu-lhe seu desejo: Quero que sem demora me dês a cabeça de João, o Batista. O rei entristeceu-se; todavia, por causa da sua promessa e dos convivas, não quis recusar. Sem tardar, enviou um carrasco com a ordem de trazer a cabeça de João. Ele foi, decapitou João no cárcere, trouxe sua cabeça em um prato e a deu à moça, e esta a entregou à sua mãe. (Marcos 6:22-28)

A falha de Percival em perguntar o significado daquilo que vira indica que o rei Pescador, Jesus [o aleijado], não andaria novamente. Isso significa, alegoricamente, que Percival, aquele que falhou em fazer a pergunta, não encontraria o Graal, não beberia o Sangue Sagrado e, portanto, não tornaria possível que o sangue de Jesus corresse (vivesse) novamente.

O relato de Chrétien de Troyes, portanto, tenta, alegoricamente, disseminar a história de Jesus, que foi ungido por João, o Batista, e perfurado em seu flanco por uma lança. Somente aqueles que fazem as perguntas corretas encontrarão o Graal, o Sangue de Cristo e, quando encontrarem, verão a luz e conhecerão Jesus, que viverá novamente no Céu.

Alguns relatos mantêm que José de Arimatéia utilizou o Graal para recolher o sangue de Cristo na crucificação, porém não existem textos bíblicos que comprovem esse fato. E por que alguém levaria um cálice a uma execução? A referência ao cálice que conteve o sangue de Cristo deriva dos relatos do Evangelho sobre a Última Ceia:

> Durante a refeição, Jesus tomou o pão e, depois de o benzer, partiu-o e deu-lhe, dizendo: Tomai, isto é o meu corpo. Em seguida, tomou o cálice, deu graças e apresentou, e todos dele beberam. E disse-lhes: Isto é o meu sangue, o sangue da aliança, que é derramado por muitos. (Marcos 14:22-24)

A expressão de Marcos refere-se ao vinho como o sangue, como no sacramento *eucarístico* [em grego, ação de graças], a mais importante cerimônia cristã, na qual o pão e o vinho — metáforas para o corpo e o sangue de Jesus — são consumidos em comemoração de sua morte tortuosa e de seu sacrifício.

O relato da lenda arthuriana do padre galês Geoffrey de Monmouth (aprox. 1100-1114) consta de seu *History of British Kings* (aprox. 1139). Nele, ele afirma que sua versão latina é baseada em uma tradução de um 'texto mais antigo na língua britânica', levando alguns a crer que derive de uma antiga versão celta. O livro inclui uma seção sobre *Vita Merlini*, o fabuloso mágico, mentor de Arthur.

Merlim, no mito celta galês, é conhecido como Myrddin e também como Emrys, uma antiga homenagem ao nome grego Ambrosia (*imortal*), a comida dos deuses, indicando que Merlim era visto, pelos celtas, como um imortal, ou como um dos deuses.

De acordo com Geoffrey de Monmouth, Merlim era o filho ilegítimo de uma freira galesa, que foi dominada por um anjo (o pai de Merlim) e ficou grávida: isso quer dizer que a mãe de Merlim era virgem e que seu pai era uma força angélica, sugerindo que Merlim tenha nascido por meio de uma concepção imaculada.

Sir Thomas Malory (aprox. 1410-1471), um proprietário de terras e escritor de Warwickshire, publicou seu *Le Morte d'Arthur* [A Morte de Arthur — escrito em inglês, apesar do título], por volta de 1485, fazendo sua própria versão de muitas das antigas lendas do rei Arthur, dos Cavaleiros da Távola Redonda, da espada mágica Excalibur e da busca pelo Santo Graal.

Merlim aparece na versão de Malory como o mentor do rei-guerreiro Uther Pendragon. Uther apela para a ajuda de Merlim em uma batalha, e Merlim faz aparecer a espada Excalibur em um lago. Utilizando as propriedades mágicas da espada, Uther surge para dividir o poder com Gorlois (o duque da Cornuália) sobre as terras do sudoeste da Inglaterra, e os dois líderes encontram-se no castelo de Tintagel para celebrar a união. É lá que Uther conhece a rainha Igraine, esposa de Gorlois. Consumido pela luxúria e pelo desejo, ele jura que vai tê-la e uma nova guerra entre Uther e Gorlois se inicia. Uther implora que Merlim o ajude a conquistar sua ambição sobre Igraine.

Merlim tira Gorlois do castelo, permitindo que as tropas de Uther o matem. Utilizando truques e encantos, Merlim transforma Uther na imagem de Gorlois e consegue uma união sexual entre Uther e a rainha Igraine, em um acordo em que Uther concorda em entregar qualquer fruto dessa relação em troca de saciar seus desejos luxuriosos com relação a ela. Nove meses depois, Merlim visita a rainha Igraine e toma a criança — Arthur. Logo após Uther ser mortalmente ferido em batalha, e quase ao morrer, enterra sua espada Excalibur em uma grande pedra na floresta, dizendo: 'aquele que retirar a espada da pedra será [o próximo] rei'.

Merlim transfere Arthur para a família nobre de *sir* Ector, que acolhe e cria o menino como se fosse seu próprio filho, durante aproximadamente 18 anos.

Após a morte de Uther, a Inglaterra havia ficado sem rei, e os nobres da época encontravam-se regularmente em torneios de duelos, para decidir quem ficaria com o título. Merlim lembra a eles de que somente 'aquele que retirar a espada da pedra' poderá ser rei. Muitos cavaleiros tentam tirar a espada da pedra, mas todos sem sucesso. Alguns anos depois, Arthur viaja para Londres para assistir a um torneio do qual seu cavaleiro guardião participaria. Percebendo que havia perdido sua espada, o cavaleiro pediu que Arthur encontrasse outra; foi quando Arthur, sem nenhum esforço, 'tirou a espada da pedra' para tornar-se rei da Inglaterra e, utilizando os poderes de Excalibur, tornou-se o maior rei-guerreiro da Terra.

Um dia, Lancelot, 'o cavaleiro mais valente de uma terra estrangeira', encontra Arthur em uma ponte que passa sobre um riacho, e desafia seu direito de ser rei. Tem início, então, uma luta de espadas, durante a qual Lancelot questiona a paixão irracional de Arthur, dizendo: "quem és tu, senhor, que luta até a morte por um pedaço de estrada pelo qual poderia simplesmente passar?".

Utilizando os poderes de Excalibur, Arthur vence a luta, mas, acidentalmente, quebra a espada mágica em duas partes, rompendo, efetivamente, aquilo que a lenda diz 'ser inquebrável'. Arthur, cheio de remorso, reconhece que a espada foi tomada de si por causa de seu ego, orgulho e ira. Ele havia utilizado, de maneira incorreta, os poderes da espada sobre um homem bom. Caindo ao chão, ele implora pelo perdão de Deus e pede desculpas a Lancelot. Merlim aparece e conjura uma nova espada no lago, enquanto Lancelot pede para ser aliado de Arthur.

Esse foi o dia de maior alegria do reinado de Arthur. Ele se casa com Guinevere, a filha do cavaleiro Leon de Grance, e estabelece uma 'Távola Redonda' de adoração ao Sol em seu magnífico castelo medieval, em Camelot, onde os outros cavaleiros, inspirados pela coragem, verdade, dever e sacrifício, encontram-se para aproveitar os dias de paz e tranqüilidade.

Não há um consenso com relação ao número de cavaleiros que se uniram a Arthur em sua Távola Redonda. A versão de Malory informa 26, representando os 26 dias de rotação do Sol no campo magnético equatorial. Em outras versões (painéis 17 e 19), nove cavaleiros são propostos, o número mais alto que pode ser alcançado antes de se tornar um deus.

Tudo estava bem na Távola Redonda, até Lancelot conhecer Guinevere. O casal se apaixona e trai Arthur. Arthur, arrasado, os descobre juntos. Incapaz de perdoá-los, ele enterra Excalibur no chão, próximo aos seus corpos nus, banindo-os, assim, da terra.

Quase ao mesmo tempo, a meia-irmã malvada de Arthur, Morgana-le-Fay, seduz Arthur, utilizando bruxaria e truques parcialmente aprendidos com Merlim, e fica grávida, na esperança de levar a coroa de Arthur para a sua linhagem.

Sem Excalibur, a terra cai em declínio e Arthur, deprimido, envia seus cavaleiros em uma busca pelo Santo Graal, na esperança de que os poderes do Graal compensassem a perda da espada. Todos os cavaleiros buscaram o Graal sem sucesso, encontrando apenas a morte. Na versão de Malory, o cavaleiro Percival vê o Graal, mas não consegue recuperá-lo. Após a tentativa de Percival, um assento é deixado vazio na Távola Redonda, o Siege Perilous [o *assento do perigo*]. Merlim ordena:

> (...) nenhum homem deverá sentar no Assento do Perigo, a não ser um, e caso haja alguém ousado demais para fazê-lo, ele deve ser destruído, e aquele que ali se sentar, não deve correr perigo.

Como já ouvimos, outra versão diz que o Graal passou por uma linha de responsabilidades, de José de Arimatéia até o cavaleiro *sir* Galahad, que 'tomou o corpo de nosso Senhor em suas mãos mais de 300 anos após a morte de José'.

Arthur, arrasado e deprimido pela distância de anos de sua amada Guinevere, perdoa-a em seu coração e em sua mente. Ela, então, reencontra Arthur e lhe devolve Excalibur, que havia guardado durante o tempo em que ficaram distantes.

Durante os anos de busca, o filho de Arthur e Morgana-le-Fay, Mordred, cresceu e desafiou Arthur a entregar a Coroa. Diante da recusa, os dois exércitos entram em batalha na planície de Salsbury, onde Arthur e Mordred são mortalmente feridos. Dois cavaleiros sobreviventes, Lucan e Bedivere, ajudam Arthur a chegar a uma capela perto do mar. Arthur pede que Excalibur seja jogada em um lago, dizendo: 'um dia, um rei surgirá e tomará a espada novamente'. O corpo de Arthur é carregado para seu lugar

Rei Arthur (Linhagem)

```
Uther Pendragon  +  Rainha Igraine        Duque da Cornuália
                     Filho          Filha
                (Merlim)
Lancelot + Guinevere + Rei Arthur + Morgana-le-Faye
   |                      |              Feiticeira
  Filho                  Filho
Galahad                 Mordred
```

Figura 40. Linhagem do rei Arthur e seus associados. Merlim, o mágico, foi o mentor do rei Uther; que conjurou a espada mágica Excalibur para ajudar Uther nas batalhas para tornar-se rei. Usando truques e decepção, ele arranjou a união de Uther e Igraine, que resultou no nascimento de Arthur. Após a morte de Uther, Merlim aconselha o rei Arthur.

Os Cavaleiros da Távola Redonda

Rei Arthur

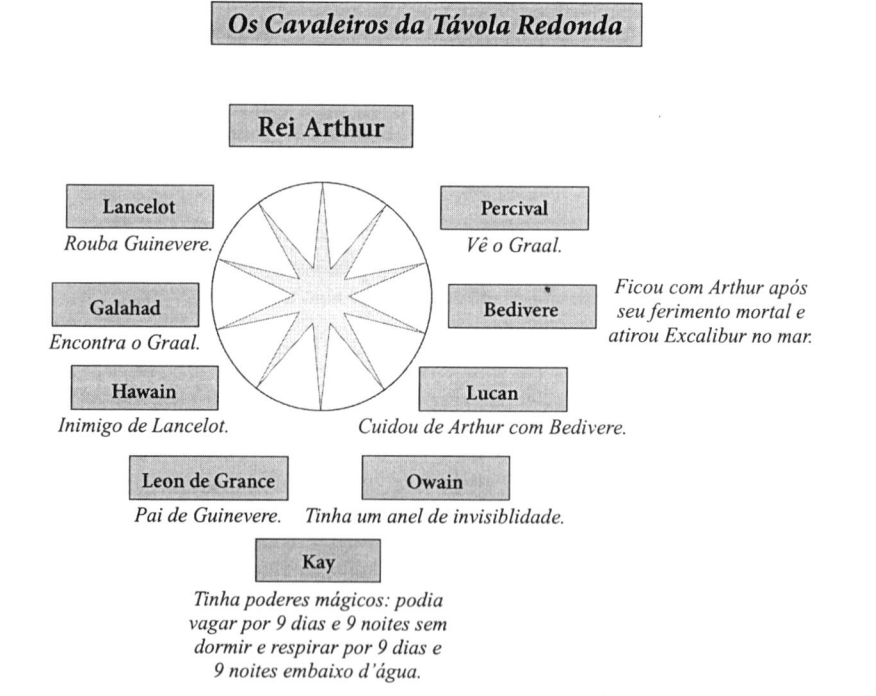

- **Lancelot** — *Rouba Guinevere.*
- **Percival** — *Vê o Graal.*
- **Galahad** — *Encontra o Graal.*
- **Bedivere** — *Ficou com Arthur após seu ferimento mortal e atirou Excalibur no mar.*
- **Hawain** — *Inimigo de Lancelot.*
- **Lucan** — *Cuidou de Arthur com Bedivere.*
- **Leon de Grance** — *Pai de Guinevere.*
- **Owain** — *Tinha um anel de invisiblidade.*
- **Kay** — *Tinha poderes mágicos: podia vagar por 9 dias e 9 noites sem dormir e respirar por 9 dias e 9 noites embaixo d'água.*

Figura 41. Arthur estabeleceu a Távola Redonda para agradecer a Deus por dar à terra um rei, paz e prosperidade. Os cavaleiros-guerreiros eram uma irmandade maçônica que se encontrava regularmente para discutir os segredos do Sol e as ordens elevadas da espiritualidade. Esses nomes estão na versão de Malory da lenda arthuriana, mas outros relatos incluem outros cavaleiros.

de descanso eterno, em Glastonbury, onde a inscrição em seu túmulo diz: 'Aqui jaz Arthur, um rei que foi, um rei que será', referindo-se ao fato de que ele renasceria: um rei no Céu.

Assim como a versão de Chrétien de Troyes sobre as lendas arthurianas (*Percival ou Le Conte du Graal*), a versão de Malory é, certamente, alegórica, permitindo a nós, mais uma vez, reconsiderar a citação do rabino Moses Maimonides:

> Toda vez que você encontrar (...) em um conto, uma realidade repugnante tanto para a razão quanto para o senso comum, tenha a certeza de que o conto possui uma alegoria profunda ocultando uma verdade profundamente misteriosa; e quanto maior o absurdo da carta, mais profundo o conhecimento do espírito. (*Hidden Wisdom in the Holy Bible*, vol. 1, G. Hodson, Weaton III. Theosophical Publishing House)

Malory estava tentando dizer que Excalibur — a espada mágica de dois gumes da verdade e da coragem — era a única coisa que poderia trazer paz à Terra; significando, mais especificamente, que somente a verdade e a coragem trarão a paz. Senhor Krishna passa a mesma mensagem ao soldado Arjuna, no *Bhagavad Gita*, antes do início da batalha de Kurukshetra. Durante o discurso, Senhor Krishna diz a Arjuna que a batalha deveria ser lutada não porque poderia ser ganha ou perdida, mas pelo dever, pois ela precisa ser travada. Se ele vencer, tornar-se-á rei na Terra e, se perder, tornar-se-á rei no Céu, pois cumpriu seu dever.

O *Bhagavad Gita*, então, considera a natureza da conexão:

> Neste mundo, há um caminho de duas mãos. Há o caminho do conhecimento, para aqueles que mediam, e o caminho da ação, para aqueles que trabalham. Nenhum homem pode privar-se de uma atividade privando-se de uma ação, nem pode atingir a perfeição recusando-se a agir. Ele não pode permanecer inativo, pois a Natureza irá forçá-lo a agir ou a não agir. Toda honra deve ser prestada àqueles cuja mente controla seus sentidos, pois estes estão começando a praticar o *karma-yoga*, o caminho da ação correta, mantendo-os sempre desconectados. Faça seu dever como recomendado, pois a ação em nome do dever é superior à inatividade (...) que seus atos sejam feitos sem conexão, como o sacrifício (...) aquele que não ajuda na rotação da roda do sacrifício, e leva uma vida cheia de pecados, regozijando-se a gratificação de seus sentidos, Oh Arjuna, respira em vão. (*The Bhagavad Gita*, Capítulo III, Shri Purohit Swami, Faber & Faber, 1935)

E com relação ao desejo:

> O desejo leva à frustração, a frustração à raiva, a raiva à desilusão e a desilusão à autodestruição. (*The Bhagavad Gita*, Capítulo III, Shri Purohit Swami, Faber & Faber, 1935)

O rei Arthur havia quebrado a espada em um ato de vaidade, ego e raiva, travando uma batalha sem sentido com Lancelot, que questionou o motivo da batalha: "vais lutar até a morte por um pedaço de estrada pelo qual poderia simplesmente contornar". Arthur se arrepende e pede perdão e, em troca, Merlim conjura uma espada substituta. Esta parte do conto nos assegura que, se nos arrependermos, seremos recolocados em nossa antiga posição.

Porém, em tempo, seus desejos se realizaram, Arthur se esqueceu da importância da espada (verdade e coragem) e, caindo em uma vida fácil, de inatividade confortável e apegos, transfere a importância da espada para segundo plano em sua vida, preferindo os afetos de Guinevere. Ela, então, é levada por ele, para os braços de Lancelot, que merece mais suas afeições, pois não possui o egoísmo, a vaidade e a paixão de Arthur. Novamente guiado pelo egoísmo e pela raiva, Arthur, incapaz de perdoar, enterra Excalibur no chão, ao lado dos amantes adormecidos, em uma expressão de pavor. Sua terra, sua aliança com os cavaleiros da Távola Redonda e sua saúde começam todas a cair no esquecimento, até que ele resolve, em seu coração, perdoar Guinevere e Lancelot. Ele procura por Cristo (o sangue de Cristo no Graal). Encontrando o Graal, ele decide, em seu coração, perdoar Guinevere e Lancelot. Então, Excalibur, verdade e coragem, retorna a ele. Finalmente, ele cai, para se levantar novamente como rei no Céu.

Aí está a alegoria do conto. Mas, como a alegoria poderia ser salva, escrita e preservada para as futuras gerações a fim de ajudar aqueles em apuros a chegar ao Céu em uma próxima vez? Como antes, ela poderia ser escrita em figuras ou números, bem como em um mito.

Os Pré-Rafaelitas

Os faraós do Antigo Reino foram os primeiros em nosso ciclo cósmico atual a codificar os ensinamentos secretos das pirâmides. Tutankhamon, Salomão, Ch'in Shi Huangdi, os Viracochas e Lorde Pacal continuaram a tradição em suas épocas. Durante a Idade Média, os maçons medievais codificaram o conhecimento na arquitetura das catedrais que floresciam na Europa. Então, os artistas pré-Rafaelitas, um corpo de maçons conhecido como "a irmandade", continuaram a antiga tradição de codificar os segredos para si mesmos, em pinturas, tapeçarias e vitrais, da mesma forma como seus ancestrais haviam feito.

William Morris, um dos grandes pré-rafaelitas, nasceu em 1834, filho de um industrial das minas de cobre da Inglaterra vitoriana. Em 1853, mudou-se para Oxford para estudar Teologia na universidade, mas logo mudou para Arquitetura. Lá, ele ajudou Edward Burne-Jones, que se tornou um dos mais famosos pré-rafaelitas. Em 1853, os dois se uniram ao pintor Dante Gabriel Rossetti e a "irmandade" coloquial teve início. John Everett Millais, John W. Waterhouse, Arthur Hughes, Ford Maddox-Brown, William Holman Hunt, Edmund Blair, Leighton Frank Dicksee, William Frank Calderon e outros logo se juntaram a eles.

Como antes, seu objetivo era cantar o louvor a Deus em suas obras, acreditando que a alma do homem poderia elevar-se ao Céu por meio da expressão artística. Eles esperavam por uma era romântica já passada — a idade da bravura, da coragem, do dever e da verdade, tida como relíquia nas lendas arthurianas.

Um dos primeiros projetos colaborativos adotados por Morris, Burne-Jones e Rosetti foi a pintura do teto do prédio da Oxford University Union com afrescos em aquarela das tão adoradas lendas arthurianas. Um dos últimos, de Burne-Jones e Morris, foi a criação e produção de uma série de seis painéis em tapeçaria sobre o 'Santo Graal', que havia sido comissionado por um engenheiro de minas australiano, William Knox d'Arcy, para decorar as paredes do Stanmore Hall. A série era composta por: 1. Os cavaleiros da Távola Redonda reunidos para a jornada de Damsel (painel 17); 2. O Armamento e a Partida dos Cavaleiros; 3. O Fracasso de *sir* Lancelot em entrar na Capela do Santo Graal; 4. O Fracasso de *sir* Gawaine; 5. O Navio e 6. A Realização.

Burne-Jones demorou três anos para terminar o desenho das cenas que havia começado em 1890. Morris, que, naquela época, havia se tornado o principal desenhista e produtor de tapeçarias, papéis de parede, vitrais e mobília na Inglaterra, teceu as tapeçarias. As seis magníficas tapeçarias contendo as lendas arthurianas são agora mantidas no Museu e Galeria de Arte de Birmingham, na Inglaterra. Outro conjunto completo foi tecido para o parceiro de William D'Arcy, sr. McCulloch, para sua casa em Queen's Gate, Londres, e diversos painéis individuais foram produzidos para outros clientes.

O fato de que eles se referiam a si mesmos como a Irmandade infere que devem ter herdado seu conhecimento esotérico de seus pais maçons. O painel 18, *Fair Rosamund*, de John W. Waterhouse (1916) e seu esboço, Figura 42, demonstram como eles codificavam informações esotéricas em suas obras. O amante da arte vê apenas uma imagem de boa qualidade de uma princesa que espera ansiosamente pela passagem de seu cavaleiro de armadura brilhante. Aparentemente, a camareira foi conduzida para trás da cortina, para descansar da fiação — para o caso, se o destino quisesse, de o cavaleiro decidir parar sob a janela e iniciar uma conversa. Afinal de contas, ele mal podia ser franco e honesto com relação às suas intenções ou sentimentos se acreditasse que alguém estivesse ouvindo.

O especialista em arte pode ter algo mais a dizer. Ele pode começar explicando o simbolismo romântico contido nas pinturas pré-rafaelitas, como, na pintura, a rosa pendurada na parede perto da janela simboliza o desejo da princesa de inclinar-se em direção ao seu amante em potencial.

Os Segredos na Pintura

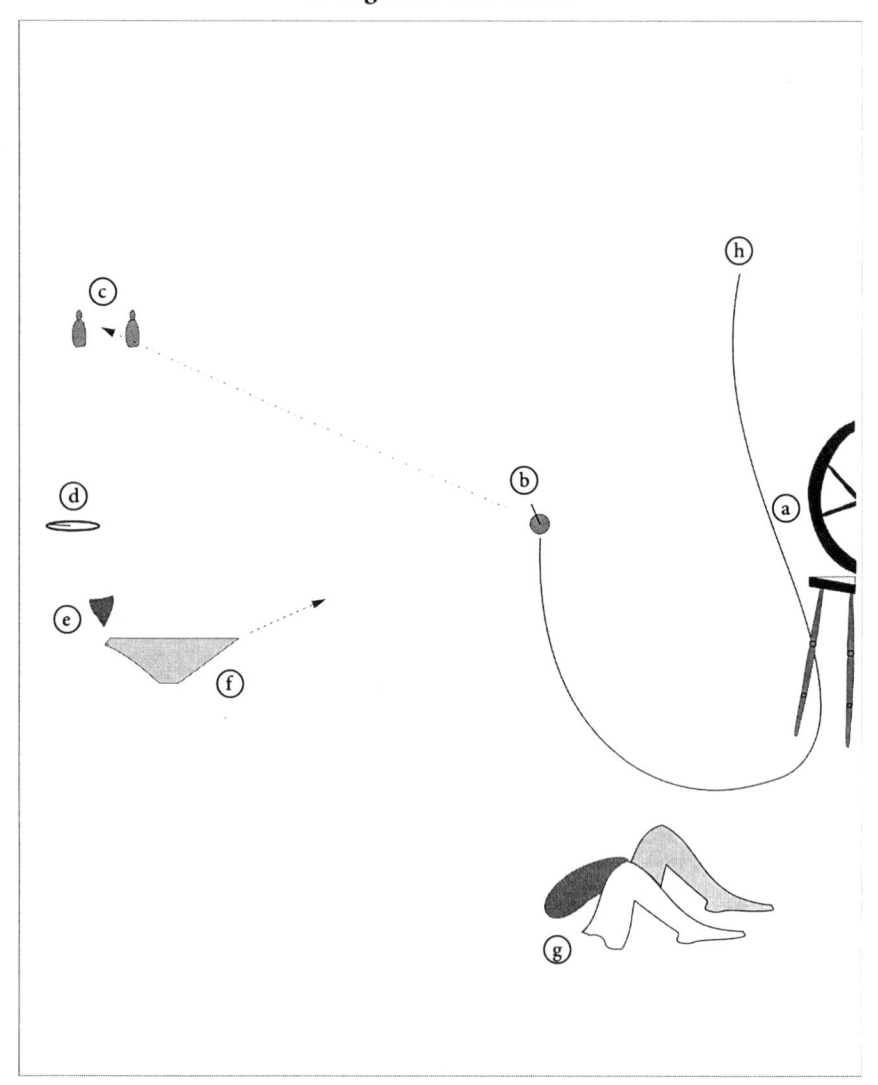

Figura 42. (a) Compassos da Maçonaria (dispostos a 66°) representando Deus, o grande arquiteto do Universo. (b) O Sol, em seu eixo. (c) Gêmeos, representando Vênus, a estrela da manhã e da noite. (d) Vagina. (e) Linha de biquíni. (f) Seta apontando a vulva da princesa, o Sol e o paraíso. (g) Amantes entrelaçados. (h) Fio prateado, o elo. A pintura contém uma história secreta explicando os mistérios da vida.

Ele pode ir além e explicar como a mão direita agarra, ansiosamente, seu pulso esquerdo, evitando, cuidadosamente, o contato com o tecido vermelho de sua anágua — uma metáfora dizendo que ela "não mais deseja guardar sua virgindade". De fato, uma observação mais próxima do chão exibe um traço fraco de vermelho pálido passando por baixo de seu vestido, simbolizando o sangue de seu primeiro encontro amoroso. E a camareira olha, furtivamente, percebendo que estes devem ser os momentos finais de seu emprego, caso os desejos de sua ama sejam realizados.

O esotérico irá ainda mais longe: o conhecimento de que apenas um ser humano cheio de Deus seria capaz de produzir tão bela obra de arte. Ele apreciaria instintivamente que nenhum indivíduo conquista nada. É a energia divina interna do indivíduo que conquista. Uma andorinha não pode voar através dos galhos de uma árvore a 50 km/h. Não é o pássaro que voa. Não é o cérebro do pássaro que conquista. É Deus, dentro do pássaro, que voa tão milagrosamente. O esotérico compreende o verdadeiro objetivo da vida, o conhecimento elevado, a superciência do Sol e as ordens elevadas da espiritualidade. Ele tem ânsia por compartilhar seu conhecimento com os que pensam como ele e, ao mesmo tempo, por protegê-lo do profano. Ele existe na dimensão espiritual, acima e distante do profano. É como se o corpo intelectual se unisse ao espiritual e, ao fazê-lo, experimentasse uma consciência livre de contenções físicas ou emocionais. Essa capacidade não é aberta aos iniciantes, mas aos adeptos mais elevados, que progrediram por meio de estudo disciplinado das ciências sagradas, anos de devoção e provação.

A separação temporária da alma e do corpo é resultado de uma técnica tripla, que só pode ser obtida por meio da meditação e de ritual disciplinado, que ensinam os homens como operar longe do corpo físico. Elas ensinam que a natureza espiritual, a alma, é ligada à forma física em certos aspectos, simbolizados pelos três pregos da crucificação. Por meio da iniciação, eles aprendem a retirar os pregos, fazem com que a divina natureza do homem desça da cruz e, assim, libertem sua própria alma de seu corpo em outra dimensão. Experiências extracorpóreas são possíveis apenas quando os corpos emocional, intelectual e físico estão em paz e em equilíbrio, o que, por sua vez, é conseguido por intermédio da meditação e do ritual.

Durante uma experiência extracorpórea, a alma deixa o corpo mediante mítico fio prateado que, com a prática, se estende a partir do umbigo. A alma viajante pode deixar o corpo em segurança, já que o intelecto elevado segura esse cordão umbilical, garantindo um caminho de retorno para o corpo. A prática é perigosa, já que a quebra do fio prateado impede a volta da alma ao corpo. Se isso acontecer, o iniciado morre. Eclesiastes, na Bíblia, diz:

> Porque vais à casa eterna, e os pranteadores andem rodeando pela praça; antes que se rompa o fio de prata, e se despedace o corpo de ouro

(halo) (...) e o pó volte à terra, como o era, e o espírito volte a Deus, que o deu. (Eclesiastes 7:5-7)

O motivo para o olhar de medo e temor no rosto da camareira atrás da cortina agora torna-se claro. O fio prateado, passando pelas pernas da roda de fiar, é adicionado à história: ela teme que sua princesa se renda ao desejo, temendo que o cavaleiro encontre o Céu entre suas pernas. Ela teme que a ama venda sua alma ao desejo e à união, e pereça. Ela também vê o abraço apaixonado no chão, sob seu longo vestido, lutando, um nos braços do outro e segurando-se firme ao fio prateado, que se estende a partir de seu umbigo, na tentativa vã de acorrentar sua ama à terra — um último esforço para salvar sua ama de vender a alma ao esquecimento, como o Espírito Santo, seu véu recai sobre sua cabeça, pela vida querida. Seu desejo, como o do rei Arthur, somente leva à ira, à desilusão e à autodestruição.

Portanto, a pintura tem mais a dizer aos pré-dispostos espiritualmente do que àquele que vê somente com os olhos.

Da mesma forma, a pintura pré-rafaelita *Summoned to the Quest by a Damsel*, de Edward Burne-Jones, 1898 (painel 17), tem mais a dizer. Para o amante da arte, é apenas a reunião do rei Arthur com oito de seus cavaleiros para comemorar a Última Ceia de Cristo. O misterioso assento vazio, conhecido como Siege Perilous (ao lado de Arthur), como ouvimos, pertencia ao seu "braço direito", o cavaleiro que, um dia, retornaria com o Santo Graal. Entretanto, uma observação mais atenta da cena revela que o lençol, colocado ao redor da cadeira, possui um mistério de inscrição, em latim, dizendo: CCCCLIII — Hiemius Peractis. Post. Natum. Umn. Nos trum — I — C. Oportet. Hanc. Sede. Compleri: No ano de nosso Senhor, 453, o inverno acaba. É correto e apropriado que este lugar seja ocupado — significando que os dias de trevas terminaram, o Santo Graal [o cálice de luz] foi encontrado.

Edward Burne-Jones, como membro da irmandade, não teria incluído a citação na pintura se ela não tivesse sentido. A pintura é, novamente, outro exemplo clássico da beleza artística e o artista, novamente, a preenche com energia divina. Na cena, uma senhorita acena ao lado do cavalo do cavaleiro que retorna, dizendo: "venham ver o Graal".

A data de 453 d.C. combina com a versão dos eventos que dizem que Galahad "tomou o corpo de nosso Senhor em suas mãos mais de 300 anos após a morte de José, então, faleceu". José, provavelmente, morreu em 64 d.C., após construir a igreja de Glastonbury. Se a inscrição no tecido sobre a cadeira estiver correta, ela prova o relato, sendo 453 d.C. *"mais de 300 anos após a morte de José de Arimatéia"*.

Não são apenas os pré-rafaelitas que têm mais a dizer: o painel 19 mostra uma pintura medieval contida no manuscrito francês *Livre de Messire Lancelot du Lac* (de Gautier de Moap Ms Francais 120 fol. 524v). Essa obra é ainda mais reveladora no que se refere às lendas do rei Arthur. Novamente, vemos Arthur e a Távola Redonda, dessa vez, acompanhado por seus nove cavaleiros. Eles observam o cálice de luz no centro da mesa. O cálice é ladeado por dois dragões-anjos antropomórficos dourados, e a luz irradia do cálice em todas as direções. O chão ao redor da mesa circular é, novamente, xadrez e quadriculado, indicando a importância esotérica.

Curiosamente, e enigmaticamente, Arthur aparece *duas vezes* na mesma figura — *ao mesmo tempo* — como se houvesse um lapso no tempo, na janela do lado esquerdo do painel. Ele veste a mesma roupa à mesa e na janela — *ao mesmo tempo*. Do lado de fora, ele pode ser visto tirando uma espada de uma pedra. Agora, as lendas arthurianas se fundem. A história da adoração ao Graal está *inexplicavelmente ligada* ao evento da retirada da espada da pedra, que só pode significar que o ato de retirar a espada *levou à descoberta* do Graal. Essa compreensão é crucial se desejamos entender o significado esotérico das chamadas lendas arthurianas. Além disso, se nos lembrarmos, Malory sugere que o Graal foi encontrado somente depois que Guinevere devolveu Excalibur — o que só poderia ter ocorrido *depois* de Excalibur ter sido retirada da pedra pela primeira vez.

Os Segredos do Broche Tara

O broche Tara (painel 20) é um dos mais famosos dos mais de 50 broches celtas conhecidos. Foi encontrado em uma praia, na nascente do rio Boyne, próximo a Bettystown, County Meath, em 1850, e passado a uma empresa joalheira, a Waterhouse and Company, de Dublin, que o chamou de Tara (homenageando o nome do antigo trono irlandês para os reis, localizado a noroeste de Dublin), apenas para aumentar seu valor. Os arqueólogos acreditam que o broche deve ter sido fabricado por volta de 700 d.C., pois o estilo artístico é similar àquele contido nos manuscritos iluminados. Porém, isso não vem ao caso, como veremos.

Há dois estilos de broches, os quais acredita-se terem sido utilizados para prender mantos, por volta de 450 a 950 d.C. A Figura 43 ilustra os diferentes princípios dos diversos mecanismos: o tipo semicircular de broche (Figura 43a) varia em tamanho, mas possui, tipicamente, de 5 a 10 centímetros de diâmetro, formando um "semi-anel", que é aberto na parte de baixo para facilitar a passagem de um alfinete móvel, e a segunda versão, que se acredita ter aparecido mais tarde, o broche anelar (Figura 43b), no qual uma peça de metal cobre a parte aberta ou, alternativamente, como o broche Tara, em que o anel é contínuo em toda sua circunferência.

Claramente, os dois tipos de mecanismo operavam de formas diferentes. O pequeno alfinete do semi-anular era, primeiramente, passado pelos dois lados de tecido, em direção ao peito, e então passava pelo tecido

Broches Celtas Anelares e Semi-Anulares

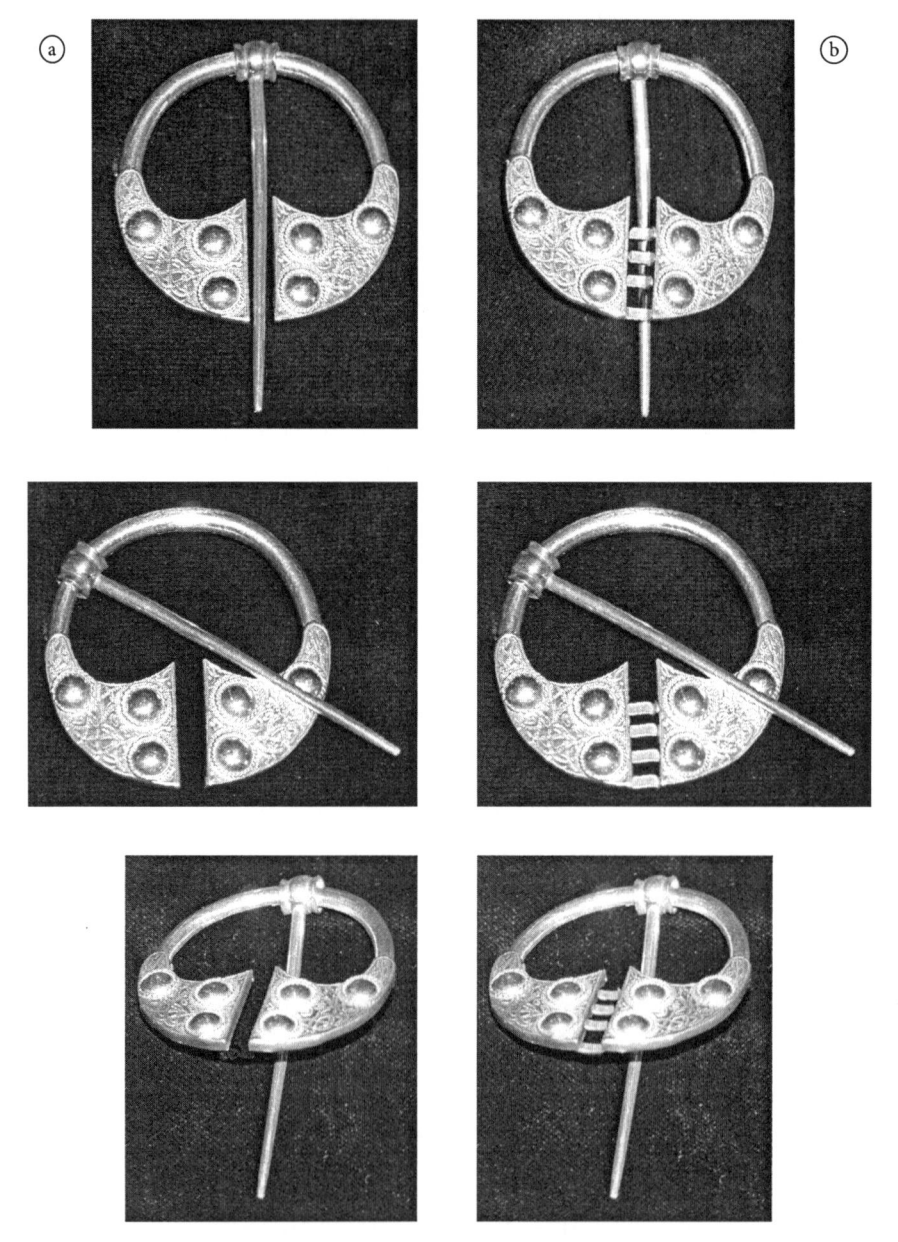

Figura 43. (a) O estilo semi-anular do broche foi quebrado em certo ponto do anel, facilitando a passagem do alfinete de fixação. (b) O broche em anel era um anel contínuo ou, como mostrado aqui, conectado por barras. O alfinete não podia passar pelo anel, embora pudesse ser virado (para demonstrações) quando não estava em uso, como mostrado aqui (à direita).

novamente, na direção oposta. O alfinete, então, era passado pelo espaço que havia no anel, deslizando ao seu redor, fazendo com que sua ponta ficasse apertada sobre o anel do broche. Dessa forma, o alfinete prendia os dois pedaços de tecido.

Os últimos broches em forma de anel são, geralmente, muito maiores do que os simples semi-anulares. O alfinete do broche Tara, por exemplo, tem 32 centímetros de comprimento [*Treasures of the National Museum of Ireland*, Gill & Macmillan, 2002] e o diâmetro do anel [medido no computador, tomando como referência o alfinete de 32 centímetros] é de 14,84 centímetros [embora o diâmetro citado em *Treasures of the National Museum of Ireland* seja 8,7 centímetros que, após inspeção visual do broche, não pode estar correto].

O alfinete no broche Tara é grande demais para passar pelo tecido sem causar danos substanciais ao material. Entretanto, experiências com o broche anular menor (Figura 43b) indicam que ele pode ser utilizado para segurar duas peças de tecido juntas, utilizando um método diferente daquele do semi-anular. O mesmo método poderia, portanto, ser utilizado com o broche Tara: iniciando com o broche de frente para o peito, uma das pontas triangulares de um manto é passada, primeiramente, pela frente, através do anel, sob o alfinete e, pelo outro lado, na parte da frente do anel. O grande alfinete é, então, deslizado ao redor do anel para amassar o tecido dentro do anel (desta forma, abrindo espaço do outro lado do anel). A segunda ponta do manto é então passada pelo espaço vazio do anel, sob o alfinete (como anteriormente) e novamente para fora, pela frente do anel. Ambas as pontas do tecido são seguras pelas mãos e separadas, do centro em direção aos ombros, o que força as partes maiores do manto a passarem pelo anel, onde ficam firmes. O alfinete principal é, portanto, necessário para passar ao redor do anel, dentro de limites, e mover-se para a frente e para trás.

Isso prova que o enorme broche Tara poderia, teoricamente, ser utilizado como um prendedor de manto. A idéia era que, uma vez preso, o manto fosse colocado para o lado, para que o broche ficasse abaixo do ombro. Tudo estaria bem, a não ser que a pessoa que veste o manto caísse e o enorme alfinete de 32 centímetros perfurasse sua pele. Imediatamente, o observador racional questiona o verdadeiro propósito dos enormes, e assim chamados, broches anulares.

O anel principal e o alfinete do broche Tara são feitos em prata banhada em ouro, sendo essa cobertura em ouro muito gasta pelo tempo. A parte da frente possui diversos painéis decorados com filigranas douradas, intercaladas com *pedras* de vidro, esmalte e âmbar. Um dos painéis está faltando, revelando uma pequena tacha de metal que segura um painel traseiro. As superfícies sólidas são delicadamente gravadas.

O anel possui diversos animais e pássaros fundidos: duas cabeças de pequenos dragões projetam-se para fora da linha central horizontal do anel circular principal (painéis 21a e f, e 22e). Uma cabeça de dragão (painel 21a) segura uma fivela fundida em relevo presa entre seus dentes. O outro lado da fivela é unido a uma corrente de segurança em estilo zoomórfico, em forma de serpente, feita em fios de ouro, cuja cabeça agarra a fivela entre os dentes (painel 21b). A cabeça da criatura é similar à cabeça que Cernunnos carrega em sua mão esquerda no caldeirão de Gundestrup [aprox. 100 a.C.] (Figura 20). A própria fivela ostenta duas pequenas cabeças humanas em vidro preto, espelhadas verticalmente (painel 21d). Duas cabeças de abutre unidas pela parte posterior estão localizadas no centro do anel (painel 21e e Figura 22f). Duas outras cabeças se projetam de cada lado do anel principal (Figuras 21i e j). As cabeças, inicialmente, parecem ser de dragão, mas o pescoço longo é suave, sem relevos, mais parecendo o pescoço e a cabeça de um pássaro, talvez um pelicano. Em outros momentos, eles são "serpentes emplumadas", outro par, sem o pescoço, é visto entrelaçado no anel inferior (painel 22d).

A parte de baixo do alfinete do broche em forma entrelaçada é decorada com a cabeça e a cara de um cervo, com galhadas estilizadas (painéis 20a e 22i) compostas de diversos painéis entalhados, cada um deles separado por pedras de diferentes formas, estilos e cores.

Claramente, o broche possui muitas associações espirituais: a aparência da cabeça do cervo tem muito em comum com Cernunnos, o deus celta adorado por volta de 100 a.C., que era associado a Cristo; a corrente de segurança em forma de dragão, novamente, associa a peça com Cernunnos, e à serpente emplumada (parte pássaro, parte serpente e parte cervo). O broche possui associações astronômicas: as duas pequenas cabeças espelhadas em vidro preto da fivela, com os gêmeos de Vênus; as cabeças de abutre com as de Tutankhamon (que também era conhecido como a serpente emplumada, o "Filho de Deus" que carregava o abutre em sua testa) e as cabeças de dragão/pelicano (se é que são isso mesmo) com a serpente emplumada e a constelação de Órion [no Peru] e a ressurreição.

De fato, uma observação atenta das cabeças de dragão no anel principal (painéis 21a e 21f) mostra que elas são idênticas a um par (painel 21g) encontrado no apoio de cabeça feito em jade, do príncipe Liu Sheng, sobrinho de Ch'in Shi Huangdi (o filho do Céu, cuja insígnia era o dragão), o primeiro imperador da China. O furo na parte superior do conjunto funerário feito em jade permitia a libertação da alma.

Em *The Terracota Warriors* mostrei como a distribuição das plaquetas de jade no capacete esférico ocultava a superciência do Sol (Figura 44). Aqui, novamente, no broche Tara, uma cabeça de um pequeno dragão observa o exterior de cada lado de um anel circular, sugerindo que o broche Tara poderia, da mesma forma, ocultar informações astronômicas além do óbvio já mencionado.

Tendo isso em mente, o broche pode ser examinado mais detalhadamente (painel 22): o anel central (painel 22a) representa o Sol. Mercúrio, o planeta mais próximo do Sol, pode ser visto mais próximo ao equador

Cabeça em Jade do Príncipe Liu Sheng

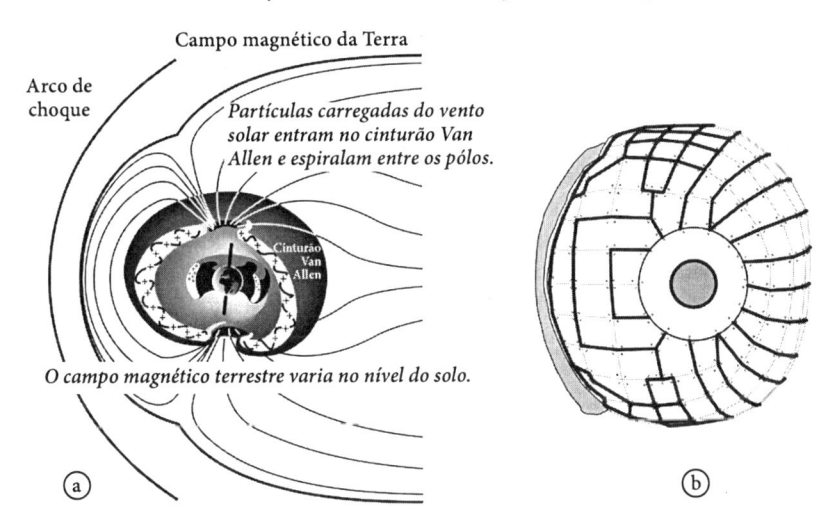

Figura 44. (a) Esquema da magnetosfera da Terra comprimida no lado do Sol pelo vento solar, corresponde às linhas de (b) na cabeça da vestimenta em jade, criada por intersecções entre as peças em jade. A cabeça circular está em um travesseiro em jade que possui duas cabeças de dragão, uma de cada lado da cabeça — e a cabeça em jade (o círculo) contém a superciência do Sol. Da mesma forma, o broche Tara possui uma cabeça de dragão em cada lado do anel principal (painel 22 (vermelho)) — indicando que o anel principal, de certa forma, poderia, também, conter a superciência do Sol.

solar. Movendo-se para fora, para longe do Sol, o próximo planeta a surgir é Vênus, em sua manifestação como planeta gêmeo, com um círculo em cada lado de Mercúrio no equador solar. Partindo de Vênus, a Terra é mostrada como um *quadrado* azul, como é na China. A Lua pode ser vista abaixo, em sua órbita, ao redor da Terra.

As cabeças e os pescoços de dragão/pelicano (painel 22d — em cada lado do anel principal) contêm a manifestação de Vênus em ambas as suas emanações, como a estrela da manhã e a estrela da noite no céu (também ilustrada nos quadros dos painéis 22b e 22c) em cada lado do [anel principal] Sol.

Um símbolo que lembra "asas batendo" para baixo é criado por três pedras (ilustradas em marrom) sob as cabeças de abutre opostas pelo pescoço (painel 22f). Um símbolo similar aparece acima do par de cabeças de dragão/pelicano na parte inferior (painel 22d, e ambos os pares são ilustrados nos quadros do painel 22g), confirmando que as criaturas justapostas devem, na verdade, ser interpretadas como pássaros (abutres e pelicanos).

Ao todo há seis (marrom) formas de asa, duas em cada símbolo do pássaro e outras duas no enfeite da ponta do alfinete. Há também seis quadrados azuis e seis formas circulares verdes (painel 22h), revelando o número 666.

Os painéis 22i e 22j mostram detalhes da cabeça do cervo, com um halo no chacra da coroa, no topo da cabeça, e a distribuição das galhadas, em marrom.

Uma observação mais detalhada (painel 20a) mostra que o alfinete do centro possui anteparos que correspondem àqueles na cabeça do cervo, convidando o observador a deslizar o alfinete pelo anel nas duas direções até que ele chegue a um anteparo. Deve haver uma razão para isso, pois o alfinete pararia de qualquer forma, sozinho, ao bater no anel. Os anteparos, portanto, inicialmente, parecem desnecessários e supérfluos. Porém, devemos nos lembrar de que os antigos nunca faziam nada sem um bom motivo. Isso resulta em um convite para deslizar o alfinete ao redor do anel e medir o ângulo entre os anteparos do alfinete.

Deslizando o alfinete ao redor do anel entre os anteparos (painel 20a), temos um ângulo de 144°, representando o número esotérico de 144 mil, o número destinado ao Céu, mencionado no Apocalipse.

Confirma-se que essa figura abreviada tinha a intenção de ser interpretada desta forma medindo-se o ângulo entre os chifres do cervo [Cristo]. O painel 22c mostra que o ângulo no chacra da coroa (a glândula pineal) ou a distribuição da galhada na linha vertical central mede 14,4°. Os anexos da galhada terminam em dois zeros e, entre eles, há um semicírculo (como o Sol poente) compartilhado pelas duas galhadas. A disposição das galhadas, portanto, soma 144 mil. Isso confirma a eficácia da medida do ângulo entre os anteparos.

Além disso, quando o alfinete é colocado para trás, para facilitar a medida do ângulo de 144° a partir de cada anteparo, notamos que o alfinete (que se parece com uma espada, Figura 20b) se move, naturalmente, *para longe* da pedra [maior] fixada em cada lado da parte da frente do broche. Isso significa que — ao se remover o alfinete (a espada) da pedra — o ângulo de 144° pode ser medido, ou 'aquele que tirar a espada da pedra — e compreender o que estará ocorrendo — tornar-se-á um dos 144 mil destinados a serem reis no Céu'.

Tudo isso soa familiar. Na lenda arthuriana, quem 'tirasse a espada da pedra tornar-se-ia rei na Terra'. Arthur tirou a espada da pedra e tornou-se um rei na Terra, 'que viveria novamente' no Céu. Isso certamente significa que o rei Arthur decodificou o broche Tara da mesma forma. As informações contidas no broche devem ser a base que sustenta o mito contido na lenda arthuriana, que deve ser um fato.

A parte de trás do broche (painel 20b) é, no geral, mais austero. A Figura 45 permite uma análise mais detalhada: os quatro perfis de cabeça de dragão (painel 21h) estão no verso, transformados em cabeças de dragão esqueléticas, formando uma associação imediata com a morte. Duas pedras negras, semicirculares, parcialmente eclipsadas pelo anel principal (Figura 45a) mostram a ascensão e a queda de Vênus, desta vez apenas como a 'negra' estrela *da noite*, enfatizando as trevas e a morte. As duas grandes pedras circulares (Figura 45b) são feitas em vidro preto, incrustadas com seis peças de vidro vermelho [seis e mais seis] e, no total, há seis pedras circulares pretas (5 circulares + 2 semicirculares), formando 666 a partir das pedras circulares pretas no verso. O centro de cada pedra incrustada possui ainda um triângulo equilátero (666).

Os indicadores de pássaro batendo as asas no verso, desta vez, aparecem somente em preto, referindo-se ao pássaro da noite, o morcego, a morte. Vênus aparece novamente nos painéis do anel (Figura 45c) como dois pequeninos pontos brancos em um mar de trevas celta.

O broche Tara, portanto, representa a luz e a vida na parte da frente, para aqueles que compreendem a superciência do Sol e as ordens elevadas da espiritualidade; e as trevas e a morte na parte de trás, para aqueles que não compreendem, revelando as escolhas entre a vida eterna e a morte.

O broche Tara não é o único broche anular grande; muitos outros foram encontrados na Irlanda e na Escócia: como o broche Roscrea e os broches Loughmoe, de Tipperary, o broche Kilmainham, os broches do tesouro de Ardagh, o broche Cadboll e o broche Hunterston, da Escócia entre eles. Porém, o broche Tara é o maior, o mais espetacular, o mais belo, o mais delicado, mais adornado e mais sofisticado. É o único que possui anteparos no alfinete principal e no anel, capazes de fazerem contato entre si. É o único que contém a superciência do Sol e as ordens elevadas da espiritualidade; é o único que possui um cervo, um dragão, uma serpente e um torque (painel 22k), e é grande e perigoso demais para ter sido utilizado como um broche.

O Tesouro de Ardagh

O tesouro de Ardagh foi descoberto em setembro de 1868, sob uma lasca de rocha sob um espinheiro em um forte desativado em Reerasta Rath (próximo a Ardagh, County Limerick, Irlanda) por Paddy Flanagan e Jimmy Quinn, enquanto colhiam batatas para a mãe de Jimmy, que havia alugado aproximadamente 20 acres de terra das freiras donas do local. O tesouro havia sido deliberadamente escondido e ocultado em algum momento da Antiguidade. Era composto de um magnífico cálice que, desde então, ficou conhecido como Cálice de Ardagh (painel 23), um cálice pequeno e simples, não decorado, feito em liga de cobre e quatro broches em prata. O Cálice de Ardagh deve ser de aproximadamente 750 d.C., devido ao seu estilo; e os broches, de aproximadamente 950 d.C.

Duas coisas tornam-se claras com a inspeção do tesouro de Ardagh: o Cálice de Ardagh não pertenceu aos outros itens encontrados; eles apenas haviam sido enterrados juntos. Em segundo lugar, os arqueólogos concordam

O Broche Tara (parte de trás)

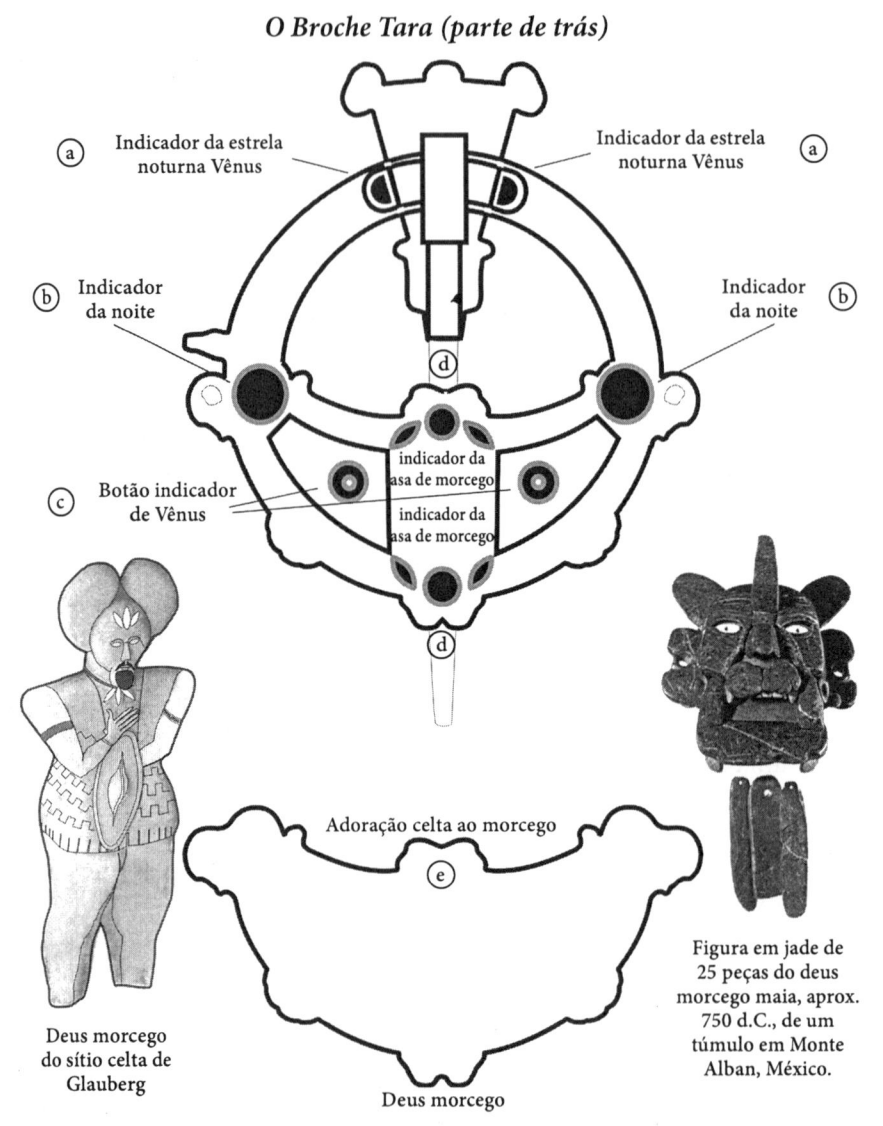

- (a) Indicador da estrela noturna Vênus
- (b) Indicador da noite
- (c) Botão indicador de Vênus
- (d) indicador da asa de morcego
- (e) Adoração celta ao morcego

Deus morcego do sítio celta de Glauberg

Deus morcego

Figura em jade de 25 peças do deus morcego maia, aprox. 750 d.C., de um túmulo em Monte Alban, México.

Figura 45. A parte de trás do broche Tara é muito mais austera e sombria do que a frente. As quatro cabeças de dragão em perfil na parte da frente (painel 21h) tornam-se cabeças de esqueleto no verso, formando uma associação imediata com a morte. As pedras semicirculares, nos dois lados do alfinete, representam Vênus nascendo e se pondo, porém, desta vez, somente como a estrela negra da noite, na escuridão. As grandes pedras pretas e vermelhas (b) também representam Vênus como planetas gêmeos negros e Vênus aparece novamente (c) na forma de dois pequenos botões em um mar de escuridão dos painéis. Os indicadores brilhantes de asas batendo que aparecem na frente agora aparecem em preto na parte de trás, representando as asas do morcego, criatura da noite, e o contorno do broche transforma-se no contorno de um morcego, representando a morte. O broche Tara, portanto, representa a luz e a vida na parte da frente, e a escuridão e a morte na parte de trás, revelando as escolhas entre a vida eterna, para aqueles que compreendem a superciência do Sol e as ordens elevadas da espiritualidade, ou a morte, para aqueles que não compreendem.

que quem quer que tenha feito o Cálice de Ardagh *deve ter feito o broche Tara*, pois o estilo, o trabalho em metal, o *design*, a arte e a sofisticação são inigualáveis em conquistas artísticas celtas de outros lugares. Isso significa que o broche Tara e o Cálice de Ardagh foram, um dia, mantidos juntos e devem ter sido separados.

Uma observação rápida no cálice é reveladora:

- Há 12 casas de botões sobrepostos ao cinturão que passa sob a borda do vaso, porém há apenas 11 botões, sugerindo a falta de um deles. Os 11 botões esmaltados (painel 23a) são similares, em estilo, ao botão esmaltado dos jarros de Basse Yutz (painel 14), que os arqueólogos datam de aproximadamente 400 a.C.
- O nome de um Apóstolo foi rudemente gravado — aparentemente com a ponta de um grande prego — sob cada uma das casas de botão: algo estranho a se fazer, dada a qualidade da arte no restante da peça.
- O nome de Judas Iscariotes, que traiu Jesus, não está presente.
- O nome de Mateus, que substituiu Judas, também não aparece.
- O nome de São Paulo, que não estava presente na Última Ceia, aparece entre os 12 nomes.
- A datação do cálice foi fechada em 750 d.C., pois o estilo é idêntico ao do broche Tara e porque os nomes dos apóstolos foram gravados em escrita insular maiúscula — a mesma escrita utilizada nos Evangelhos de Lindisfarne (painel 16), significando, dizem os arqueólogos, que o cálice deve datar do mesmo período (698 d.C.). [Porém, este pode não ser o caso, como veremos.]

E o cálice, como o broche Tara, contém uma quantidade incomum de informações esotéricas:

- Duas grandes cruzes solares dominam o vaso principal — imediatamente associando a peça à superciência do Sol.
- O padrão de entalhe dos nomes continua ao redor do cálice, encontrando um padrão de nós celtas de linhas contínuas sob cada cruz solar, continuando, desta forma, até os entalhes de duas cabeças de dragão, uma de cada lado do cálice, sob cada uma das alças com brasões — e o dragão representa a serpente emplumada, um superdeus.
- Um padrão incomum de entrelaçamento em forma de labirinto [idêntico ao encontrado em Hallstatt (Figura 4) — datando de 600 a.C. — e idêntico ao que circunscreve a cabeça de Viracocha (Figura A6f) — datando de 500 d.C.] circunscreve a base do cálice.
- Sob a base, um grande cristal de quartzo (que, como veremos mais adiante, é sinônimo de luz) domina o *design* e fica na parte de baixo, no escuro.

- Botões decorativos em vidro no pé do cálice são colocados em forma de pentágono e octógono — famosos símbolos maçônicos.

Sabemos que o broche Tara está intimamente associado à lenda arthuriana. Sabemos que essa lenda está associada ao Santo Graal, utilizado por Cristo na Última Ceia. E sabemos que o broche Tara e o Cálice de Ardagh foram, uma vez, mantidos juntos.

Vamos observar novamente a ilustração da lenda do Graal, no painel 19:

- Na ilustração, o rei Arthur tira a espada da pedra — ao mesmo tempo em que adora o Santo Graal na Távola Redonda —, a ilustração mostra as duas cenas juntas, no mesmo local, ao mesmo tempo.
- Na ilustração, o Graal irradia luz — e o Cálice de Ardagh (como veremos em breve) irradia luz (a partir do cristal de quartzo da parte de baixo).
- Na ilustração, o Graal possui, de cada lado, dois dragões-anjos, e dois dragões estão gravados no cálice, um de cada lado do vaso principal.

E os nomes dos apóstolos, os seguidores de Cristo, estão gravados ao redor do vaso. Certamente, a inferência é óbvia? O assim chamado Cálice de Ardagh *deve* ser o Santo Graal utilizado por Cristo na Última Ceia.

Precisamos examinar o cálice com cuidado para confirmar as hipóteses.

CAPÍTULO CINCO

O Santo Graal

O Cálice de Ardagh

Aparentemente, Paddy Flanagan encontrou o tesouro de Ardagh, mas Jimmy Quinn queria levar todo o crédito pela descoberta. A disputa causou uma briga entre os dois, forçando Paddy Flanagan a pedir demissão do emprego da sra. Quinn. Quando ele morreu, empobrecido, foi enterrado em um túmulo miserável, em Newcastlewest. Jimmy Quinn não teve destino melhor: morreu após imigrar para a Austrália, onde foi enterrado. A sra. Quinn vendeu o tesouro ao bispo de Limerick, dr. Butler, por 50 libras. Butler examinou o cálice com o antiquário Lorde Dunraven antes de vendê-lo à Royal Irish Academy por 500 libras, em 1873.

Mais de cem anos depois, a Irish Academy publicou *The Treasures of Ireland* e apontou:

> O cálice (...) é (...) uma forma conhecida de tesouros bizantinos em prata (...) É inspirado pelos protótipos do Mediterrâneo oriental (...) o último estilo La Tène [La Tène III, 150-50 a.C.] é bem representado. (*The Treasures of Ireland*, p. 124, Royal Irish Academy, 1983)

E, de acordo com *The Treasures of the National Museum of Ireland*:

> O Cálice de Ardagh é bastante diferente de outros cálices europeus do primeiro período medieval (...) Suas companhias mais próximas, na verdade, devem ser encontradas entre os cálices bizantinos da Igreja Oriental. (*The Treasures of the National Museum of Ireland*, p. 178, Gill e Macmillan, 2202)

Os irlandeses reclamam crédito pela escrita do *Livro de Kells*, embora o consenso, atualmente, diga que foi escrito em Iona. É compreensível que eles desejem obter o crédito pela fabricação do cálice, dada sua beleza e a qualidade da arte evidente na peça. E, afinal de contas, os especialistas dizem, a gravação dos nomes dos apóstolos utiliza a mesma escrita maiúscula insular encontrada nos Evangelhos de Lindisfarne, o que significa que a data *deve* ser 698 d.C. É claro que eles não fazem idéia de que a pessoa que fez a gravação não foi a mesma que fabricou o cálice. E não têm idéia de que o surgimento do cálice inspirou toda uma geração de semelhantes inferiores. Portanto, não há mal algum em descrever o cálice da forma como ele surgiu, eles não têm nada a perder, pois ele *tem de* datar de 698 d.C. É fácil perceber o que eles querem fazer, apesar das provas:

- O estilo La Tène [150-50 a.C] é bem representado: em outras palavras, parece datar de aproximadamente 150-50 a.C.
- É influenciado pelo estilo bizantino [350 d.C. em diante] — que foi influenciado pelo primeiro estilo La Tène [150-50 a.C].
- É inspirado pelos protótipos do Mediterrâneo ocidental; significando que, provavelmente, foi feito nessa região.
- É bastante diferente de outros cálices europeus do início do Período Medieval; significando que é improvável que seja europeu.

Se os irlandeses preferirão negar que têm posse do Santo Graal, a mais preciosa, a mais apreciada, a mais buscada relíquia litúrgica da Igreja Cristã em sua coleção no Museu Nacional da Irlanda, ainda é uma incógnita.

Construção do Graal

A Academia Irlandesa passou o cálice para um joalheiro chamado Johnson, que o desmontou para limpá-lo e reexaminá-lo. As descobertas de Johnson foram incorporadas a um relatório, escrito por Dunraven, em *Transactions of the Irish Academy*, de 1874. Os dois investigadores chegaram à conclusão de que há 354 partes que formam o cálice e que o vaso, a haste e o pé eram unidos por um único parafuso de ferro rosqueado no vaso.

O último calendário druida que se sabe ter sido utilizado (Capítulo 1) foi encontrado em Coligny, próximo de Bourg-em-Bresse, na França, datando do reinado de Augustus (63 a.C.-14 d.C.). Esta foi a última vez, até onde sabemos, que o ano druida de 354 dias foi utilizado (embora possa ter sido utilizado pelos druidas que desafiaram os romanos em Ybis Mon até o final de 70 d.C.). Se o cálice foi feito pelos monges cristãos durante o período de Lindisfarne, como os arqueólogos supõem, então, por que codificar o antigo calendário pagão dos druidas no objeto? Por que não codificar a figura de 365,25 dias utilizada pelos monges de Lindisfarne na época?

Em 1961, o cálice havia ficado frouxo na haste e foi enviado ao laboratório de pesquisas no Museu Britânico, em Londres, para ser reparado e restaurado. A restauração antecipada encontrou muitos problemas, visto que um deles foi a reorganização do Museu Britânico, que exigiu a troca de departamentos entre diferentes prédios durante o período em que o cálice estava presente; então, o trabalho demorou muito mais do que o esperado. Em um momento, ele foi remontado às pressas, colocado em exibição em 1962 e, em seguida, desmontado novamente para que o trabalho de restauração tivesse continuidade.

Em 1970, o Museum of Fine Arts, em Boston, Estados Unidos — pretendendo demonstrar como as técnicas científicas modernas poderiam ser utilizadas para estudar antigos artefatos arqueológicos — procurou em inventários de museus ao redor do mundo por um exemplo compatível para ser investigado. Como quis o destino, eles escolheram o Cálice de Ardagh e, em 1970, produziram um ensaio, *Application of Science in Examination of Works of Art*, editado por William J. Young.

Os objetivos da investigação científica eram, inicialmente, encontrar uma forma de fixar permanentemente o pescoço solto (também chamado de 'haste'). Em segundo lugar, checar o relato de Dunraven, buscando confiabilidade e também para confirmar sua descoberta de que 'um parafuso quadrado de ferro' segurava o vaso, a haste e o pé e, em terceiro lugar, determinar a natureza dos diversos materiais empregados. O objetivo final era conferir os resultados em um formato publicado. O maior número possível de evidências deveria ser gravada fotograficamente e em desenhos em escala, fossem compreendidas atualmente ou não, para facilitar futuras investigações.

Houve um acordo de que a investigação progrediria em diversos estágios: o estudo e a documentação do cálice da forma como havia sido recebido; desmontagem do cálice e medida, registro e limpeza dos componentes individuais; assimilação das observações e deduções resultantes; hipoteca, considerando uma teoria para explicar adequadamente o cálice e a remontagem e, finalmente, uma re-análise de toda a peça para confirmar a teoria.

Os métodos utilizados para estudar o cálice incluíam: observação por meio de toque, medida em escala, compassos de calibre, paquímetro, micrômetro, micrômetro ocular (com microscópio) e microscópio portátil; visualização direta e assistida por microscópio, filmes a óleo e imersão em líquidos. A observação indireta, utilizando moldes, impressões em cera, silhuetas, sombras projetadas pelos lados retos e em grades de linhas. Comparações detalhadas foram feitas visualmente por meio de superposição de imagens negativas de um componente sobre imagens positivas de outro componente, ou por meio do sincronoscópio — um instrumento utilizado pelos especialistas em balística para comparar marcas em balas. Testes não destrutivos foram feitos para determinar o conteúdo metálico e a dureza; foram feitas observações em superfícies naturalmente entalhadas e em superfícies preparadas e polidas; amostras foram analisadas utilizando Raios-X e espectrografia (a análise da luz emitida a partir de uma fonte). O registro de detalhes foi feito, inicialmente, por meio de fotografias, utilizando diversos tipos de luz, fundos e câmeras e um microscópio de projeção Vickers, visualizando os objetos diretamente e também indiretamente, com a utilização de espelhos.

Descrição Geral

A peça inteira (Figura 23a) possui (Figura 46) 178 milímetros de altura e 185 milímetros de largura no diâmetro maior do vaso. Duas alças, fixadas em lados opostos do vaso, aumentam a largura externa para 230 milímetros — [escalado no computador a partir das medidas de altura e largura fornecidas].

A montagem une o vaso de prata principal, que contém o [danificado] parafuso de fixação (Figura 46). O parafuso passa pelo centro de uma haste composta por três peças de bronze banhadas em ouro e decoradas, compreendendo uma haste tubular com um anel côncavo que segura o vaso, e um anel convexo idêntico localizado no pé cônico (sombreado em cinza na caixa da Figura 46).

Os Segredos do Pé Cônico

O pé cônico é descrito como sendo subcônico, significando que ele possui forma cônica até certo ponto, mas se torna mais arredondado conforme vai em direção à ponta do cone, terminando em forma de um arco gótico. Ele possui uma rosca localizada entre dois anéis similares (Figura 47), os chamados cinturão superior e cinturão inferior.

O cinturão superior (Figura 47) — aquele que pode ser visto quando observado de cima — originalmente, possuía oito painéis decorados em miniatura que se encaixam em locais apropriados no anel. Quatro dos oito originais estão faltando. Os quatro restantes são feitos de bronze banhado em ouro, desenhados com padrões de nós em ângulos [ziguezague]. Originalmente, oito botões quase quadrados em vidro azul eram distribuídos ao redor do anel em locais apropriados, formando um octógono. Um dos botões está faltando, e outro está danificado. A massa de cada botão consiste de vidro azul. Dois são desenhados, no centro, com uma cruz vermelha rodeada por uma forma em L amarela em cada um dos quatro cantos [de forma que pares de Ls formam quadrados ao redor da cruz central] e dois possuem o esquema de cores invertido.

O cinturão inferior só pode ser visto pela parte de baixo. É similar em estilo e constituição ao citado acima, entretanto os painéis decorativos

O Santo Graal

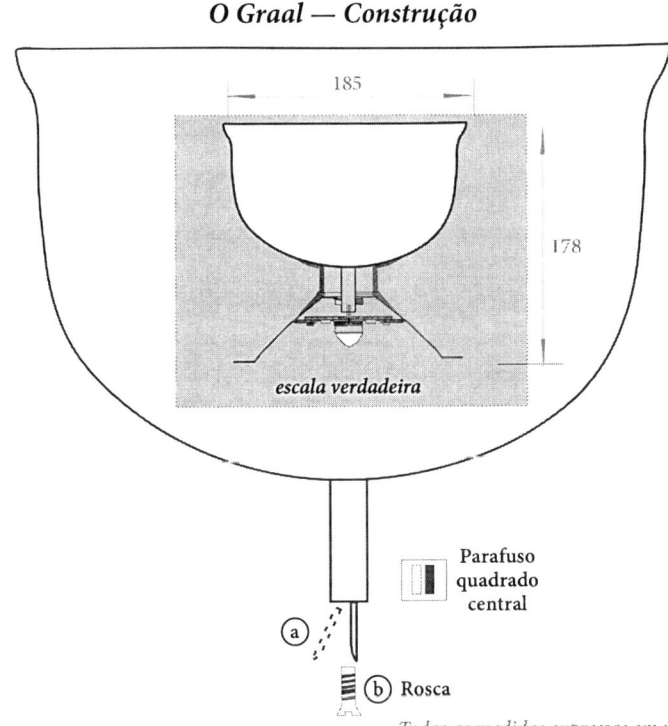

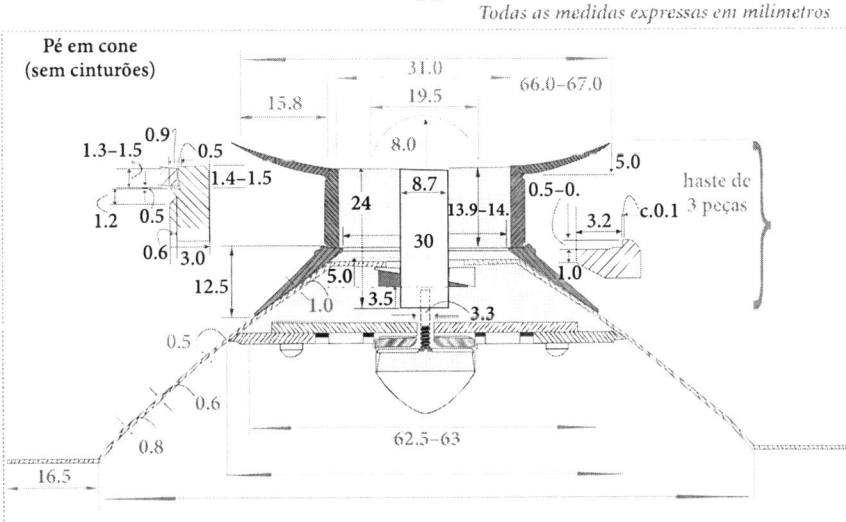

O Graal — Construção

Figura 46. (a) As 354 peças do Graal são seguras por um parafuso quadrado com um pino dividido na base do cálice — cujas pernas eram, originalmente, separadas para fixar o conjunto. O pino danificado foi modificado no século XIX pelo joalheiro Johnson e, novamente, em 1962, pelo Museu Britânico, que reparou a fixação estragada colocando uma rosca (b) no parafuso quadrado que continha o pino. O cálice montado, portanto, depende totalmente da integridade do parafuso quadrado. O quadrado representa a virtude e o conhecimento para os esotéricos.

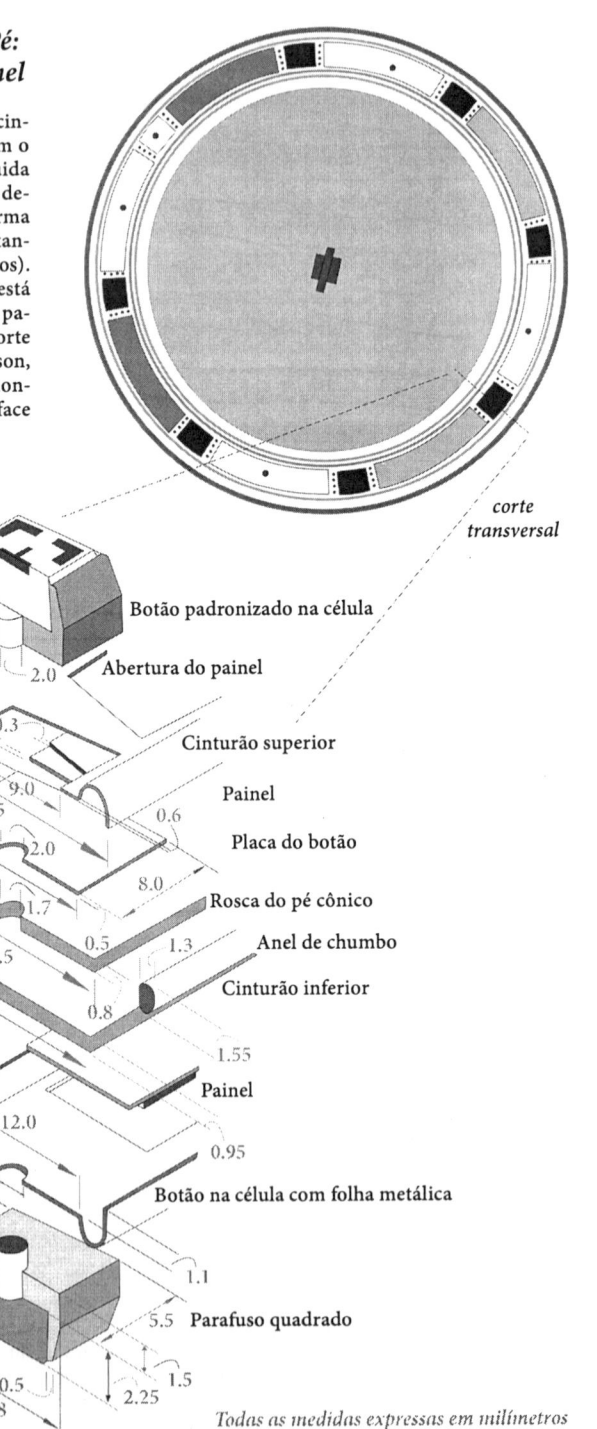

Cinturão Superior do Pé: Base da Pedra e do Painel

Figura 47. Pé cônico, dentro do cinturão superior, visto de cima, sem o cálice (após a remontagem seguida da restauração). Quatro painéis decorativos (mostrados aqui, de forma simplificada, em cinza) estão faltando (indicados pelos espaços vazios). Uma pedra está faltando e outra está danificada. O furo quadrado do parafuso foi modificado com um corte no pé cônico pelo joalheiro Johnson, em uma tentativa de reforçar a montagem completa com uma interface chaveada.

corte transversal

Fio adornado
Botão padronizado na célula
Abertura do painel
Cinturão superior
Painel
Placa do botão
Rosca do pé cônico
Anel de chumbo
Fio adornado
Cinturão inferior
Painel
Botão na célula com folha metálica
Parafuso quadrado

Todas as medidas expressas em milímetros

diferem em ornamentação e em material: quatro dos oito painéis decorativos possuem padrão de nós, mostrado na Figura 50b [também encontrado no cinturão do vaso] e são feitos em prata. Outros dois, feitos em cobre, possuem padrões de suástica, representando o vento solar como visto da Terra (falaremos mais sobre isso adiante).

Os Segredos dos Painéis em Malha Metálica

Os dois painéis restantes são feitos de uma malha metálica de fios muito finos, um em bronze e outro em prata. Ambos são descritos como "tecidos", mas parecem ser feitos à mão. Cada linha contém oito pontos e conecta-se à próxima linha por intermédio de um nono ponto. A Figura 48 mostra que o padrão é formado utilizando um triângulo equilátero e um semicírculo. Os segredos na malha revelam que a alma e o corpo são tecidos juntos, como um só, durante a vida na Terra — por Deus (99999).

Uma das pedras no cinturão inferior está faltando e a outra está danificada.

O parafuso de fixação revelou ser feito em cobre, não em ferro [como relatado por Dunraven] e fixado no interior do vaso com uma cabeça arredondada. Parece que, originalmente, o parafuso de cobre terminava em uma ponta dupla, cujas pernas eram separadas sob o cristal de quartzo para prender o vaso ao pé cônico. Uma das pernas do pino (Figura 46a) está faltando. Em 1962, o Museu Britânico modificou o mecanismo de conexão furando e colocando o parafuso central para rosquear e substituir o mecanismo de retenção com pino danificado (Figura 46).

O final da fixação é escondido por outra interface em bronze banhado em ouro muito decorada, no centro da qual há um enorme cristal de quartzo subcônico rodeado por cinco pequenos botões semi-esféricos dispostos em um pentágono.

O quartzo é intimamente associado à luz (energia eletromagnética — Deus). Quando é mecanicamente pressionado, gera tensão elétrica. De forma oposta, quando uma tensão é aplicada ao redor do cristal, ele vibra em uma freqüência determinada pelo seu corte. Além disso, quando a luz visível (energia eletromagnética) passa pelo quartzo, o componente elétrico da onda eletromagnética é girado em 45° em direção à ponta magnética do espectro. Sabemos que os campos magnéticos afetam a conseqüente produção de hormônios folículo-estimulantes e luteinizantes nas mulheres. Estes, por sua vez, regulam a produção dos hormônios da fertilidade, estrógeno e progesterona, e, portanto, a fertilidade das mulheres. O quartzo é, portanto, sinônimo com a luz e a rotação de 28 dias do Sol, que regula a fertilidade das mulheres.

Todos os pequenos botões semi-esféricos eram, originalmente, desenhados com fios adornados, mas apenas dois intactos mantêm os padrões

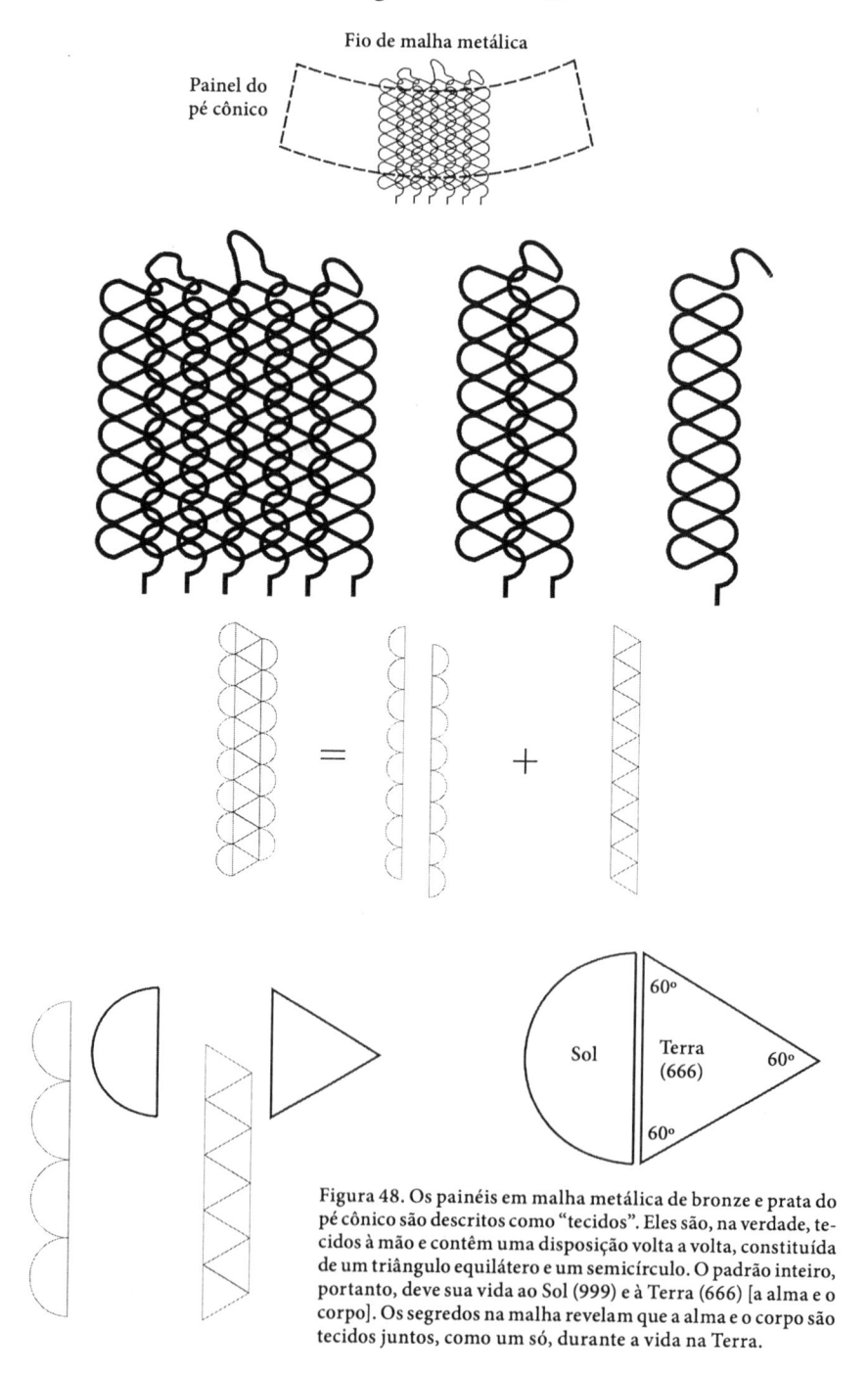

Os Segredos na Malha

Figura 48. Os painéis em malha metálica de bronze e prata do pé cônico são descritos como "tecidos". Eles são, na verdade, tecidos à mão e contêm uma disposição volta a volta, constituída de um triângulo equilátero e um semicírculo. O padrão inteiro, portanto, deve sua vida ao Sol (999) e à Terra (666) [a alma e o corpo]. Os segredos na malha revelam que a alma e o corpo são tecidos juntos, como um só, durante a vida na Terra.

Geometria Sagrada do Pé Cônico

Figura 49. Os botões azuis quase quadrados em vidro, no cinturão inferior, e os cinco botões circulares azuis, rodeando a base central, compõem as formas geométricas de um octógono e um pentágono que, juntos, podem ser usados para traçar os ciclos magnéticos solares de 11,49; 187 e 18.139 anos (veja o Apêndice 4).

microscópicos. Eles são feitos em vidro azul, esmaltado com a técnica *champlevé*, encontrada em outros botões, porém em escala menor.

As cinco pedras azuis circulares e esféricas, dispostas em um *pentágono* ao redor do cristal de quartzo central, e as oito pedras quadradas, dispostas em um *octógono* ao redor do cinturão inferior do pé (Figura 49) permitem o cálculo dos ciclos magnéticos solares dos anos 11,49; 187 e 18.139 (descritos no Apêndice 4).

Os Segredos do Vaso e da Borda do Vaso

O vaso e o pé cônico são feitos em prata torneada e polida, e as duas alças, em prata moldada. As alças são presas ao vaso, uma de cada lado, logo acima do que é descrito como um painel de brasão [pois lembra um escudo com um conjunto de armas]. Para suavizar a borda do vaso, um anel moldado em ouro encontra-se nela.

Duas grandes cruzes solares, uma de cada lado do vaso (painel 23), entre as alças, dominam a decoração do vaso principal. A cruz solar descreve a estrutura magnética do Sol e só pode ser encontrada no halo de Cristo

O Mistério dos Painéis Misturados do Cinturão da Borda

ALÇA
botão ausente
divisão no anel

A Ornitomórfico
não ilustrado

B Trabalho em nó

C Zoomórfico
não ilustrado

ALÇA

(a)
cera vermelha
vidro azul
cera vermelha

vidro azul

um dos botões centrais

(b)
primeiro painel (faltando)

α

cruz solar
cruz solar

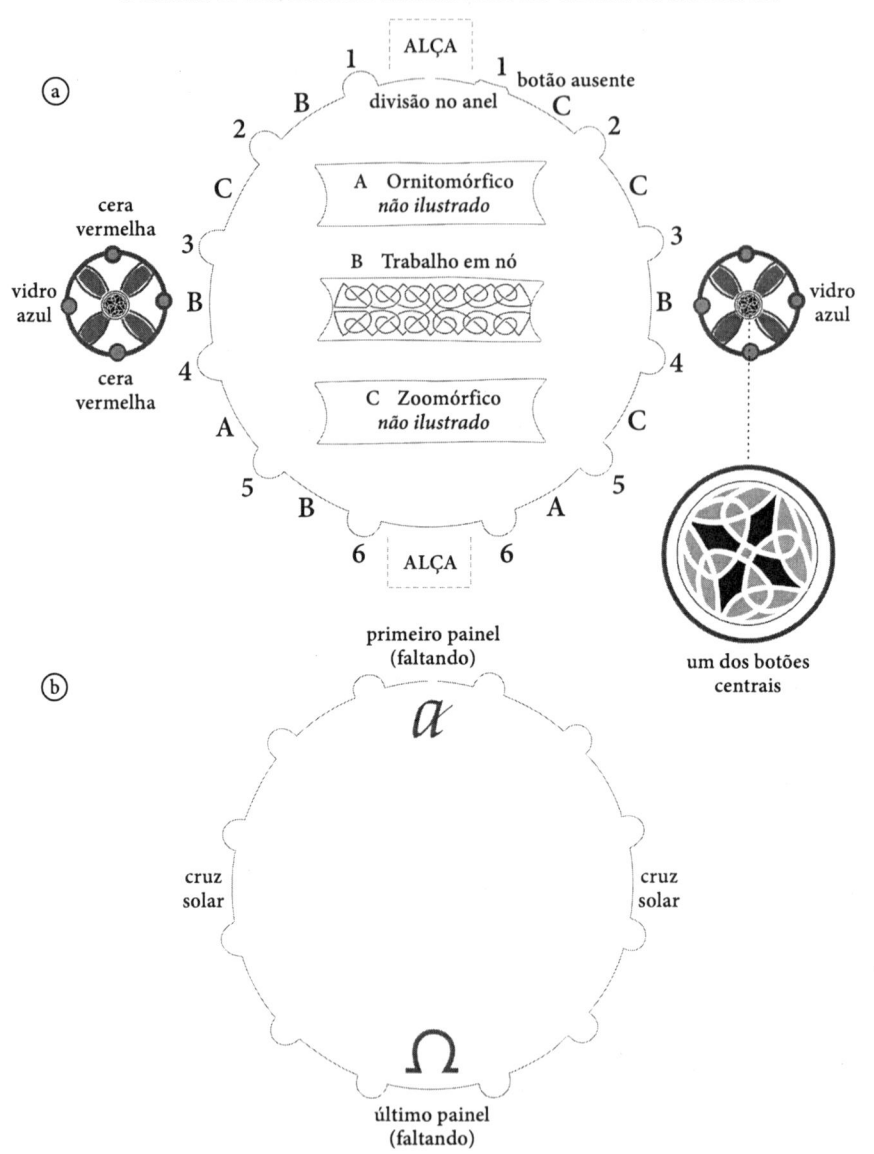

Ω

último painel (faltando)

Figura 50. Há dez painéis na borda do cálice: dois ornitomórficos (A), quatro em trabalhos de nó (B) e quatro zoomórficos (C) [não há painéis sob as alças]. Os quatro painéis foram misturados cada vez que o cálice foi restaurado, por isso a distribuição correta é desconhecida. Arqueólogos concordaram com a disposição em (a) acima. Eles também numeraram os botões como mostrado, a partir da divisão do anel na parte da frente (b). A disposição do painel anacrônico chama a atenção para os painéis ausentes: o primeiro e o último. Jesus foi o primeiro e o último, alfa e ômega: "Eu sou o alfa e o ômega, o primeiro e o último, o começo e o fim.", Apocalipse 23:13. Jesus, portanto, aparece em ambos os lados da cruz solar no cálice, como Vênus. "Eu, Jesus, enviei o meu anjo para vos atestar estas coisas a respeito das igrejas. Eu sou a raiz e o descendente de Davi, a estrela radiosa da manhã.", Apocalipse 22:16.

(Figura 2b), associando o cálice a Cristo. O contorno de cada cruz e os compartimentos dentro de cada uma delas são feitos com um fio de prata quadrado (visão do corte transversal), representando o cordão de prata ou cabo-reboque, associado à alma, discutido anteriormente. Cada abertura do padrão é decorada com diversos padrões espirais e espirais duplos de fios adornados e o buraco de cada abertura foi banhado em ouro. Quatro pequenos botões semi-esféricos em vidro estão localizados sobre suportes de fios de prata, espaçados em intervalos de 90° — dois botões de vidro azul e dois botões feitos com cera vermelha — que Dunraven descreveu, originalmente, como sendo de âmbar. Os quatro botões escondem tachas que prendem cada cruz solar ao vaso.

A borda do vaso, como as bordas do pé cônico, é cheia de aberturas, desta vez para acomodar 12 porta-botões esmaltados (Figura 50) e dez painéis decorativos fabricados da mesma forma: cada um é feito a partir de uma fina placa de ouro, incrustada com um padrão. O fundo foi, então, removido para proporcionar o trabalho ornamental. Em seguida, uma camada tripla de fios adornados foi soldada aos sulcos do padrão e, então, uma placa de cobre foi fixada atrás de cada painel, bloqueando, efetivamente, os buracos no painel trabalhado. Os padrões dos painéis variam: dois dos padrões da placa são descritos como ornitomórficos, tipo-A (Figura 50). Quatro carregam variações no padrão de trabalho em nós, tipo-B, e os quatro painéis restantes, descritos como zoomórficos, tipo-C (painel 23b), são decorados com um padrão altamente complexo de animais, pássaros e serpentes entrelaçados que provavam, aqui — juntamente com o tipo-A — ser muito complexos e difíceis de ser desenhados. Não há bordas decorativas sob as alças.

Os dez painéis mal encaixados eram misturados cada vez que o cálice era restaurado, portanto a maneira correta de colocá-los é desconhecida. Os arqueólogos tentaram montá-lo como na disposição da Figura 50a. Eles também numeraram os botões da borda do vaso de 1 a 6, a partir da divisão do anel sob uma das alças à frente (no lado esquerdo) e, novamente, a partir da divisão do anel na frente (no lado direito). O painel anacrônico chama a atenção para os painéis faltantes sob as alças, o primeiro e o último painéis: Jesus foi o primeiro e o último, o alfa e o ômega. Jesus, portanto, aparece em cada lado da cruz solar (o Sol) no vaso, como Vênus aparece em cada lado do Sol, novamente, associando, especificamente, o desenho do cálice e Jesus.

Os botões da borda do vaso (Figura 51) possuem a forma de um arco segmentado feito em bronze preenchido com esmalte de vidro, em estilo *champlevé*, como o botão de Basse Yutz (aproximadamente 400 a.C.), padronizado de diversas formas, com diferentes vidros coloridos. A partir da inspeção visual e fotográfica, um dos botões está claramente ausente de um local adjacente a uma das alças, embora isso não seja mencionado no relatório de 1970. O botão também estava faltando na fotografia mais antiga

Base do Botão da Borda do Cálice

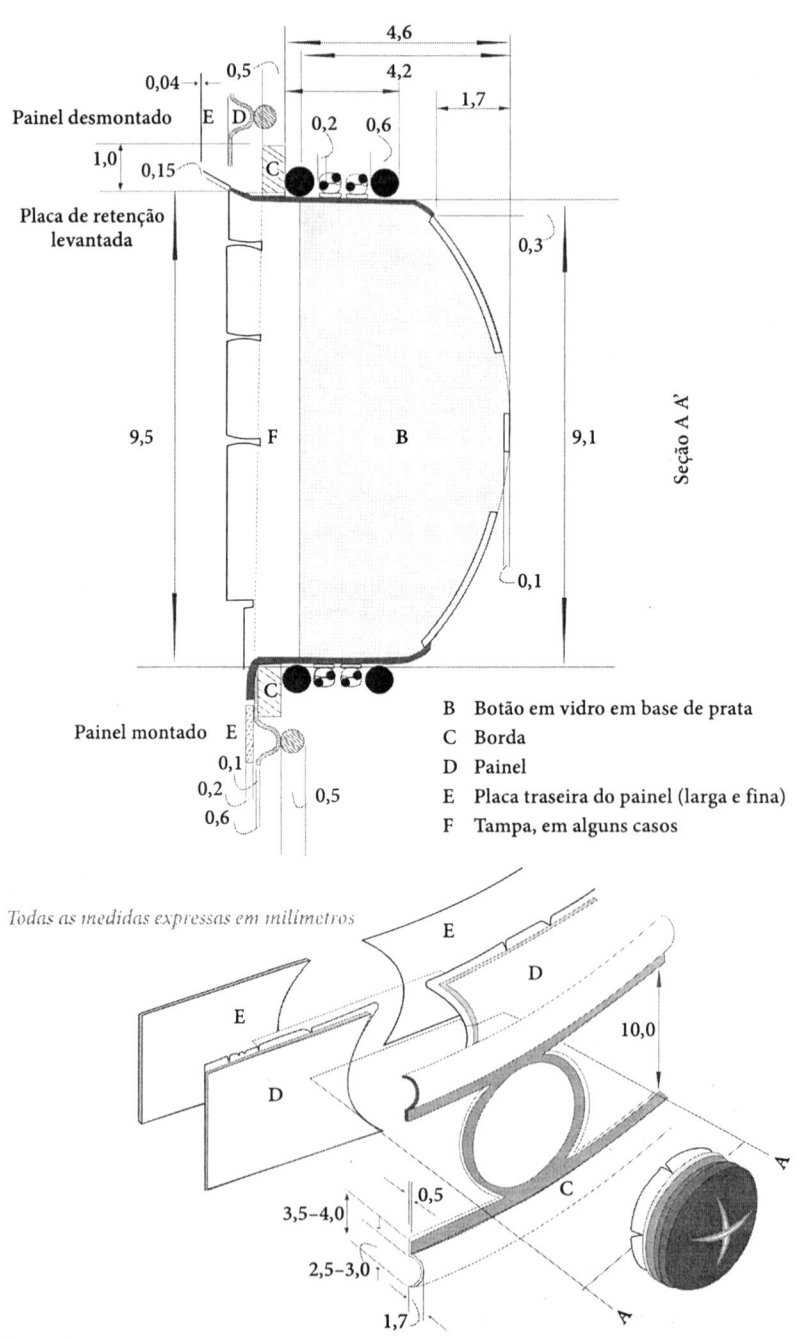

Painel desmontado

Placa de retenção levantada

Painel montado

Seção A A'

B Botão em vidro em base de prata
C Borda
D Painel
E Placa traseira do painel (larga e fina)
F Tampa, em alguns casos

Todas as medidas expressas em milímetros

Figura 51.

do cálice, tirada por Margaret Stokes, que desenhou as ilustrações para o relatório de Dunraven, em 1874. Não há provas que sugiram que esse botão faltante já esteve colocado algum dia.

O Significado do Botão Perdido

O botão que está faltando levanta uma questão: deveria haver 11 ou 12 botões na borda do vaso? O número total de peças já havia sido estabelecido em 354 (representando os 354 dias do calendário druida). Esses dois novos números, 11 e 12, tornam-se significativos ao se considerar a duração do ano solar: 354 + 11 = 365 e 354 + 12 = 366. Há 365 dias em um ano solar, ou 366, em um ano solar atípico, confirmando que as 354 peças devem referir-se ao número de dias em um ano — e que o cálice deve ter sido feito pelos celtas na época de Cristo. Também confirma que um dos 12 botões da borda foi deixado de fora deliberadamente, em comum com a prática utilizada pelas civilizações antigas, para chamar a atenção para as informações codificadas e também para profetizar a futura traição de Judas Iscariotes contra Jesus.

O Mistério da Escrita

Abaixo de cada um dos botões está entalhado o nome de um dos 12 apóstolos. Como notado anteriormente, os nomes são escritos em maiúsculas insulares, levando os especialistas a acreditarem que o cálice foi entalhado pelos monges de Lindisfarne. Porém, os nomes dos apóstolos nos Evangelhos de Lindisfarne são escritos em grego latinizado, enquanto, no cálice, aparecem em latim. Lindisfarne foi estabelecido pelo monge irlandês S. Aiden que, como S. Patrício, preferia não falar latim [Patrício preferia seu irlandês celta-maia]. Se o cálice foi entalhado pelos monges de Lindisfarne, por que eles não utilizaram o mesmo idioma e convenção nos cálices e nos Evangelhos de Lindisfarne? Por que utilizar latim no cálice e grego latinizado nos Evangelhos de Lindisfarne?

O Mistério dos Nomes

A forma como os 12 nomes aparecem no vaso também levanta questões: o nome de Judas Iscariotes, o chamado discípulo que traiu Jesus, está faltando, o que é compreensível. Porém, o nome do Apóstolo que o substituiu, Mateus, não está incluído. Se os monges de Lindisfarne tivessem gravado o cálice, eles saberiam que Mateus havia substituído Judas — já que os Evangelhos de Lindisfarne são baseados na versão em latim vulgar da Bíblia, que contém os Atos dos Apóstolos nomeando Mateus como o substituto. Ao invés disso, o 12º nome no cálice é o de São Paulo, o antigo romano Saulo, que pregou no Mediterrâneo durante a época dos romanos. A mais antiga versão do Antigo Testamento que se conhece vem do manuscrito Peshitto, datado precisamente como tendo sido escrito em 464 d.C., após a morte do rei Arthur, em 450 d.C., que, portanto, não saberia que Mateus havia substituído Judas. Arthur, entretanto, tendo vivido a ocupação romana da Bretanha, saberia dos trabalhos de Paulo — o preferido dos romanos após a época de Constantino — e, assim, provavelmente acreditaria que o popular Paulo teria pego o papel do 12º Apóstolo.

O Mistério da Gramática

Um lingüista apontou que os nomes contêm erros gramaticais: dez nomes aparecem no possessivo, mas dois — as versões latinas de Tadeu e Simão — aparecem no nominativo. S. Aiden pode não ter favorecido o latim, mas era um estudioso, como provam os Evangelhos de Lindisfarne. É improvável, portanto, que os clérigos educados tenham gravado o cálice. Se os clérigos não gravaram o cálice, quem gravou?

Os Segredos dos Entalhes

Os nomes incorretos dos apóstolos apóiam a visão de que foi Arthur que, em 453 d.C., gravou de forma incorreta o nome de Paulo no cálice, e não os clérigos, em 698 d.C.

Arthur também não teria tido orientação para ignorar o uso do latim, ao contrário dos monges, que discutiam com Roma sobre a data da Páscoa e a estrutura da Igreja. Ele não era um estudioso e, portanto, era mais provável que cometesse erros.

A gravação dos nomes no cálice é rude e crua (painel 23b), como se tivesse sido feita com um prego — um instrumento intimamente associado à crucificação de Cristo. É evidente que quem gravou o cálice desejava transmitir o fato de que não possuía a habilidade de quem havia fabricado o próprio cálice. Mas, quem quer que tenha sido, sabia que se tratava do Santo Graal e fez as gravações para que outras pessoas soubessem.

Os Segredos dos Dragões

As gravações ainda têm mais a dizer: elas continuam em voltas ao redor das cruzes solares e sob os brasões das alças, tomando a forma de duas cabeças de dragão unidas (Figura 52). Essa 'marca do Graal' — dois dragões-anjos antropomórficos — também aparece em cada lado do Graal exibido no manuscrito do século XV (painel 19). Sabe-se, por intermédio

O Segredo dos Dragões Unidos (I)

Cruz Tau — cabeças de dragão

(a)

Figura 52. A qualidade ruim da gravação feita à mão, detalhando os nomes dos apóstolos, continua ao redor do cálice e termina em uma figura de duas cabeças de dragão unidas [mostradas de cabeça para baixo nesta ilustração] sob cada um dos brasões das alças. Uma ilustração similar [de dois dragões-anjos antropomórficos] também aparece em ambos os lados do Graal mostrado no manuscrito do século XV (painel 19). Além do mais, sabe-se, por meio de evidências arqueológicas, que duas cabeças de dragão representam Cristo e a crucificação, suportando a associação do cálice ao evento.

(b) Cruz Tau (mostrando cabeças de dragão)

Figura 53. A cruz Tau, mostrando uma cena da crucificação com Cristo na cruz junto com Maria e São João dentro de uma cruz solar, todos dentro das barrigas unidas de dois dragões (de um cajado grego em mármore, Tarascon, do século XVIII). Após a crucificação, a letra grega 'T', ou Tau, foi associada à cruz. Os dragões representam o sacrifício, por causa do antigo costume de Silene, onde o primogênito de toda família (diz a lenda) era sacrificado para um dragão que vivia no pântano. Portanto, a associação com Jesus que foi, da mesma forma, sacrificado na cruz. O cajado carregado pelo mago Merlim [conselheiro e guia espiritual do rei Arthur] era coroado com uma cruz Tau idêntica a esta. Merlim, portanto, estava ciente do significado da cruz Tau e sua associação com Cristo e deve, portanto, ter instruído Arthur a entalhar os dragões no Santo Graal para autenticar sua origem.

158   Jesus, Rei Arthur e a Jornada do Graal

O Segredo dos Dragões Unidos (II)

(a)

(b)

(c)

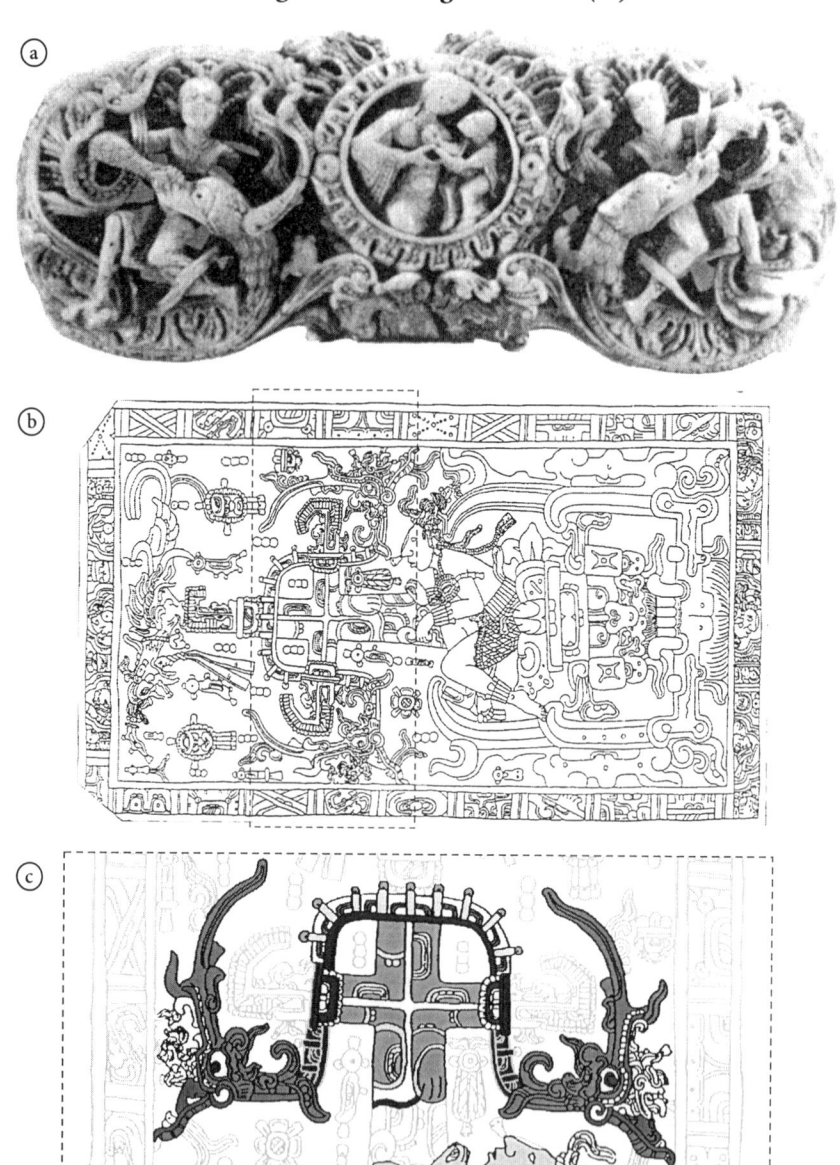

Figura 54. (a) Cruz Tau, mostrando Maria com o Cristo dentro do Sol, que carrega as voltas magnéticas ao redor do perímetro, dentro da barriga de dois dragões unidos (*Walrus-ivory*, inglês, metade do século XII). Vênus aparece dos dois lados do Sol, um pequeno botão circular branco. (b) A Pirâmide de Palenque, a tampa de 4,92 toneladas em pedra calcária que cobre o sarcófago de Lorde Pacal em seu túmulo de Palenque. (c) Detalhe da tampa mostrando uma cruz Tau, significando que Lorde Pacal também era associado à cruz Tau e à crucificação de Jesus. A cruz central está coberta por voltas magnéticas, voltas de manchas solares, sugerindo que Lorde Pacal, como Jesus, era o Sol na Terra.

de provas arqueológicas, que duas cabeças de dragão representam Cristo e a Crucificação, sustentando a associação do cálice ao evento. A Figura 53 mostra um exemplo de uma cruz Tau representando a cena da crucificação, com Cristo na cruz, juntamente com Maria e São João dentro de uma cruz solar que se encontra nas barrigas unidas dos dois dragões.

Seguindo a crucificação, a letra grega 'T', ou Tau, era associada à cruz. Os dragões representam o sacrifício, de acordo com o antigo costume de Silene, onde o primeiro filho de cada família era (diz a lenda) sacrificado por um dragão que vivia no pântano. Jesus foi, da mesma forma, sacrificado na cruz.

A Figura 54a mostra outro exemplo da cruz Tau, desta vez com Maria e Jesus dentro de um Sol circular, que carrega os campos magnéticos em seu perímetro, novamente contido na junção das barrigas de dois dragões. Vênus aparece em cada lado do Sol, como um pequeno botão circular branco. A Figura 54b mostra a imagem da tampa do sarcófago de Lorde Pacal (Pirâmide das Inscrições de Palenque) e a Figura 54c mostra um corte detalhado da tampa com uma cruz Tau e a crucificação de Jesus.

De acordo com Malory, o cajado carregado pelo mágico viajante do tempo Merlim era coroado com uma cruz Tau idêntica à da Figura 53. Merlim, portanto, sabia o significado da cruz Tau e sua associação com Cristo e deve ter instruído Arthur a gravar os dragões no Santo Graal para autenticar sua procedência.

Ninguém, a não ser Arthur ou seus cavaleiros, teria gravado dois dragões unidos no cálice para confirmar a crucificação de Jesus e celebrar a descoberta do cálice, pois ninguém, a não ser Arthur e seus cavaleiros, adorava o Graal ladeado por dois dragões. E ninguém, a não ser Arthur e seus cavaleiros, foi inserido na Távola Redonda, adorando a *luz radiante* do Graal — do cristal de Quartzo do pé cônico.

Os Segredos do Padrão em Labirinto

Uma gravação, no mesmo estilo das outras, circunscreve a parte superior do pé, logo abaixo das cabeças de dragão. Agora, o leitor irá familiarizar-se com o padrão? É o mesmo padrão entalhado na bainha de Hallstatt (Figura 4, ao lado dos gêmeos (Vênus-Jesus) e a suástica invertida dos celtas de Hallstatt, de 600 a.C.). É também o mesmo padrão usado por Viracocha, em sua túnica, no Vaso Viracocha de Tiahuanaco (Figura 56). O vaso data de aproximadamente 500 d.C. e foi encontrado no sítio de Tiahuanaco, às margens do lago Titicaca, na atual Bolívia. O padrão, portanto, devia estar em uso durante o período de intervenção [entre 600 a.C. e 500 d.C.], por volta de 26 d.C., na época da crucificação.

Como discutido anteriormente, o escudo do Sol do transformador de Monte Alban (painel 2) contém figuras secretas do Portal do Sol de

Os Segredos da Gravação no Cálice

Figura 55. O cálice do Santo Graal é gravado com duas cabeças de dragão sob cada um dos brasões das alças. O pé cônico é gravado com padrão em labirinto, idêntico ao encontrado no vaso Viracocha em Tiahuanaco.

O Vaso Viracocha de Tiahuanaco

Figura 56. O vaso Viracocha de Tiahuanaco, lago Titicaca, Peru antigo, com o deus Sol Viracocha. O padrão túnica de Viracocha é idêntico ao do Graal (veja as figuras 57-59 para análise).

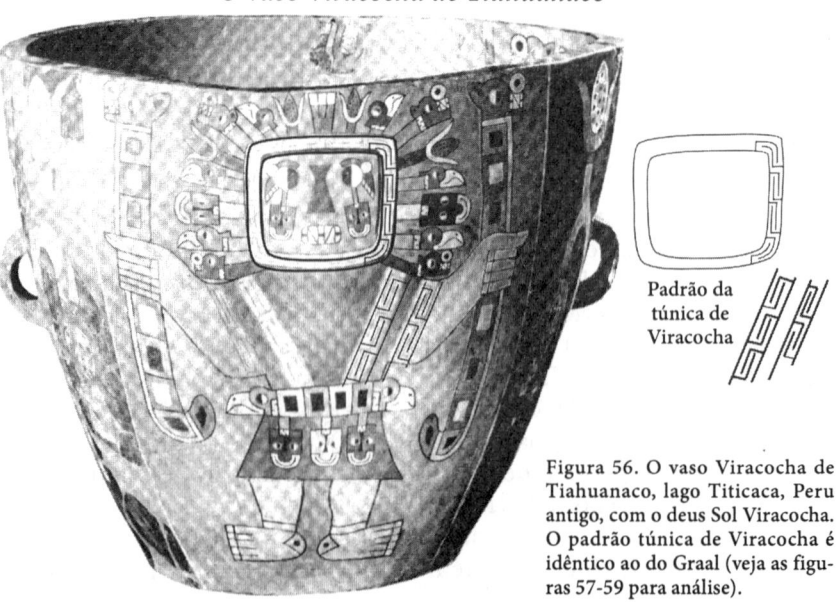

Tiahuanaco, dentro da Estrela de Davi, o símbolo geométrico do Judaísmo. O entalhe em baixo relevo de Viracocha da padieira do Portal também possui o mesmo padrão em labirinto no anel ao redor de sua cabeça. E o escudo do Sol (painel 3) mostra uma figura de Lorde Pacal regurgitando uma pérola em um *vesica pisces*, o símbolo geométrico da Cristandade. Considere-se a passagem do Apocalipse na Bíblia:

> Vi então outro anjo vigoroso descer do céu (...) com o arco-íris em torno da cabeça. Seu rosto era como o Sol (...) Pôs o pé direito sobre o mar, o esquerdo sobre a terra. (Apocalipse 10:1-2)

Isoladamente, pode parecer que São João estava sofrendo ilusões quando escreveu o Apocalipse na ilha de Patmos, no Mediterrâneo, pelo menos até compararmos as palavras do Apocalipse com o painel 5e, que mostra uma reconstrução de Viracocha Pachacamac [do museu de Arqueologia em Lima, Peru] feita por arqueólogos, utilizando tesouros encontrados em seu túmulo, em Sipan. Ele mostra um anjo (com um halo dourado acima de sua cabeça) com um arco-íris em sua cabeça e o Sol, como representado [uma máscara de morcego dourada] em seu rosto. Seu nome é Viracocha, espuma do mar, que ficava, como o nome sugere, com um pé na areia e um no mar.

O padrão que circunscreve o pé do cálice, o escudo do Sol de Monte Alban e o padrão da túnica de Viracocha no vaso Viracocha, todos revelam que Jesus, o judeu, reencarnou como Viracocha e que Viracocha reencarnou como Lorde Pacal.

Decodificando o Padrão em Labirinto

A primeira coisa que notamos no padrão em labirinto na túnica de Viracocha é que ele está inclinado em 23,5° na vertical (Figura 57a), o mesmo ângulo de inclinação da Terra em seu eixo. A decodificação do transformador viracocha também confirma que a pessoa que codificou as informações na Pirâmide de Palenque e no escudo do Sol de Monte Alban utilizou a mesma técnica do transformador maia para codificar as informações no baixo relevo de Viracocha em Tiahuanaco. Dado que Viracocha viveu no Peru por volta de 500 d.C. e Lorde Pacal viveu no México, por volta de 750 d.C., dificilmente eles foram fisicamente a mesma pessoa (a não ser que Viracocha tenha vivido 250 anos) e, portanto, a hipótese de reencarnação é a única que resta. Viracocha, que utilizou sua técnica de codificação transformadora no baixo relevo do Portal do Sol (Apêndice 1) deve ter levado a técnica para o México, em aproximadamente 750 d.C., com a aparência de Lorde Pacal.

O padrão da túnica de Viracocha facilitará a decodificação da gravação na parte de cima do pé: as figuras 57bi e bii mostram o padrão Viracocha inclinado no sentido anti-horário em 23,5°, para facilitar a análise. A pri-

Decodificando o Padrão Viracocha (I)

O ângulo de inclinação da Terra em seu eixo

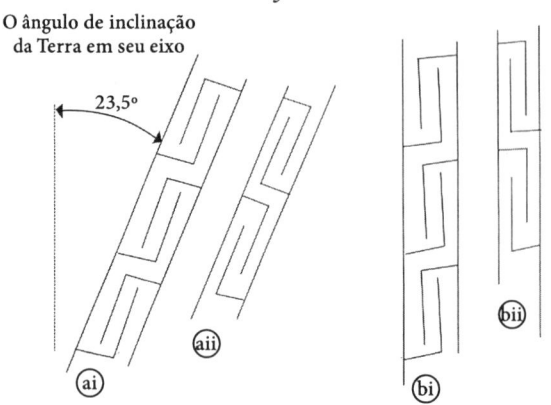

23,5°

Figura 57. (ai e aii) O ângulo do padrão em labirinto da túnica de Viracocha é 23,5° na vertical, representando a inclinação da Terra em seu eixo (veja o Apêndice 1, o transformador viracocha de Tiahuanaco). (bi e bii) O padrão em labirinto corrigido em 23,5° para facilitar a análise.

Decodificando o Padrão Viracocha (II)

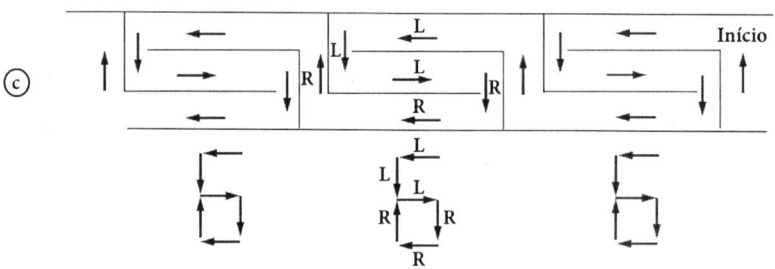

O padrão Viracocha (ai) contém informações secretas. Para seguir o caminho através do labirinto, o iniciado deve virar à esquerda, à esquerda e à esquerda novamente (L, L, L), depois, à direita, à direita e à direita (D, D, D) novamente. Quando essas instruções são seguidas — e ilustradas utilizando setas (como mostrado) — os números 666 são revelados. O mesmo número, associado a um dragão, é dado na Bíblia ao descrever uma besta que surge no mar.

Deu-lhe o Dragão o seu poder, o seu trono e grande autoridade (...) Eis aqui a sabedoria! Quem tiver inteligência, calcule o número da Fera, porque é número de um homem, e esse número é seiscentos e sessenta e seis [666] Apocalipse 13: 2 e 18.

Decodificando o Padrão Viracocha (III)

Figura 58. (ai) O padrão Viracocha se traduz nos números 666. Entretanto, (aii) mostra que o padrão adjacente — o padrão idêntico ao do Graal — não possui o número 6 nem o número 9. Entretanto, ele revela a imagem espelhada do número 6 (associando o padrão com a alma).

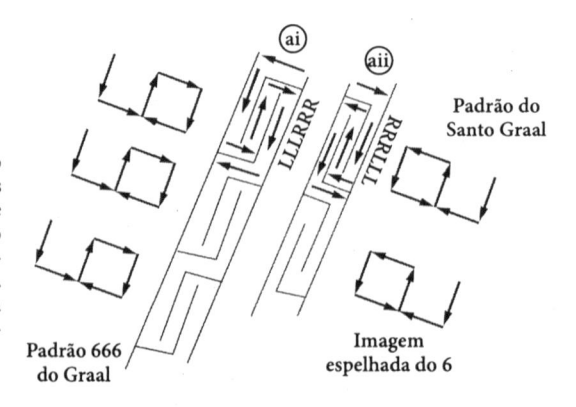

Padrão 666 do Graal

Padrão do Santo Graal

Imagem espelhada do 6

meira coisa que notamos é que o padrão da Figura 57bi difere do padrão da Figura 57bii, elas são imagens espelhadas.

O padrão da figura 57bi pode ser decodificado seguindo o caminho do padrão em labirinto e, utilizando setas, mostrar a rota (Figura 57c). As setas revelam o número 666, o número da besta do Apocalipse.

Porém, uma observação mais atenta na gravação do cálice mostra que o padrão é idêntico ao padrão da imagem espelhada, Figura 58aii, que não possui o número 6. Ela também não revela o número 9, que é o que você deve esperar que a imagem-espelho produza. A observação aérea da gravação do cálice (Figura 59a), na verdade, não revela nenhum significado numérico? Ao menos, essa observação não revela nada — até observarmos a gravação em labirinto pela parte de baixo do pé.

Os Segredos do Cristal de Quartzo

Quando erguemos o cálice e observamos o padrão *virtual*, os números 99999 (...) aparecem (Figura 59b) [caso fosse possível enxergar através do metal], o que nos diz que a gravação deve ser vista por baixo, de baixo para cima, em direção ao Céu. Mas, uma surpresa é que ao visualizar o padrão por cima, o 666 do mundo físico não aparece. Então, como o 666 pode ser derivado do padrão em labirinto ao redor do pé?

A única forma de converter o número 666 em 999 utilizando imagens espelhadas é mostrada na Figura 59c; primeiro, pegue o número 666. Em seguida, tome a imagem espelhada *horizontal*, como indicado pela seta. Depois, tome a imagem espelhada vertical do resultado, novamente indicada pela seta. A mesma técnica pode ser utilizada novamente para converter 999 em 666, outra vez, utilizando setas. O resultado é uma rede de setas em rotação.

Visto de baixo, essa tentativa [de converter *intelectualmente* o 666 em 999 — uma tentativa de converter o corpo em alma] favorece o centro do cristal e as *setas circulantes* que, por sua vez, faz com que o centro do cristal *gire virtualmente*, imitando o Sol girando em seu eixo. Isso significa que o cristal de quartzo deve representar o Sol, confirmando a proposição das lendas arthurianas de que o Santo Graal *irradia luz*, como mostrado no painel 19 — ele contém o Sol. Somente Arthur (mostrado no painel 19 adorando o Santo Graal que irradia luz) poderia saber disso e somente ele poderia ter gravado o padrão em labirinto na parte de cima do pé para transmitir essa informação.

Surpreendentemente, uma inspeção mais detalhada do padrão em labirinto de Hallstatt (Figura 4), mostra que ele também contém *ambas* as versões do padrão em labirinto, o original e a imagem espelhada [o padrão, é sabiamente revertido sob as mãos de cada um dos gêmeos]. Isso significa que, quem quer que tenha gravado o padrão na bainha de Hallstatt possuía

O Segredo do Cristal no Pé Cônico

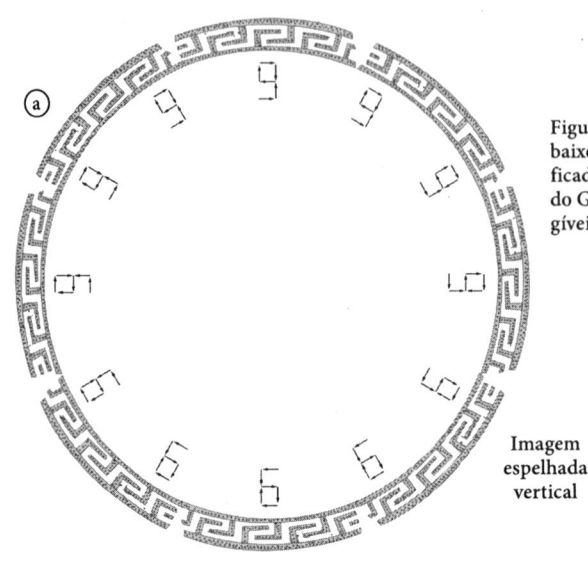

Figura 59. (a) Olhando de cima para baixo, o padrão em labirinto decodificado que circunscreve o pé cônico do Graal produz caracteres ininteligíveis, como na Figura 58aii.

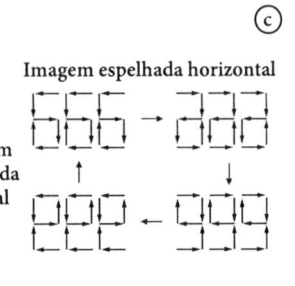

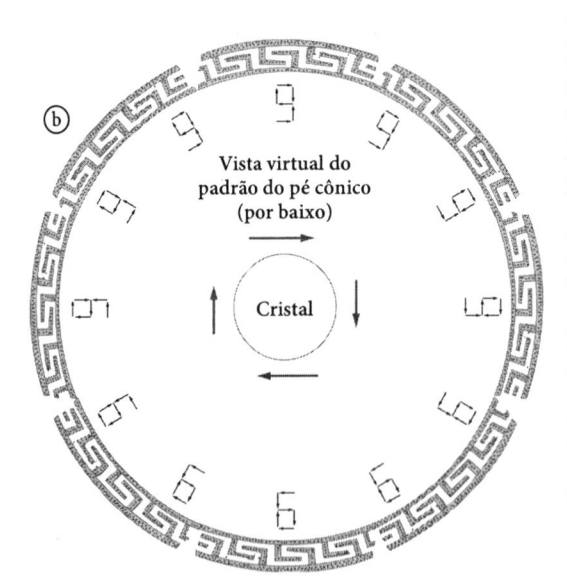

O padrão Viracocha decodificado (Figura 58aii) revelou que o verdadeiro padrão do pé cônico (acima) é a imagem espelhada de 666 ainda que o 999 não possa ser obtido por meio do padrão. A única forma de obter números inteligíveis no padrão do pé cônico é observar o cálice de baixo para cima (b). O padrão virtual agora lê 99999 (...) etc. (se o padrão pudesse ser visto através do metal do pé cônico). A análise revela que a única forma verdadeira de obter o número 999 a partir do 666 é tomando a imagem espelhada horizontal do número 666 (c). Em seguida, tomando a imagem espelhada vertical do resultado. O 999 pode ser transformado em 666 novamente tomando-se a imagem espelhada horizontal e a imagem espelhada vertical do resultado. Isso faz surgir um algoritmo rotativo, mostrado pelas setas em (b). Portanto, quando o pé cônico é visto de baixo para cima, o padrão do Graal é transformado em 999 e o cristal de quartzo central, o Sol, começa a girar em seu eixo, de acordo com as setas. Dessa forma, o pé cônico contém a superciência do Sol rotativo e as ordens elevadas da espiritualidade.

o mesmo conhecimento de quem gravou *ambos* os padrões na túnica de Viracocha 1.100 anos depois. Isso, por sua vez, significa que os celtas de Hallstatt adquiriram seu superconhecimento de um superdeus, que deve ter sido o rei de Hochdorf (cujo número era 999), que morreu por volta de 550 a.C.

Os Segredos dos Painéis em Suástica

Certamente, se o cálice foi gravado 450 anos após sua confecção, ele não poderia carregar a instrução para que o cristal central girasse *virtualmente* para imitar a rotação do Sol (e irradiar luz) no momento de sua confecção?

A Figura 60 mostra que os painéis da parte de baixo do pé possuem diversos padrões: (a) e (c) — dois pares idênticos — possuem um padrão celta de nós e linhas contínuas, enquanto (bi) e (bii) são cobertos por padrões de suástica e suástica invertida. Os padrões dos painéis em malha metálica (d), examinados na Figura 48, eram diferentes, pedindo uma análise mais detalhada e a conseqüente liberação das informações codificadas. Da mesma forma, os painéis bi e bii são diferentes entre si, pedindo uma análise mais detalhada. De forma geral, o símbolo da suástica é constituído de seis linhas e, portanto, o número 6 será utilizado para demonstrar os princípios da imagem espelhada que se seguem (embora qualquer outro número não simétrico pudesse ser utilizado).

As suásticas presentes em (bi) são idênticas às suas vizinhas. Entretanto, no painel (bii), quadrados adjacentes possuem suásticas em imagens espelhadas, vertical e horizontalmente. Uma análise mais detalhada da disposição (bii) revela o mesmo algoritmo de rotação obtido na Figura 59c. Isso significa que o cálice continha as informações codificadas que faziam com que o cristal de quartzo girasse *virtualmente* (e irradiasse luz) antes mesmo de ser gravado com o padrão em labirinto na parte superior do pé. Isso, por sua vez, significa que o rei Arthur (ou Merlim) também decodificou os painéis de suástica e, então, gravou o mesmo algoritmo, de forma diferente — utilizando o padrão em labirinto — para obter o mesmo resultado. Além disso, o padrão de suástica original refere-se, especificamente, à rotação do Sol em seu eixo, enquanto o padrão em labirinto, presente na bainha de Hallstatt e Viracocha é, inicialmente, muito mais obscuro e fácil de ser observado. O padrão (bii) também resulta em uma série de cruzes ((bii) preenchido em cinza).

Os Segredos da Borda Amarela e dos Pregos

A adição de um anel à borda (figuras 61a e 61c) suavizou a borda do vaso. Uma ranhura é feita no anel para conferir um encaixe imperfeito (rude)

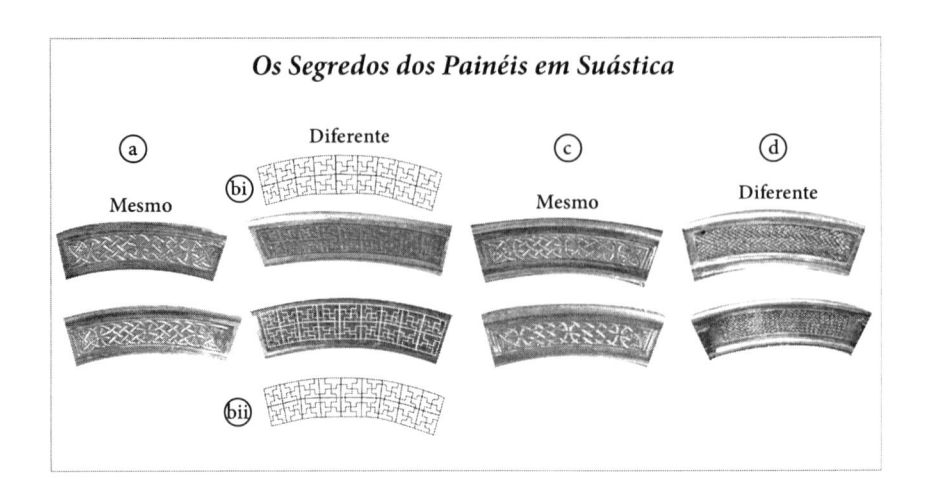

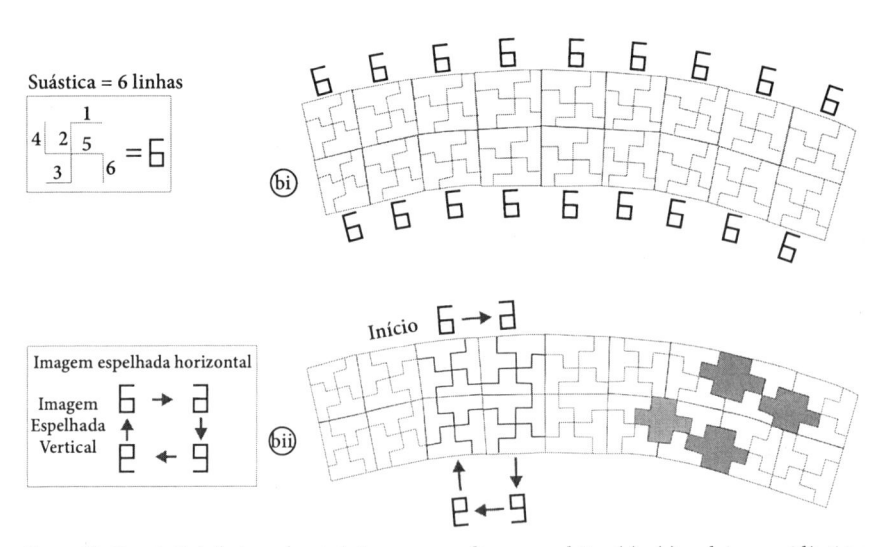

Figura 60. Os painéis inferiores do pé cônico possuem diversos padrões: (a) e (c) — dois pares idênticos — possui um padrão de nós e linhas contínuas celta; (bi) e (bii) são cobertos com padrão de suástica e suástica invertida. Os padrões nos painéis de malha metálica (d) são diferentes, pedindo uma observação mais detalhada e conseqüente liberação da informação codificada (analisada anteriormente na Figura 48). Da mesma forma, os painéis (bi) e (bii) são diferentes, pedindo uma observação mais detalhada. A suástica é composta de seis linhas. (bi) mostra que cada suástica é idêntica à sua vizinha. No entanto, (bii) mostra que os quadrados adjacentes possuem suásticas em imagem espelhada, vertical e horizontalmente. Uma observação mais detalhada de (bii) revela o mesmo algoritmo rotativo obtido na Figura 59c. Isso significa que o cálice continha informações codificadas para permitir que o cristal de quartzo girasse *virtualmente* (e irradiasse luz) mesmo antes de ser gravado com o padrão em labirinto da parte superior do pé cônico que, por sua vez, significa que o rei Arthur (ou Merlim) também decodificou os painéis em suástica e, então, gravou o mesmo algoritmo de forma diferente — utilizando o padrão em labirinto — para obter o mesmo resultado. Além disso, o padrão original da *suástica* refere-se, especificamente, ao Sol, que gira em seu eixo enquanto o padrão em labirinto, da bainha de Hallstatt e de Viracocha, é, inicialmente, muito mais obscuro e fácil de observar. O padrão (bii) resulta em uma série de cruzes ((bii), preenchido em cinza).

com a borda de metal do vão. O anel é fixado em sua posição por três pregos estreitos de latão espaçados igualmente (figura 61b) ao redor da borda e do vaso, que são curvados para dentro do vaso. A distribuição dos pregos (Figura 61b) está de acordo com os ângulos geométricos de um triângulo equilátero (666), o número do corpo. Quando os três pregos são removidos, o anel pode ser retirado da borda (Figura 61c). A relação do comprimento das dimensões do cálice curiosamente 'não muito quadrado' agora muda, reduzindo de 178 por 185 milímetros para 176,7 por 179,7 milímetros [a largura diminui mais de duas vezes a mudança na altura]. Portanto, removendo-se os três pregos, o cálice torna-se mais 'quadrado', permitindo a liberação de mais virtude e conhecimento. O motivo para a remoção dos pregos e da borda dourada foi discutido anteriormente, no Capítulo 2, e é tratado novamente, para uma referência mais fácil:

> Esotéricos, como os xamãs, possuem poderes sobrenaturais, que lhes permitem vagar por dois mundos, o físico e o espiritual, à vontade. Portanto, mediante instruções recebidas da irmandade, a alma pode deixar o corpo livremente para experimentar o que hoje é chamado de "experiência extracorpórea". Acredita-se que seu templo exista na dimensão espiritual acima e além do profano. É como se o corpo intelectual se colocasse no espiritual e, ao fazê-lo, experimentasse a consciência livre de comedimentos físicos ou emocionais. Essa capacidade não é aberta aos iniciantes, mas somente aos adeptos mais elevados, que progrediram por meio de estudo disciplinado das ciências sagradas, anos de devoção e provação.
>
> A separação temporária do corpo e da alma é resultado de uma técnica tripla, obtida apenas por meio de meditação e ritual disciplinado, que ensinam os homens como funcionar quando estão longe do corpo físico. Eles ensinam que a natureza espiritual, a alma, está ligada à forma física em certos pontos, simbolizados pelos [três] pregos da crucificação. Mediante a iniciação, eles aprendem a *retirar os pregos*, permitir que a divina natureza do homem desça da cruz *e, assim, libertem sua própria alma* de seu corpo em outra dimensão. Experiências extracorpóreas são possíveis apenas quando os corpos emocional, intelectual e físico estão em paz e em equilíbrio, que, por sua vez, são alcançados por intermédio da meditação e do ritual.

Durante uma experiência extracorpórea, a alma deixa o corpo por meio de um fio prateado mítico que, com a prática, se estende a partir do umbigo. A alma viajante pode deixar o corpo em segurança, desde que o alto intelecto mantenha o cordão umbilical firme, propiciando um caminho de volta para o corpo. A prática é perigosa, já que a quebra do fio prateado impede seu retorno ao corpo. Caso isso aconteça, o iniciado morre. Eclesiastes, na Bíblia, diz:

Os Segredos do Anel Amarelo

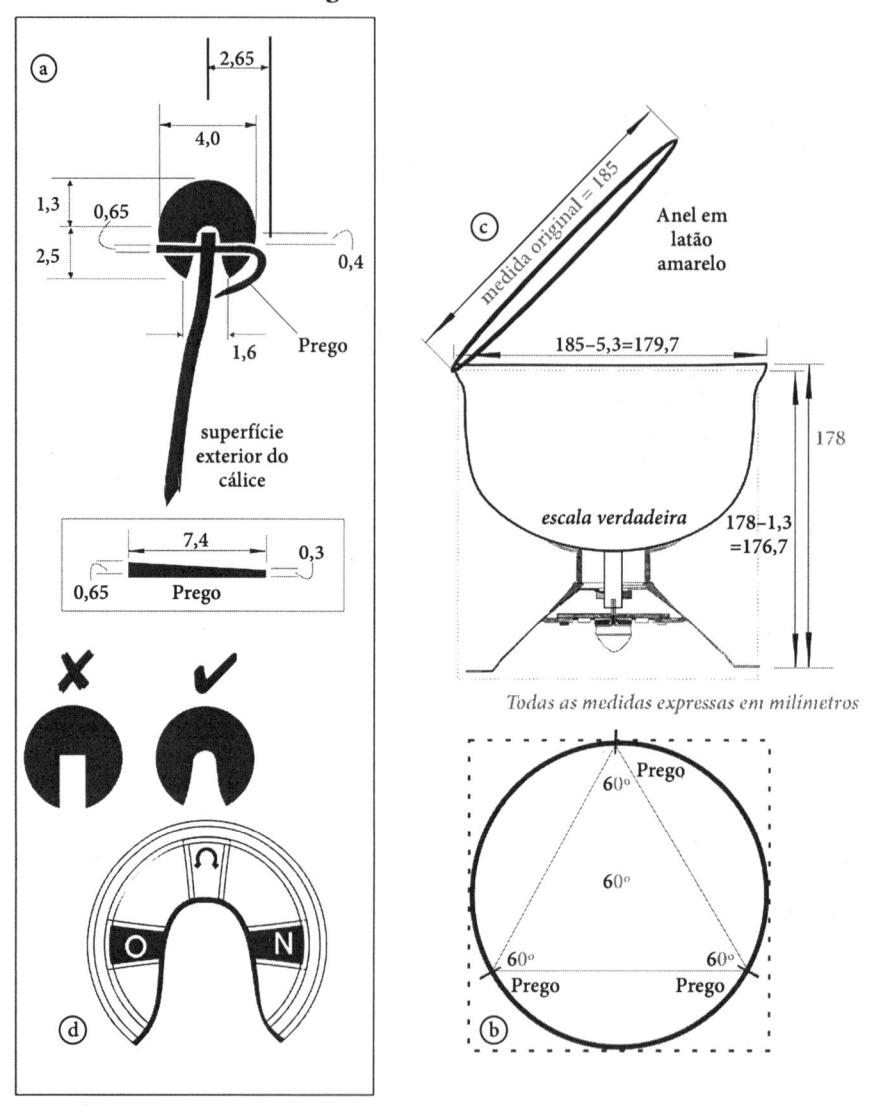

Figura 61. (a) A borda do cálice foi suavizada com a adição de um anel em latão. Uma ranhura foi moldada no latão para conferir um encaixe imperfeito com o cálice. O anel é fixo no lugar por três pregos espaçados igualmente (b) ao redor do anel e do cálice e, em seguida, dobrado em direção ao cálice. A distribuição é feita de acordo com os ângulos geométricos de um triângulo equilátero (666), o número do corpo. Quando os três pregos são removidos, o anel pode ser removido da borda (c). A relação do comprimento das dimensões da peça curiosamente "não tão quadrada" mudam, reduzindo de 178 por 185 milímetros para 176,7 por 179,7 milímetros [a largura diminui mais de duas vezes a mudança na altura]. Então, ao remover os três pregos, o cálice torna-se mais "quadrado". Isso descreve a prática esotérica da remoção dos pregos da crucificação, fazendo com que a natureza divina do homem (a alma, ou halo — o anel em latão) seja libertada do corpo (666) (veja o texto principal). (d) O motivo para o perfil incomum da ranhura no anel e o motivo para os pregos em forma triangular torna-se claro.

O homem se encaminha para a morada eterna e os carpidores percorrem as ruas; antes que se rompa o cordão de prata, que se despedace a *lâmpada de ouro (halo)* (...) antes que a poeira retorne à terra para se tornar o que era; e antes que o sopro de vida retorne a Deus que o deu (*Eclesiastes* 12:5-7) [Itálicos por conta do autor].

Além disso, a versão quadrada do cálice (o quadrado) representa a Terra e o vaso circular, o Sol dentro da Terra, ou o Sol *na* Terra (o Filho de Deus na Terra), comemorando a visita de Jesus.

O motivo para o perfil incomum da ranhura (rude) do anel de latão torna-se claro (Figura 61d): o anel dourado representa um anel de luz, um halo, e o corte de perfil incomum deliberadamente possui a forma de uma cabeça humana — os dois juntos referem-se a um halo ao redor do perfil de uma cabeça humana. Cada um dos três pregos estreitos, neste esquema, está na direção da cabeça de Cristo (através de Cristo), confirmando que os três pregos da borda (espaçados a intervalos de 60°) representam os pregos que perfuraram Cristo na cruz, na Terra (666). Ao mesmo tempo, os pregos perfurando a cabeça chamam a atenção para os ferimentos na cabeça, causados pela coroa de espinhos que Cristo usou na crucificação.

Os Segredos dos Painéis dos Brasões

Cada alça (painel 23) é feita em prata, altamente decorada com painéis esmaltados fixados no vaso por duas tachas no topo e duas na parte de baixo, ocultas por quatro pequenos botões semi-esféricos em vidro azul. Os painéis dos brasões são fixados no vaso sob cada uma das alças. Cada painel possui quatro painéis bordados e três grandes botões subcônicos esmaltados (Figura 62). A forma complexa desses botões levanta suspeitas, pois os botões do cinturão do vaso (Figura 51) são acabados com uma forma de arco seccionado convexo. Se um botão do cinturão do vaso fosse atirado contra um corpo, causaria ferimentos. Se um botão subcônico em forma de bala fosse atirado contra um corpo, ele penetraria. O botão subcônico torna-se imediatamente *agressivo*. Em conjunto, a disposição dos três brasões toma a forma de um triângulo equilátero de cabeça para baixo (999), que deve representar a alma, ou, Divinamente, a energia.

Notamos, agora, que o *pé* do cálice também possui forma subcônica. Os três botões devem, portanto, representar os pregos agressivos que perfuraram Cristo na crucificação, um em cada mão, e um no *pé* (pés). Os dois de cima estão posicionados sob cada uma das alças, pois é onde os botões (os pregos) devem ficar, nas mãos. As alças são desenhadas para comportar o dedo polegar de cada mão. Erguer o cálice, desta forma, faz com que as palmas encubram os botões subcônicos, fazendo com que eles (os pregos) penetrem nas palmas das mãos. Levando o cálice à boca desta maneira, o

Os Segredos dos Botões Subcônicos

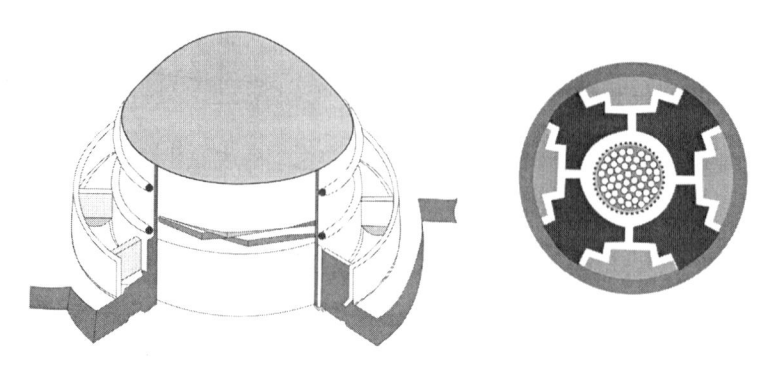

Figura 62. Os botões dos brasões possuem forma subcônica, como o pé cônico. Quando os polegares são colocados nas alças do cálice e as palmas abraçam o cálice, os botões em forma de bala entram nas palmas, simulando os pregos da crucificação. A disposição triangular dos três botões refere-se à disposição dos pregos utilizados na crucificação — um em cada mão e um no pé (-cônico). O padrão dos botões toma a forma de uma cruz com pontos no centro (uma cruz com buracos).

O Tesouro de Derrynaflan

Figura 63. O tesouro de Derrynaflan incluindo um cálice, um coador de vinho, pátena (com anel interno) e cuia.

recipiente participa de uma crucificação *virtual* e bebe o sangue de Cristo. Ao beber do cálice, os apóstolos participaram de uma crucificação virtual e beberam o sangue de Cristo na Última Ceia.

Uma inspeção detalhada do vaso de Viracocha de Tiahuanaco mostra que a forma das alças é idêntica às alças do Cálice de Ardagh, similarmente permitindo sua elevação com os polegares dentro das alças, sugerindo que o vaso de Viracocha era o que o Santo Graal é hoje — uma versão posterior em cerâmica do Santo Graal, deixada por Viracocha por volta de 500 d.C. Isso também significa que, quem projetou o Cálice de Ardagh (o Santo Graal), deve ter feito o vaso de Viracocha, comprovando o fato de que Viracocha e Jesus foram a mesma energia espiritual.

Os botões subcônicos do cálice continham, originalmente, anéis de âmbar nos canais ao redor do encaixe, associando os botões à energia eletromagnética, à alma e ao Sol.

O Tesouro de Derrynaflan

O tesouro de Derrynaflan, composto de um grande cálice de prata (Figura 63), uma pátena de prata, uma argola (que deve ter sido um suporte da pátena), uma concha e uma bacia ambas em liga de cobre, foi encontrado em um poço coberto por um homem que utilizava um detector de metais na localidade monástica de Derrynaflan, County Tipperary, em 1980.

O cálice é um vasilhame ministerial de duas alças, que alguns compararam ao Cálice de Ardagh, embora seu estilo seja mais bizantino. Ele possui decoração em filigrana ao redor do vaso, porém o cinturão decorativo difere substancialmente do Cálice de Ardagh.

A pátena, descrita como um prato de comunhão, é um prato côncavo em prata bem polido, com diâmetro de 370 milímetros. A parte de cima e as laterais são bastante decoradas com 24 molduras para botões em bronze, com botões esmaltados e painéis de filigranas. As laterais são cobertas com tramas de fios de prata e cobre, que contêm painéis de filigranas intercalados com molduras para botões e botões quadrados. A pátena foi feita para ser apoiada em um anel, com altura de 30 milímetros, permitindo que fosse erguida sem ser tocada nas laterais.

A concha de vinho foi feita colocando-se uma placa de metal em uma concha com um grande cabo. A concha possui um cristal semi-esférico na ponta do cabo.

Dando uma olhada, a qualidade e a arte parecem comparáveis àquelas do Cálice de Ardagh e é tentador sugerir que são originários da mesma oficina. Porém, as peças de Derrynaflan não contêm o conhecimento esotérico encontrado no Cálice de Ardagh. O cinturão do vaso é muito mais simples que o do Cálice de Ardagh e, embora possua 12 botões decorativos, são peças simples e quadradas feitas em âmbar, colocadas sobre encaixes quadrados, e não são feitos em vidro esmaltado. Os painéis do cinturão são fabricados de forma diferente — são muito mais simples: fabricados com a utilização de uma placa lisa simples, decorada com fios, e não em uma placa com aberturas suportada por outra. As alças são de construção mais leve e são menores — menos passíveis de acomodar um dedo polegar. Também possui brasões sob as alças, porém, novamente, a estrutura é mais leve e os três botões de âmbar são simples e semi-esféricos, ao invés de complexos e subcônicos, significando que, embora pudesse ser usada como recipiente para bebida, nunca seria usada para imitar uma crucificação *virtual*.

O pé cônico não possui forma subcônica. A borda do pé possui um filigrana contínuo, pontuado por quatro botões quadrados e quatro botões semi-esféricos em âmbar. Claramente, foi feito por alguém que desejava copiar um trabalho de qualidade sem a injeção intelectual necessária para codificar o conhecimento esotérico no desenho — o ciclo da mancha do Sol nunca poderia ser calculado utilizando-se apenas dois quadrados (4,4) e um octógono (8).

A borda, ou beira, do vaso lhe foi incorporada: não possui um anel, ou halo. De fato, tudo sobre esse cálice é de *natureza* diferente daquela do Cálice de Ardagh. Porém, talvez, ele tenha sido feito pelas mesmas mãos, desta forma, criando uma distinção entre o real e as imitações que, embora valiosas, belas e úteis, pertencem a uma outra categoria.

É tentador imaginar que o Cálice de Derrynaflan, com 19,2 centímetros de altura, tenha sido utilizado na Última Ceia, para passar o vinho para o Cálice de Ardagh. A capacidade volumétrica de ambos os cálices é praticamente a mesma. A concha poderia ter feito a diferença, filtrando o vinho mantido no "impuro" Cálice de Derrynaflan para o Cálice de Ardagh. Caso isso tenha ocorrido, ela acompanhou o Santo Graal em sua jornada. Porém, se foi utilizado apenas para filtrar o vinho, o Cálice de Derrynaflan nunca teria sido tocado por Cristo (somente pela concha), nem Cristo teria bebido dele, significando que ele nunca conteve o sangue eucarístico de Cristo. Há outras grandes diferenças que separam as duas peças: o Cálice de Derrynaflan não possui os nomes dos apóstolos; ele não foi gravado, sugerindo uma linhagem que remonta a antes de 453 d.C. e não contém a superciência do Sol ou as ordens elevadas da espiritualidade.

Os Monges Falsificadores

Para que o Cálice de Ardagh seja o Santo Graal, ele deve ser, claramente, muito mais antigo do que os especialistas atuais acreditam ser — 26 d.C. em vez de 700 d.C. — e nisto está o centro da questão.

Atualmente, a datação de antiguidades orgânicas pode ser estabelecida utilizando-se o método de datação Carbono 14. Porém, o método se restringe a materiais orgânicos. O Cálice de Ardagh e o broche Tara não contêm nenhum material orgânico além do âmbar que, se sabe, pode ter milhões de anos e, portanto, é irrelevante para a datação da fabricação das peças. Em casos como este, os arqueólogos buscam compostos orgânicos encontrados próximos ao artefato, a partir do qual, uma "data por associação" pode ser obtida, por exemplo, carvão de uma antiga lareira. A datação do carvão, então, determina uma idade mínima para a datação do artefato não-orgânico. Porém, não há materiais orgânicos associados que ajudem a datar as peças por associação [não obstante, o fato de que o Cálice de Ardagh foi encontrado junto com quatro broches que, como discutido anteriormente, não possuem semelhança esotérica com o broche Tara; são apenas cópias baratas do século VII ou VIII do broche Tara, reverenciado pelos clérigos]. Dito isso, é perfeitamente compreensível que os arqueólogos escolhessem datar o cálice por associação com as falsificações com as quais foi encontrado e, da mesma forma, compreensível que a data pudesse ser, até então, removida da verdade.

Para provar seu argumento, os especialistas retrocedem nas similaridades no estilo do Cálice de Ardagh, do broche Tara e dos manuscritos iluminados, mantendo que as similaridades demandam que todos eles sejam do mesmo período; insistindo, por exemplo (como já ouvimos), que o texto em maiúsculas insulares no cálice é *idêntico* àquele utilizado nos Evangelhos de Lindisfarne de 698 d.C. e, portanto, a data é comum a todos eles. E quem discutiria que dezenas de similaridades podem ser encontradas entre o cálice, o broche Tara e os manuscritos iluminados?

Porém, a associação é uma faca de dois gumes, que carrega a questão sobre o que veio primeiro a galinha ou o ovo; o cálice ou os manuscritos? Os manuscritos iluminados inspiraram a fabricação do cálice e do broche Tara? Ou o cálice e o broche Tara inspiraram a produção dos manuscritos?

A gravação em maiúsculas insulares no cálice não é *idêntica* a dos Evangelhos de Lindisfarne, como os especialistas afirmam. Ela é rude e crua, como que para sugerir que tenha sido feita com um prego.

De forma geral (no sentido da engenharia), qualquer protótipo (ou manuscrito) é cru e não-sofisticado. Os modelos subseqüentes tornaram-se mais refinados com o passar do tempo até que um objeto próximo da perfeição surgisse para o mercado. O texto em maiúsculas insulares nos Evangelhos de Lindisfarne é limpo, refinado e próximo da perfeição, sugerindo que o cálice veio primeiro e, quem quer que tenha compilado os manuscritos, tinha tido muita prática em escrita antes de completá-los.

As provas não acabam aí. Os manuscritos iluminados contêm outras similaridades evidentes que são *muito óbvias* se a linha oficial for seguida: considerem-se as formas geométricas das ilustrações nas Figuras 46, 47, 48, 50, 60, 61 e 62. Alguns desses desenhos em linhas geométricas são reproduzidos na Figura 64 ao lado dos padrões dos livros de Kells e Lindisfarne. A comparação é reveladora e levanta a questão: "por que alguém criaria um manuscrito contendo formas geométricas tão estranhas; formas que são

O Cálice e os Manuscritos

Exemplos de um marcador de três pontos [botões subcônicos dos brasões] encontrados no *Livro de Kells*

Pregos subcônicos do brasão

Anjo

Anjo

São João, *Livro de Lindisfarne*

Figura 64. Comparação das formas encontradas no Santo Graal (dos desenhos em linha ilustrados neste capítulo) a formas similares encontradas nos manuscritos iluminados (de acordo com George Bain, *Celtic Art*). O surgimento do cálice inspirou os monges de Lindisfarne e Iona a copiarem as formas e os estilos que aparecem nele.

encontradas em abundância no Cálice de Ardagh?" Não haveria motivo para pegar as formas geométricas do nada, preenchê-las com desenhos celtas e incluí-las nos manuscritos mais valiosos que já foram escritos. O fato de que utilizaram as formas é prova de que havia um *motivo* para utilizá-las, pois eram *reverenciadas*. O motivo pelo qual eram reverenciadas era porque as formas haviam sido encontradas na mais importante relíquia da Igreja Cristã: o Santo Graal. Não foi de outra forma. É possível imaginar um monge avançado em seu escritório pedindo aos artesãos que "*fabricassem um cálice contendo todas as formas peculiares encontradas nos manuscritos — que haviam sido escolhidas ao léu?*". Isso desafia qualquer crença.

Ainda há mais provas anacrônicas: pavões aparecem em abundância nos manuscritos iluminados, ostensivamente devido à crença de que eles simbolizavam a pureza de Cristo. A associação, aparentemente, surgiu da crença de que a carne de pavão não apodrece com o passar do tempo.[42] Santo Agostinho colocou a crença em dúvida incluindo pavão assado no menu de um jantar em Cártago. Após a refeição, ele pediu que a carne fosse reservada. Após 30 dias, não havia cheiro ruim e, mesmo após um ano, a carne havia apenas ressecado.

Se os monges copiaram o desenho do cálice (e do broche Tara) nos manuscritos, parece provável que tenham copiado as cabeças de pássaro no broche Tara (painel 21i e j) em seus manuscritos, acreditando, erroneamente, que eram pavões (Figura 64, retângulo na parte de baixo), não cientes do significado astronômico do pelicano e sua associação com a constelação de Órion e a ressurreição, o tema central do ensinamento cristão. Esse erro, se é que se trata de um erro, dá base à visão de que os pássaros foram copiados nos manuscritos, pois eles (parece) aparecem no broche Tara. Porém, não há necessidade de um pavão aparecer como metáfora para a pureza de Cristo no broche Tara, pois esse papel já é feito pela presença do cervo e dos 144 mil (representando o número dos puros destinados ao paraíso). Um pavão no broche Tara seria supérfluo às necessidades, enquanto os pelicanos têm uma importante função astronômica no broche. Novamente, isso sugere que os pavões ostensivos foram retirados do broche Tara e não os pelicanos do broche copiados dos manuscritos.

Com relação à duplicação desnecessária, o fabricante do cálice não teria motivo para codificar informações para fazer com que o cristal de quartzo girasse (painéis em suástica) e, novamente, codificar as mesmas informações, de forma diferente, na gravação em forma de labirinto na parte superior do pé, sustentando a afirmação de que, quem quer que tenha gravado, não foi a mesma pessoa que fabricou.

Não há razões científicas para que o Cálice de Ardagh não seja o Santo Graal utilizado por Cristo na Última Ceia:

---

42. Isidori Hispalensis. *Episcopi Etymologiarum sive Originum*, Ed. W. M. Lindsay, 2 vols., Oxford, 1911, Vol. 2 livro XII vii. 48.

- A superciência do Sol e as ordens elevadas da espiritualidade passaram de geração em geração entre os celtas desde o rei de Hochdorf, em 550 a.C.
- O estilo *champlevé* dos botões esmaltados em suportes de bronze surgiu por volta de 400 a.C. no jarro de Basse Yutz.
- O surgimento de Cernunnos, o cervo, como Cristo, ocorreu no caldeirão de Gundestrup, em aproximadamente 100 a.C. e no broche Tara.
- O estilo do broche e do cálice possui similaridades com o terceiro período La Tène, que se estendeu de 150 a 50 a.C.
- Não há motivos para o Cálice de Ardagh e o broche Tara não terem sido criados e fabricados sob instruções do milagreiro Jesus, assim como não há motivo para os tesouros de Tutankhamon não terem sido criados e fabricados sob instruções do rei-menino, o "filho de Deus", e nenhum motivo para que os transformadores maias não tenham sido criados e fabricados por Lorde Pacal — o primeiro cristão-judeu, que reencarnou em Tiahuanaco e gravou o padrão em labirinto do Santo Graal no vaso de Viracocha.[43]
- Não há motivo para que os tesouros não tenham sido levados à Inglaterra por José de Arimatéia.
- Não há motivo para que os tesouros não tenham sido encontrados pelo rei Arthur, de acordo com suas lendas.
- Não há motivo para que o rei Arthur não tenha decodificado o conhecimento esotérico contido no broche Tara, persuadindo-o a crer que havia encontrado o Santo Graal.
- Não há motivo para que o rei Arthur, sob a orientação de Merlim, não tenha gravado o Graal para autenticar sua origem.
- Não há motivo para que o Graal e o broche não tenham sido passados aos monges para ficarem em segurança.
- Não há motivo para que os monges não tenham levado seus tesouros para os monastérios insulares — inspirando-os a produzirem os manuscritos iluminados no estilo do Santo Graal e do broche Tara.

---

43. Esses superdeuses sabiam sobre sua morte iminente, como afirma uma passagem do Popol Vuh: "Eles eram favorecidos com a inteligência; eles viram e instantaneamente puderam ver adiante. Eles tiveram sucesso ao ver e ao conhecer tudo o que há no mundo. Quando olharam, instantaneamente, viram tudo ao redor, e contemplaram o arco dos céus e a face redonda da Terra. As coisas escondidas (a distância), todos as viram sem terem de mover-se; viram o mundo ao mesmo tempo (...) Grande era sua sabedoria". (*The Popol Vuh*, Delia Goetz e Sylvanus G. Morley, University of Oklahoma Press, 1947)

Se aceitarmos as provas de nossas investigações, nos livraremos de quatro ansiedades intelectuais. Compreendemos por que nascemos, por que morremos, por que isso deve acontecer. Compreendemos quem foi Jesus, por que ele veio à Terra e o verdadeiro significado daquilo que ele deixou para trás. Compreendemos o que é o paraíso, o que é o inferno. Compreendemos como chegar ao paraíso e como evitar retornar ao inferno.

Conclusão

O Cálice de Ardagh deve ser o Santo Graal a que se referiam as lendas arthurianas. Foi criado por Jesus para conter e transportar a superciência do Sol e as ordens elevadas da espiritualidade:

- As 354 peças correspondem à duração do ano druida, utilizado pela última vez, acredita-se, em 70 d.C., sugerindo que o cálice foi fabricado antes disso.
- A ausência de um dos 12 botões que decoravam a borda do cálice profetizou a futura traição de Jesus por parte de Judas Iscariotes e, ao mesmo tempo, anunciou aos iniciados a codificação das informações esotéricas: as 354 peças do cálice [mais os 11 ou 12 botões da borda] referem-se aos 365 dias do ano solar e aos 366 dias do ano solar bissexto.
- A presença de duas cruzes solares no cálice o associam ao Sol, à luz, a Deus e ao halo de Jesus.
- A ausência do primeiro e do último painel no cinturão do cálice revela que Jesus foi o primeiro e o último, o alfa e o ômega, e Vênus, a estrela brilhante da manhã.
- A ausência do nome de Matheus nos nomes gravados dos apóstolos ao redor do cálice sugere que, quem quer que tenha gravado o cálice, não sabia que Judas Iscariotes havia sido substituído por Matheus, sugerindo que os clérigos do século VII não gravaram o cálice.
- A inclusão do nome de Paulo sugere que quem gravou o cálice acreditava que Paulo, e não Matheus, tomou o lugar de Judas Iscariotes.
- Os erros gramaticais nos nomes sugerem que quem quer que tenha gravado o cálice não era um clérigo culto, excluindo, assim, os monges cultos do século VII.
- Os nomes dos apóstolos, no cálice, aparecem em latim, enquanto os nomes dos apóstolos nos Evangelhos de Lindisfarne aparecem em grego latinizado, sugerindo que a gravação do cálice e a confecção dos manuscritos iluminados foram feitas por pessoas diferentes.

- A borda do cálice é suavizada por um anel dourado. Um corte seccional do anel revela a forma de uma cabeça humana. O anel ao redor forma um halo dourado ao redor da cabeça. O halo [o anel dourado] só pode ser removido quando se retiram os três pregos que o prendem ao cálice; revelando a prática esotérica de libertar a natureza divina do homem de seu corpo.
- Os botões dos brasões são subcônicos, permitindo que a pessoa que segura o cálice participe de uma crucificação *virtual*.
- Os painéis decorativos em trama metálica na parte de baixo do pé explicam que o corpo e a alma são tecidos juntos durante essa vida na Terra e ambos são levados juntos a Deus.
- Os painéis decorativos com suásticas conferem movimento virtual ao cristal de quartzo do pé, fazendo com que ele gire virtualmente e irradie luz, como dizem as lendas.
- A disposição das pedras no pé pode ser utilizada para calcular os ciclos magnéticos solares.

O estilo La Tène e bizantino do cálice indicam que ele foi fabricado no Mediterrâneo oriental durante a época de Cristo, e levado à Bretanha por José de Arimatéia após a crucificação. O cálice fazia parte de um tesouro que continha o broche Tara que [depois] passou para as mãos de *sir* Galahad, um dos Cavaleiros da Távola Redonda do rei Arthur.

Em 453 d.C., Arthur decifrou o código esotérico do broche Tara e, ao fazê-lo, decifrou a origem do cálice. Para comemorar a descoberta, os artesãos de Arthur gravaram o cálice com os nomes dos apóstolos [incluindo São Paulo] junto com as informações esotéricas que embasavam a procedência do cálice sagrado: duas cabeças de dragão complementares, que representam a cruz Tau, e um padrão em labirinto entrelaçado que circunscreve o pé e contém o número esotérico 99999 (...) o número de Deus reencarnado na Terra — mas somente para quem observa o Sol e o vê girando em seu eixo [somente para aqueles que compreendem a superciência do Sol].

- Somente o rei Arthur poderia ter reconhecido a origem do cálice após decifrar o código do broche Tara retirando a espada da pedra e tornando-se um dos 144.000 e o rei que foi e o rei que será.
- Os painéis decorativos em malha metálica na parte inferior do pé explicam que o corpo e a alma são tecidos juntos durante a vida na Terra e ambos são criados por Deus.
- O grande cristal de quartzo no centro simula a rotação do Sol, significando que o cálice deve (intelectualmente) irradiar luz, confirmando a eficácia sobre as lendas arthurianas que mostram o rei Arthur adorando o Graal que irradia luz. Arthur deve ter decifrado os códigos esotéricos dos painéis em suástica e, para comemorar a descoberta

[do cálice sagrado que irradia luz], ele deve ter gravado as mesmas informações no cálice de forma diferente, utilizando o padrão em labirinto da parte superior do pé.
- Somente Arthur, sob orientação de Merlim, poderia ter gravado o cálice com o padrão em labirinto de Viracocha e do rei de Hochdorf, circunscrevendo o pé.
- O cálice é gravado com dois dragões unidos, a marca da crucificação de Cristo e a insígnia de Merlim, mentor do rei Arthur.
- Nas lendas arthurianas, o rei Arthur também é mostrado adorando o Graal, que é ladeado por dois dragões; e dois dragões estão gravados no cálice.
- Somente Arthur, sob orientação de Merlim, teria desejado gravar o cálice com dois dragões.

Similaridades em estilo entre os manuscritos iluminados e o cálice surgem do fato de que o cálice e o broche Tara foram passados para os monges por motivos de segurança após a morte de Arthur, por volta de 453 d.C. Em 698 d.C., os monges levaram seus tesouros preciosos para os recém-estabelecidos monastérios de Lindisfarne e Iona, onde, intimidados por suas posses, copiaram o estilo reverenciado do cálice e do broche nos manuscritos iluminados. O surgimento do Graal e do broche por volta de 453 d.C. inspirou a produção de réplicas inferiores. A aquisição das relíquias, por parte dos monges, por volta de 698 d.C., levou a uma segunda onda de réplicas sofisticadas de boa qualidade, como o tesouro de Derrynaflan, que invadiu o mercado na época.

Por volta de 802 d.C., ao fugir dos vikings, os monges levaram o Graal, o broche e seus manuscritos iluminados pelo mar da Irlanda até o monastério de Kells. Mais tarde, novamente fugindo dos ataques vikings, o broche e o Graal foram separados. Eles foram protegidos de incursões hostis pelos monges e acabaram se perdendo, antes de sua descoberta, em 1850 e 1868.

Atualmente, o Santo Graal é mantido no Museu Nacional da Irlanda, em Dublin, Irlanda, junto com o broche Tara e a placa de crucificação Rinnagan.

CAPÍTULO SEIS

O Segredo do Graal

A Primeira Imagem de Deus

A característica mais marcante do Graal, revelada por nossa análise, deve ser sua associação à luz (energia eletromagnética) que, por sua vez, se associa diretamente a Deus como nenhum outro artefato conhecido faz. Aquele que contempla a luz no Graal é aquele que compreende os segredos da gravação em labirinto ao redor do pé e as suásticas invertidas nos painéis de malha metálica; conhecimento que permite a construção de um modelo intelectual mecanicista que coloca o cristal de quartzo em movimento. Conforme o cristal gira virtualmente, o 666 do corpo é convertido no 999 da alma.

O Graal — com seu padrão em labirinto e as suásticas invertidas — em comum com a bainha de Hallstatt — com seu padrão em labirinto e as suásticas invertidas — o padrão em labirinto da túnica de Viracocha — e as espirais na placa de crucificação Rinnagan, todos quebram o processo de conversão espiritual em passos definitivos, começando com 666 e terminando em 999; explicando que o objetivo da vida física é purificar a alma.

A mesma mensagem foi deixada por Lorde Pacal: o painel 4 mostra Lorde Pacal em sua emanação como "a besta", o cervo, quando as transparências do Mural de Bonampak são justapostas em 66,6°. A Figura A27 mostra Lorde Pacal como a serpente emplumada, novamente como a besta na Terra, mas somente quando as transparências são colocadas em 66,6°.

A máscara em mosaico tem mais a revelar: quando as transparências são colocadas em 99,9° (painel 24), surge uma série complexa de figuras (até agora não publicadas), mostrando a cabeça e o rosto de um homem — o pequeno homem com o chapéu do Peru, encontrado anteriormente.

A Figura 65 analisa o significado geométrico de uma série de formas localizadas em cada lado do chapéu. A relação angular entre as formas é exibida nos esquemas (a) — (c), o arco representa o disco do Sol. Uma linha oblíqua próxima ao Sol é colocada a 23,5° na horizontal (o horizonte), significando que a linha deve representar a Terra, que está inclinada em 23,5° em seu eixo (Figura 65b). Quando as linhas da Terra são niveladas, cada uma cruza um pequeno círculo correspondente posicionado em cada lado dos discos do Sol. A Figura 65 demonstra que os dois pequenos círculos devem representar o planeta Vênus, pois a linha da aba do chapéu cruza os círculos a 177°, o ângulo em que Vênus está inclinado em seu eixo. O homem de chapéu está, portanto, posicionado entre a estrela nascente da manhã e a estrela poente da noite, significando que ele deva ser o Sol, Deus.

O pequeno homem de chapéu exibido no painel 24a (caixa) foi encontrado no túmulo de Viracocha Pachacamac, em Sipan, Peru. A Figura 66 mostra um caranguejo cobrindo o rosto de um pequeno homem no desenho composto. As marcas no caranguejo combinam com as marcas no antropomórfico caranguejo-homem dourado de 60 centímetros encontrado no túmulo de Viracocha (painel 5d), que também está representado na Figura 66e. O rosto do deus morcego cobre o rosto do caranguejo.

A antiga crença de que a alma deixa o corpo mediante um buraco no topo da cabeça foi ilustrada anteriormente pela vestimenta funerária em jade chinesa do príncipe Liu Sheng (painel 21g), e o Painel 24 mostra a alma de um homem pequeno saindo por um buraco em sua cabeça. De fato, a imagem torna-se mais complexa — uma águia toma a alma em seu bico enquanto plana no ar.

A alma circular curva-se com um halo para outro personagem imediatamente abaixo do bico [a face em forma triangular foi colorida em vermelho para ajudar na identificação]. Aqui, há uma figura parecida com Cristo, embora prostrado na cruz, com os tornozelos unidos [indicado pelo pequeno círculo vermelho acima de seus pés] carregando os compassos do maçom. Os compassos possuem as mesmas linhas anteriormente descritas como linhas da Terra, na análise da Figura 65. Eles estavam a 23,5° com relação à horizontal e 66,5° (90° - 23,5°) com relação à vertical. A figura que se parece com Cristo, portanto, representa cada perna do compasso, a 66° com relação a si mesma. Anteriormente, a Figura 42 mostrou Cristo carregando os compassos do maçom a 66°, assim como os compassos formados pelos eixos da roda, sendo colocados da mesma maneira.

A Figura A26 mostra uma "câmara-aranha" encontrada no túmulo de Viracocha. A aranha tece um fio prateado que, como na análise da figura 42, associa Viracocha ao mítico fio prateado, o fio que une a alma ao corpo durante as viagens extracorpóreas. Isso explica por que os tipos espirituais (padres, clérigos, judeus ortodoxos, etc) usam um chapéu quando oram: para prevenir que a alma saia pelo buraco (portal espiritual), que dizem estar localizado no topo da cabeça —, já que eles ficam muito próximos de Deus durante a oração — antes de seu tempo acabar. O pequeno homem usa o chapéu para demonstrar os mesmos princípios.

A Máscara em Mosaico de Palenque
A Primeira Imagem de Cristo (II)

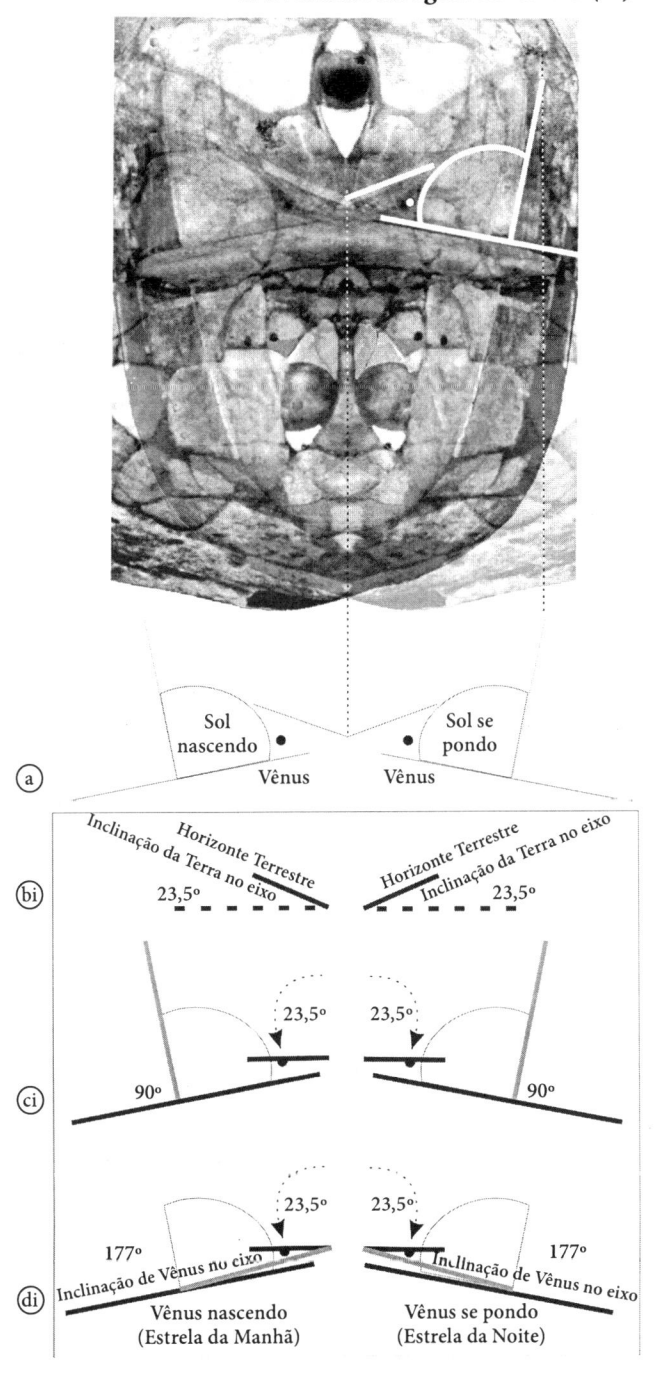

Figura 65. Cena composta a partir da máscara em mosaico de Palenque (veja também o painel 24). O homem pequeno possui uma distribuição geométrica de linhas em cada lado de seu chapéu (destacado em branco na figura). O desenho em linha é reproduzido no esquema abaixo: (a) distribuição das linhas como mostradas na composição. O arco representa o disco do Sol. Vênus é mostrado em cada lado do Sol em suas várias manifestações como a estrela da manhã e a estrela da noite. (bi) A linha acima de Vênus está inclinada em 23,5° com relação à horizontal, indicando que a linha representa a Terra. (ci) Ajustando a linha da Terra em 23,5°, Vênus sobe e desce, acima e abaixo do horizonte terrestre. A linha mostrada a 90° é uma linha de referência: quando a linha é movida em 90° no sentido anti-horário, ela se alinha com a 'linha de Vênus'. (di) Quando a linha de Vênus é rotacionada no sentido horário em 177° [o ângulo em que Vênus está inclinado em seu eixo], ela toca a linha do horizonte terrestre. Essa explicação elaborada confirma que os pequenos círculos em cada lado dos discos do Sol representam Vênus, significando que o homem entre os discos deve ser o Sol, Deus. Esta, portanto, deve ser a primeira imagem de Deus.

A Máscara em Mosaico de Palenque
O Homem que era Vênus

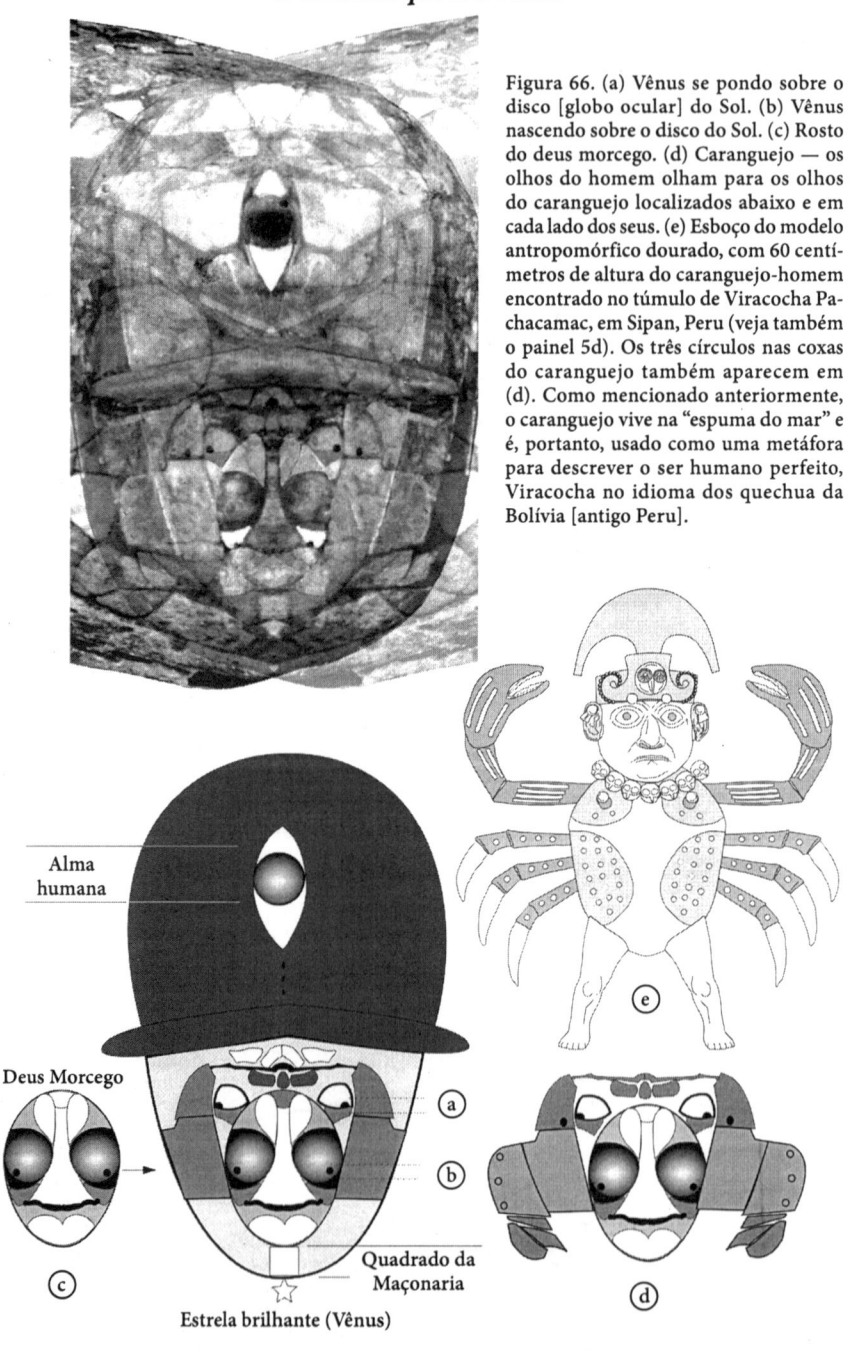

Figura 66. (a) Vênus se pondo sobre o disco [globo ocular] do Sol. (b) Vênus nascendo sobre o disco do Sol. (c) Rosto do deus morcego. (d) Caranguejo — os olhos do homem olham para os olhos do caranguejo localizados abaixo e em cada lado dos seus. (e) Esboço do modelo antropomórfico dourado, com 60 centímetros de altura do caranguejo-homem encontrado no túmulo de Viracocha Pachacamac, em Sipan, Peru (veja também o painel 5d). Os três círculos nas coxas do caranguejo também aparecem em (d). Como mencionado anteriormente, o caranguejo vive na "espuma do mar" e é, portanto, usado como uma metáfora para descrever o ser humano perfeito, Viracocha no idioma dos quechua da Bolívia [antigo Peru].

A águia com as asas abertas no painel 24 não apenas leva embora a alma do pequeno homem, mas também leva embora a figura que lembra Cristo e seus compassos (em suas garras). Ao mesmo tempo, o pequeno homem adquire asas, seu espírito plana e ele voa para longe da águia. O quadrado do maçom aparece em seu queixo, junto com uma estrela de cinco pontas. Tudo isso nos diz que Lorde Pacal, Viracocha e Jesus são, cada um, o virtuoso que se tornou Deus, uma estrela brilhante nos Céus.

Além disso, essa série extraordinária de figuras reconhece, explicitamente, que "Deus criou o homem à sua imagem" (Gênesis 1:27). O painel 24, portanto, mostra a primeira imagem de Deus e explica que o homem pode tornar-se Deus, mas somente ao transformar o 66,6° em 99,9° — as mesmas mensagens do Graal. Parece, também, que o pequeno homem representa uma imagem de Deus na Terra, um superdeus. Esse caso é confirmado com análise mais detalhada nas figuras 65 e 66.

A Quem o Graal Serve?

A resposta para a pergunta feita a Percival, "A quem o Graal serve?" deve estar clara, agora. O Graal foi o cálice deixado para trás por Jesus após sua vida na Terra. É uma representação tangível de tudo o que ele ensinou sobre a superciência do Sol e as ordens elevadas da espiritualidade.

A Teoria de Reconciliação Divina (Figura A19) reconhece, explicitamente, que Deus deseja crescer, pois Deus é "mais amor" e, portanto, "mais bem". Porém, ao "criar o homem à sua semelhança", aprendemos que Deus não pode crescer a não ser por meio da utilização de organismos vivos como condutores para acomodar o crescimento espiritual. O Graal, isto é, o conhecimento esotérico contido no Graal, portanto, serve a Deus.

Jesus sacrificou sua vida para passar uma mensagem importante aos vivos da época e àqueles que viveriam mais tarde. Como Lorde Pacal, ele assegurou que seu cálice sagrado fosse passado de geração em geração, tocando a todos os que compreendiam o conhecimento esotérico.

Já ouvimos como, durante a Última Ceia, Jesus apresentou o cálice aos seus discípulos:

> (...) Durante a refeição, Jesus tomou o pão, benzeu-o, partiu-o e o deu aos discípulos, dizendo: Tomai e comei, isto é meu corpo. Tomou depois o cálice, rendeu graças e deu-lho, dizendo: Bebei dele todos porque isso é meu sangue, o sangue da Nova Aliança, derramado por muitos homens em remissão dos pecados. (Mateus 26:26-28)

O que aconteceu depois quase nunca é mencionado: sabendo que o fim estava próximo, Jesus foi orar na montanha com seus discípulos. Durante a oração coletiva, ele se retirou — aos olhos dos discípulos — para fazer uma oração solitária, durante a qual ele, enigmaticamente, referiu-se ao legado que deixaria para os outros:

> Pai, se é de teu agrado, afasta de mim este cálice! (Lucas 22:42)

> Meu Pai, se é possível, afasta de mim este cálice! Todavia não se faça o que eu quero, mas sim o que tu queres. (Mateus 26:39)

Ao fazer isso, Jesus introduziu a natureza esotérica do Graal aos seus discípulos, que foram, desde então, incumbidos de protegê-lo.

As suásticas, as espirais, os nós, os sistemas numéricos celtas, a Excalibur, o Graal e os manuscritos iluminados, todos passam exatamente a mesma informação encontrada nos tesouros das civilizações que adoravam ao Sol ao redor do mundo: a alma realmente pode transformar-se em uma estrela.

APÊNDICE UM

Decodificando o Transformador Viracocha

Os melhores relatos da mitologia peruana são de crônicos espanhóis na época da conquista, em 1532. Um deles, Cieza de Leon, um peruano nativo, desde os 13 anos, passou 10 anos vivendo entre os índios da nova colônia. Um dia, ao ganhar sua confiança, ele pôde compartilhar as lendas de seus ancestrais. Seu livro, *Crónica del Perú*, foi publicado em 1550, quando tinha 32 anos:

> Antes que os incas governassem, ou ficassem conhecidos nesses reinos, os índios relacionam algo mais notável que qualquer outra coisa. Eles dizem que surgiu, de repente, um homem branco muito grande e autoritário. Esse homem tinha tanto poder que transformou as montanhas em vales e os vales, em grandes montanhas, fazendo com que córregos surgissem nas pedras. Quando viram seu poder, chamaram-no de Criador de todas as coisas criadas e príncipe de todas as coisas, Pai do Sol. Ele, pois, fez outras coisas maravilhosas, dando vida a homens e animais; por suas mãos, muitos grandes benefícios lhe foram creditados. Esta é a história que os próprios índios me contaram; e eles a ouviram de seus pais que, por sua vez, ouviram em antigas canções que foram entregues em tempo muito distantes.
>
> Dizem que esse homem viajou na rota das montanhas para o norte, fazendo maravilhas por onde passava; e dizem nunca tê-lo visto novamente. Dizem que, em muitos lugares, ele instruiu os homens sobre como deveriam viver, falando-lhes com muito amor e gentileza, aconselhando-os a serem bons e a não fazerem mal uns aos outros, mas, amar uns aos outros e demonstrar caridade a todos. Na maioria dos lugares, eles o chamam de Viracocha. Em muitos lugares, construíram templos para

As Terras de Lorde Pacal e Viracocha

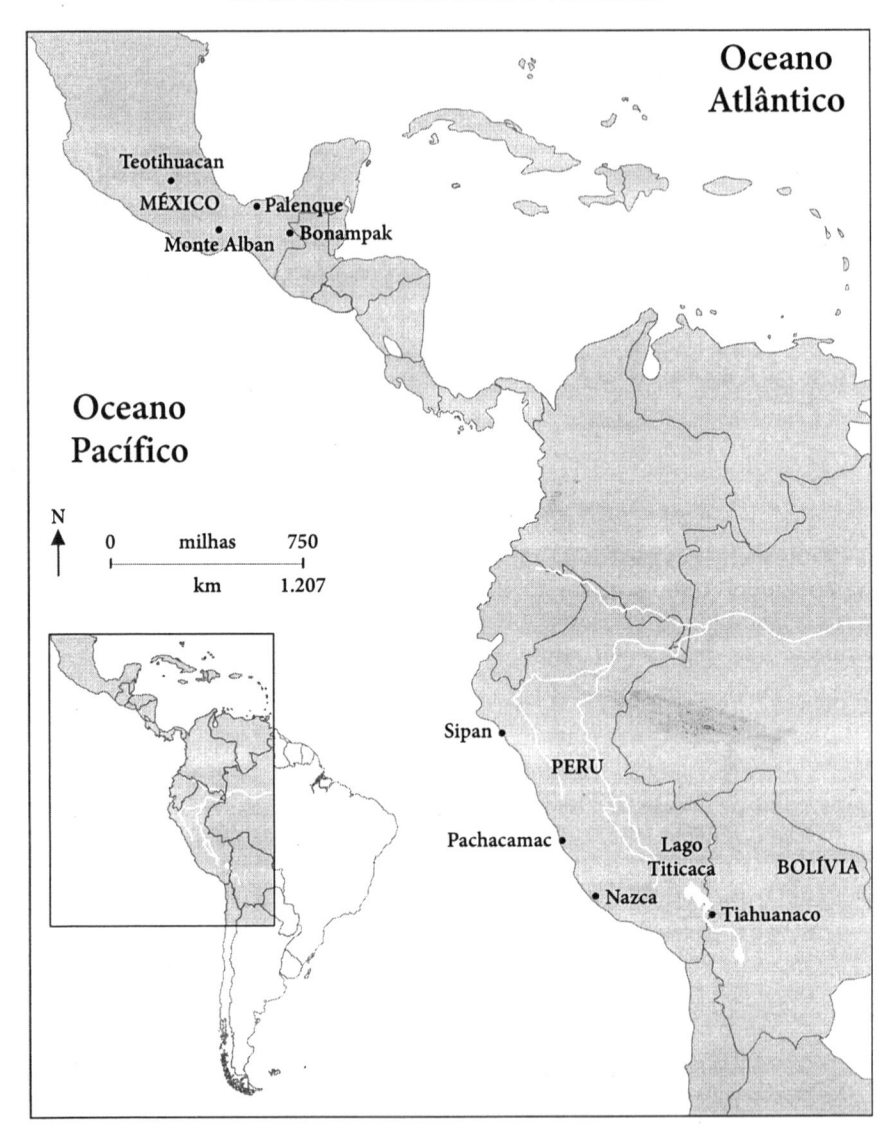

Figura A1.

ele, e neles colocaram estátuas em sua homenagem e ofereceram-lhe sacrifícios. Acredita-se que as enormes estátuas no vilarejo de Tiahuanaco sejam daquela época. Cieza de Leon, *Crónica del Perú*, Parte II, Cap. 4.

Eles narram, ainda, que, ao deixar o local onde isso ocorreu, ele foi até a costa, e lá, segurando seu manto, avançou em meio às ondas do mar e nunca mais foi visto. Quando ele se foi, deram-lhe o nome de Viracocha, que, em seu idioma significa 'espuma do mar'. *Crónica del Perú*, Parte II, Cap. 5.

Ao examinarmos o mito, os relatos históricos, desta e de outras fontes, aprendemos que um lendário homem branco chamado Viracocha viajou da antiga cidade de Tiahuanaco, pelas águas do lago Titicaca nas montanhas bolivianas e pelo Peru, operando milagres.

Em *Os Segredos das Pirâmides Peruanas — A Tumba Perdida de Viracocha*, mostrei que Viracocha, na verdade, viveu e vagou pelas terras peruanas há mais de 1.500 anos, após traçar sua jornada de Tiahuanaco até seu túmulo cheio de tesouros em Huaca Rajada, um complexo de pirâmides de barro próximo à pequena cidade Mochica de Sipan, na costa noroeste do Peru. O túmulo havia sido descoberto anteriormente, em 1990, pelo arqueólogo dr. Walter Alva, diretor do Bruning Archeological Museum, que nunca fez a conexão entre o ocupante do túmulo e as histórias incas.

Os arqueólogos chamaram o homem do túmulo de "Velho Senhor de Sipan". Seu túmulo estava cheio de todos os tipos de tesouros que, com o tempo, revelariam sua verdadeira identidade: uma peça impressionante, em particular, era uma figura antropomórfica em cobre, com 60 centímetros (painel 5d) ostentando o rosto do ocupante do túmulo, unida ao corpo de um grande caranguejo, uma criatura que vive na terra e no mar, entre a terra e o mar, na "espuma do mar", cuja tradução é "viracocha".

Logo, tornou-se claro que, aqui, nas pirâmides perdidas de Sipan, estão os ossos de Viracocha, o lendário deus branco que fugiu dos anais da história. A história do homem branco que usava barba, reverenciado na América do Sul não era um mito, afinal de contas.

Os Segredos de Tiahuanaco

O arqueólogo boliviano Arthur Posnansky foi um dos primeiros acadêmicos a questionar a data da fundação da antiga cidade de Tiahuanaco (Figura A2), localizada a 4 mil metros de altura no altiplano (planalto) boliviano. Amostras de sedimentação e do nível do lago permitiram que ele determinasse o desenvolvimento do local em cinco períodos. O primeiro período correspondia à sublevação geológica que elevou o altiplano do nível

Tiahuanaco, Bolívia

Templo de Kalasasaya

23°27'
(1930 d.C.)

23°8'48"
(1500 a.C.)

23°27'
(1930 d.C.)

23°8'45"
(1500 a.C.)

Equinócio de Outono (21 de março)

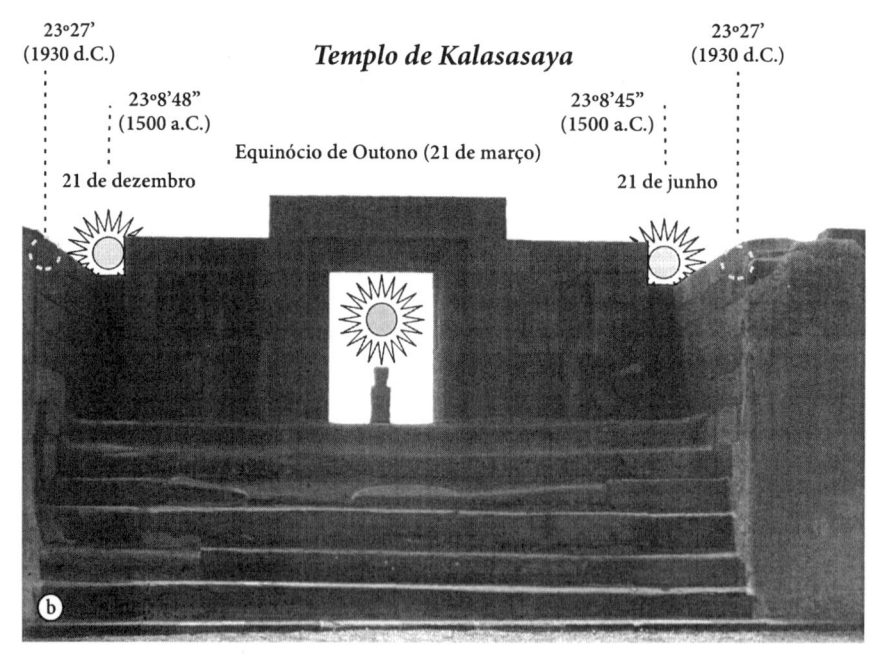

21 de dezembro

21 de junho

Figura A2. (a) Vista aérea de Tiahuanaco, Bolívia (reconstrução): 1. Kanta, 2. Akapana, 3. Templo das Cabeças de Pedra, 4. Kalasasaya, Templo das Pedras Erguidas: os ângulos laterais mostrados, de acordo com o professor Arthur Posnansky, em 1914, enumeram informações astronômicas (veja o texto principal), 5. Putuni, 6. Kerikala. (b) Escadaria de Kalasasaya (vista a partir do sentido da seta branca em (a)): Posnansky também percebeu que o Sol nasceria acima da estátua de Viracocha, no centro da escadaria de Kalasasaya, no momento do equinócio de outono do hemisfério norte e acima dos cantos da escadaria no momento dos solstícios.

do mar; o segundo, ao derretimento dos glaciares, que, conseqüentemente, encheram o lago Titicaca (com o degelo glacial) e, então, o subseqüente esvaziamento parcial do lago, causado por movimentos tectônicos. Estes foram seguidos por um terceiro período que viu o advento de blocos de pedra poligonais, similares àqueles utilizados, mais tarde, pelos incas; um quarto período, exemplificado pela utilização de tijolos de lama seca e, finalmente, um quinto e último período quando a cidade foi tomada pelos incas, entre 1300 e 1358.

Após pesquisar o local em detalhes, Posnansky percebeu que os ângulos laterais, entre as pedras dos cantos em um dos templos (figuras A2 e A3), o Kalasasaya (o Templo das Pedras Erguidas) e um bloco de lava parcialmente enterrado, que, outrora, havia marcado o local do Portal do Sol em pedra monolítica (Figura A3a) media 23° 8' 48", um número muito próximo ao atual ângulo de inclinação da Terra em seu eixo (a obliqüidade da Terra).

Uma investigação mais detalhada mostrou que o Sol nasceria sobre cada entrada de Kalasasaya durante os solstícios, 21 de dezembro e 21 de junho, não fosse por uma pequena discrepância: o Sol teria nascido exatamente acima dos cantos, caso a inclinação da Terra fosse 23° 8' 48", o que não era verdade, a inclinação da Terra medida por ele era de 23° 27', quase a mesma de hoje. Posnansky, portanto, estava convencido de que a Terra havia inclinado, embora muito sutilmente, desde que o local fora construído na Antiguidade.

Em 1958, o arqueólogo boliviano Carlo Ponce Sangines abriu mais de 500 poços no chão ao redor do lago Titicaca, procurando por mais dicas enterradas nas camadas. Ele dividiu o desenvolvimento de Tiahuanaco em três períodos, utilizando os mais modernos (anos 1940) métodos de datação com o Carbono 14: o "Formativo", 200-1 a.C., o "Urbano", 10-400 d.C. e o "Imperial", 400-1300 d.C. Sangines descobriu cinco cidades separadas, cada uma no topo da outra, sucessivamente destruídas por terremotos e erupções vulcânicas.

Nos anos 1950, o cientista Immanuel Velikovsky apontou que a ciência estava defasada para explicar como depósitos de carvão poderiam ter se desenvolvido na fria tundra da Antártica, onde não crescem árvores, como as palmeiras fossilizadas poderiam ter se estabelecido em Spitzbergen, no círculo ártico que, durante vários meses do ano, sofre com a falta de luz do dia e como os mamutes perfeitamente preservados, descobertos sob camadas de terra congelada na Sibéria, com ranúnculos amarelos presos em seus dentes e comida não digerida em seus estômagos poderiam ter sobrevivido em um local onde não havia comida.

Velikovsky estava convencido de que a Terra, em algum período do passado, devia ter se inclinado em seu eixo, não de forma gradual, mas instantaneamente, em grande quantidade de cada vez, causando calamidades catastróficas ao redor do globo. Áreas antes posicionadas nos pólos teriam

Alinhamentos Astronômicos em Kalasasaya, Tiahuanaco

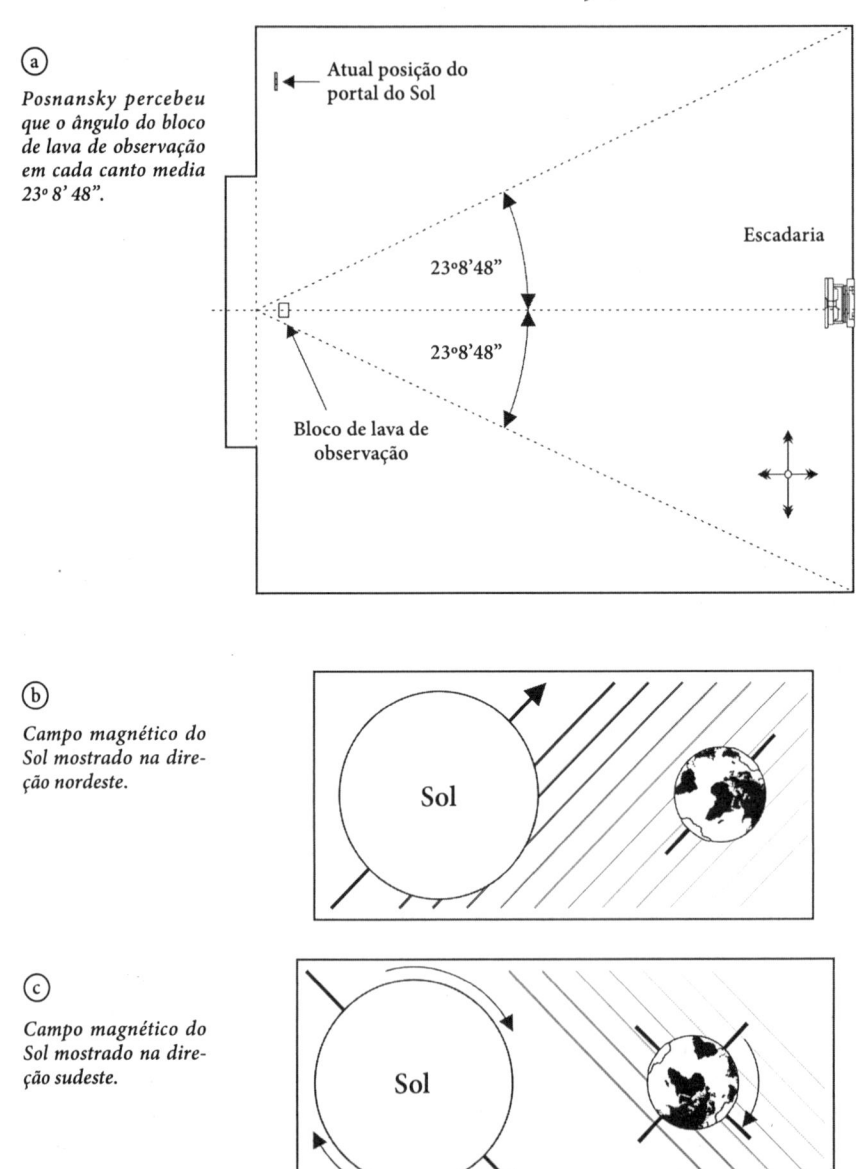

(a)
Posnansky percebeu que o ângulo do bloco de lava de observação em cada canto media 23° 8' 48".

Atual posição do portal do Sol

Escadaria

23°8'48"

23°8'48"

Bloco de lava de observação

(b)
Campo magnético do Sol mostrado na direção nordeste.

Sol

(c)
Campo magnético do Sol mostrado na direção sudeste.

Sol

Figura A3. (a e b) Os campos magnéticos do Sol e da Terra são mutuamente emparelhados. Uma análise da atividade da mancha solar mostra que o campo magnético solar muda de direção após 3.740 anos, cinco vezes a cada 18.139 anos (um ciclo cósmico longo). Às vezes, na pior das hipóteses, a Terra inclina em seu eixo, realinhando seu campo magnético com o do Sol. Quando isso acontece, há destruições catastróficas na Terra.

sido reposicionadas no Equador e, ao mesmo tempo, as quentes regiões equatoriais teriam se transformado nas regiões polares, congelando os mamutes imediatamente. Ondas gigantescas teriam varrido os continentes, enterrando florestas sob toneladas de lama, montanhas teriam sido niveladas enquanto as planícies teriam sido erguidas em direção ao céu; explicando a presença de grandes quantidades de conchas em lugares como Tiahuanaco, que está 4 mil metros acima do nível do mar.

[Alguns pesquisadores afirmam que isso não poderia ocorrer, afinal, se sabe que as calotas polares têm bilhões de anos e as calotas (e, portanto, a Terra) não poderiam ter se movimentado no passado — pois, se tivessem se movido, teriam derretido e novas calotas teriam se formado. Porém, essa objeção pode ser questionada como a seguir: as eras do gelo na Terra são caracterizadas pelo aumento no tamanho das calotas polares. Ninguém compreende como as eras do gelo são provocadas. Como Immanuel Velikovsky aponta — as calotas polares são feitas de água fresca. Portanto, é necessário mais chuva ou neve para formar mais gelo. Porém, se as temperaturas *caem*, há *menos* evaporação da água dos oceanos do mundo. Menos evaporação significa *menos* nuvens, *menos* chuva e *menos* neve, significando que as calotas polares não podem crescer quando as temperaturas *caem*. De forma oposta, quando as temperaturas *aumentam*, há mais evaporação, porém, as temperaturas mais quentes fazem com que as calotas polares derretam e *encolham*, não cresçam. Velikovsky apontou que a única forma de fazer as calotas *crescerem* seria aquecer a Terra *de dentro para fora*. Isso faria com que os oceanos evaporassem com mais facilidade. A chuva e a neve aumentariam, aumentando o tamanho das calotas polares. Foi então que Velikovsky terminou seu questionamento. Porém, levando esse mecanismo um pouco além: se a Terra aquecer a partir de dentro, as calotas polares derreterão no ponto de união com o planeta (sob a calota polar). Quando a Terra sair de seu eixo, as calotas polares serão deixadas para trás, conforme a Terra desliza embaixo delas em uma camada de neve derretida. Portanto, a Terra poderia sair de seu eixo e o centro das calotas polares permaneceria estacionário com relação ao espaço. O fato de isso ter acontecido no passado surgiu devido à presença de gigantescas pedras e rochas que, atualmente, preenchem campos abertos ao redor do mundo. Os geólogos afirmam que elas foram *depositadas* pelo *degelo* dos glaciares, porém é mais provável que a Terra em movimento, sob as calotas, levou as rochas para essa posição. Além disso, quando o campo magnético do Sol gira e a Terra *não* sai de seu eixo, os campos magnéticos do Sol e da Terra ficam desalinhados. Os campos magnéticos desalinhados fariam com que correntes elétricas fluíssem no centro de magma derretido da Terra. A temperatura na Terra aumentaria e o cenário acima seria desenvolvido. Também é interessante notar que tal fenômeno aumentaria a pressão no núcleo, aumentando a atividade vulcânica e a erupção de supervulcões].

Sabemos, por intermédio do estudo dos tesouros dos maias e da superciência do Sol, que a mudança no campo magnético do Sol (Figura A3) causa inclinações na Terra (comumente chamadas de trocas de pólo). Parece que os antigos de Tiahuanaco, chamando nossa atenção para a mudança na inclinação da Terra, estavam tentando, em Tiahuanaco, dizer ao homem moderno que sua própria civilização havia sido destruída quando a Terra se inclinou em seu eixo. Isso é uma dica para a compreensão do significado do baixo relevo na padieira do Portal do Sol em Tiahuanaco. A decodificação do escudo do Sol de Monte Alban (painéis 2 e 3) e a análise da decodificação (Figura 9) revelaram que a ponta sul da Estrela de Davi encostava na boca de Viracocha no baixo relevo. Observando mais atentamente o baixo relevo (Figura A5c), torna-se claro que a língua de Viracocha está ausente, o que é muito incomum. O deus Sol caracterizado nas Américas do Sul e Central é quase sempre apresentado com sua língua para fora da boca (Figura A6a-e).

A estátua de Viracocha, que está no centro de Kalasasaya, além do portal, fornece a próxima dica que auxilia na compreensão do significado do baixo relevo de Viracocha. A estátua possui uma figura masculina à sua direita e uma figura feminina à sua esquerda (Figura A7).

Seguindo as instruções, podemos distribuir as transparências de Viracocha como mostrado na Figura A8, revelando a mensagem secreta que Viracocha codificou no baixo relevo (Figura A9): a Terra foi destruída em ocasiões anteriores, quando se inclinou em seu eixo.

Portal do Sol, Tiahuanaco, Bolívia

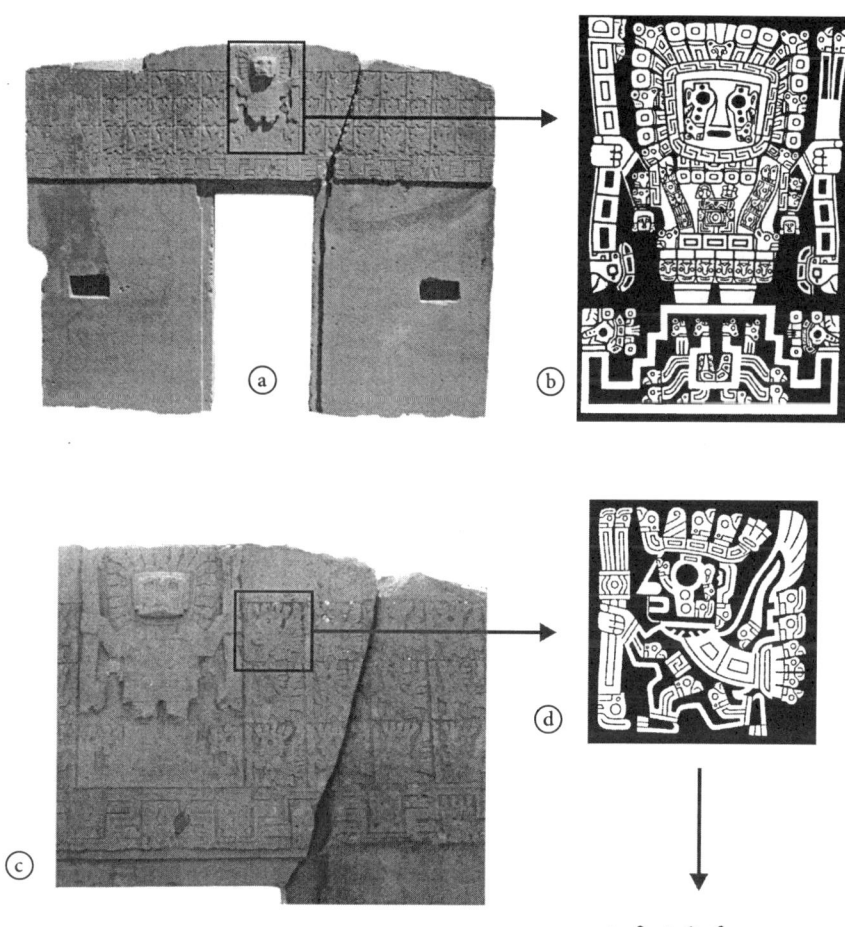

Figura A4. (a) Frente (parede leste) do Portal do Sol (in-situ) que, hoje, está no canto noroeste de Kalasasaya. (b) Entalhe em baixo relevo de Viracocha na padieira. (c) Baixo relevo de Xipe Totec na padieira. (d) Desenho em linha de (c). Figura de Xipe Totec, senhor maia dos cervos, o deus do sacrifício, da caça, do fogo e do renascimento. De *Borbonic Codex 14 maia* [Cernunnos era o senhor dos cervos para os celtas].

Decifrando o Código do Transformador Viracocha (I)

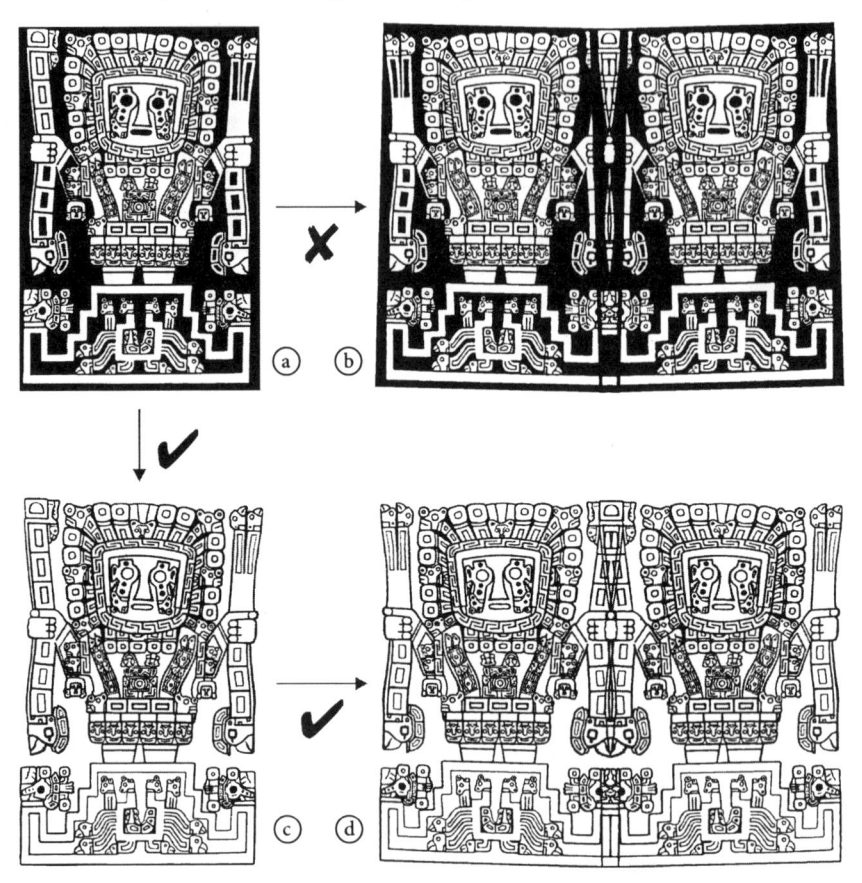

Figura A5. O canto superior esquerdo do entalhe mostra um semicírculo (um meio círculo). A parte da frente do portal também possui outros 48 entalhes [de Xipe Totec, senhor dos cervos]. Essas dicas são, por si só, astronomicamente insignificantes. Entretanto, notamos que há 96 microciclos de atividade magnética em um ciclo completo de mancha solar (Figura A11). Isso sugere que metade das informações disponíveis pode estar faltando. Fazendo uma cópia transparente do entalhe de Viracocha, as informações disponíveis são dobradas e tornam-se astronomicamente significantes (há dois semicírculos no Sol e 2 x 48 = 96 microciclos de atividade magnética em um ciclo de mancha solar). O primeiro passo no processo de decodificação é sobrepor um meio semicírculo sobre sua cópia transparente, como mostrado em (b), acima. Entretanto, esse 'transformador' peruano, ao contrário dos transformadores maias, possui um "inibidor de decodificação". Tentativas de decodificar o entalhe nessas condições são frustradas devido às áreas negras que dão base aos padrões em linha, como em (b). Notamos, em (a), que as criaturas com corpo longo e perfil de cabeça de pássaro estão de cabeça para baixo em cada uma das mãos de Viracocha. O corpo de cada uma contém retângulos. Alguns retângulos são preenchidos em preto, outros, com branco. Essa é uma instrução que nos diz para converter as áreas em preto do baixo relevo em um desenho em linha: "transforme os retângulos pretos em retângulos brancos', como em (c). Agora, quando tentamos decodificar o transformador sobrepondo os dois semicírculos, como em (d), um desenho composto surge e mostra que Viracocha, como Lorde Pacal do México e Tutankhamon do Egito, é a serpente emplumada (Apêndice 3).

Decifrando o Código do Transformador Viracocha (II)

Asteca (México)

Nazca (Peru)

(a) (b) (c)

Maia (México)

(d) (e)

Tiahuanaco (Bolívia)

(f)

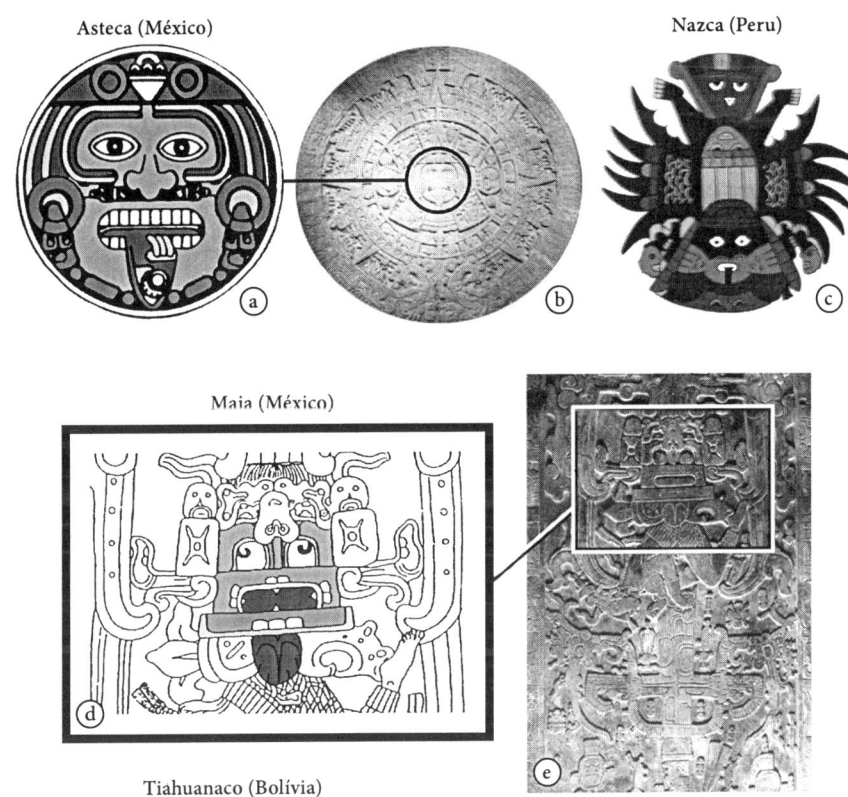

Figura A6. Representações do deus Sol de várias tribos índias americanas: (a) do calendário asteca do México (b); (c) dos tecidos de Nazca, Peru; (d) da tampa maia de Palenque (e); (f) entalhe de Viracocha de Tiahuanaco, Bolívia. Viracocha é diferente em relação aos outros, pois não possui a língua estendida. A ponta da Estrela de Davi, no painel 2 e na Figura 9g, faz o papel da língua ausente, convidando o observador a procurar por uma língua. Um dedo está faltando em cada mão de Viracocha.

Decifrando o Código do Transformador Viracocha (III)
Os Segredos da Estátua de Viracocha

Figura A7. As estátuas de Tiahuanaco ocultam instruções secretas. As marcas faciais desta estátua de Kalasasaya são similares às do entalhe de Viracocha encontrado no Portal do Sol, sugerindo que essa estátua seja uma representação de Viracocha. Entretanto, notamos que as mãos de Viracocha possuem cinco dedos, ao contrário do entalhe no Portal do Sol, em que falta um dedo de cada mão: (i) a estátua de Viracocha possui a figura de um homem na sua mão direita e de uma mulher (ii) de cabeça para baixo, na esquerda. Isso nos diz para, em primeiro lugar, fazer uma imagem (homem) de Viracocha (o transformador viracocha do Portal do Sol), em seguida, fazer outra imagem, desta vez, a imagem espelhada (oposta) (mulher). Finalmente, somos instruídos a virar a imagem espelhada (mulher) de cabeça para baixo. Quando essas instruções são seguidas, outra mensagem secreta é revelada (Figura A8).

Decodificando o Transformador Viracocha 199

Decifrando o Código do Transformador Viracocha (IV)

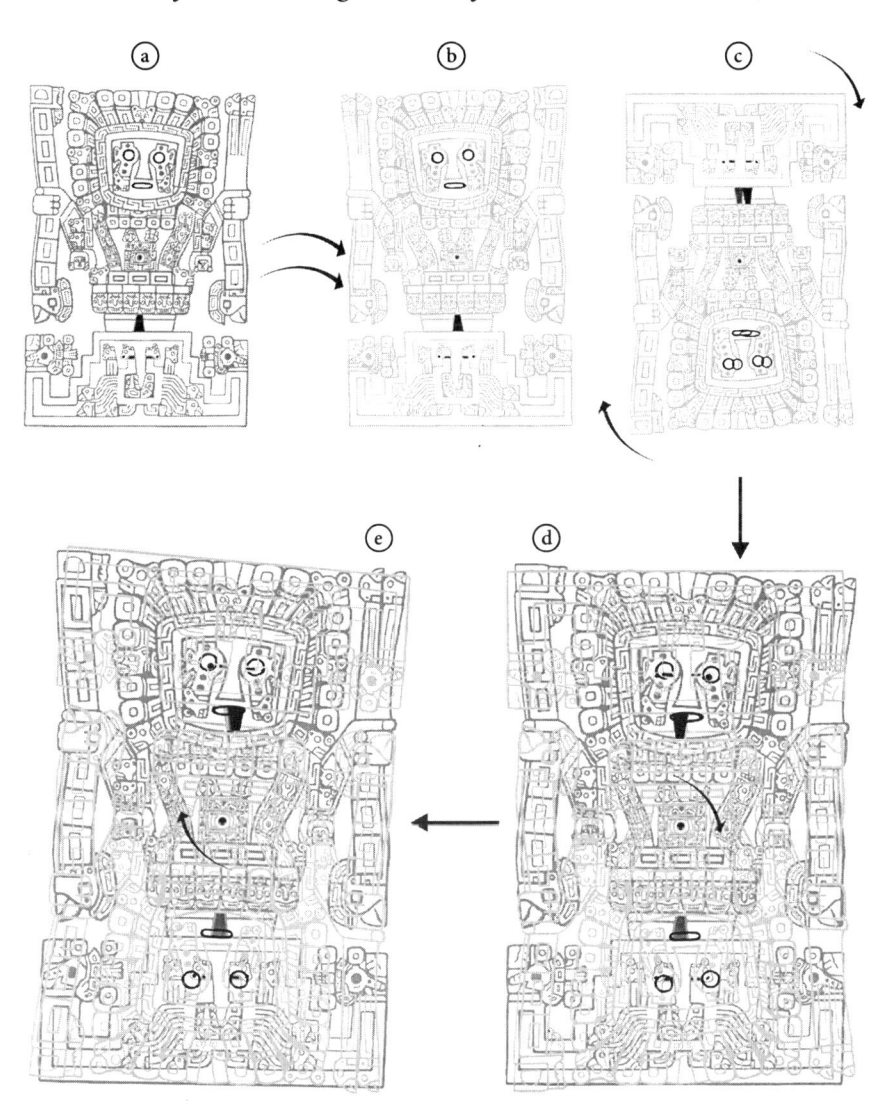

Figura A8. Seguindo as instruções fornecidas na Figura A7: (a) fazer uma imagem de Viracocha (homem); (b) fazer outra imagem, oposta à imagem de Viracocha (mulher); (c) virar a segunda imagem (mulher) de cabeça para baixo. Agora, utilizando o processo de decodificação do transformador maia, as duas imagens são sobrepostas (d). A língua que faltava no baixo relevo de Viracocha é restaurada (localizada). Colocando as transparências para a frente e para trás (d e e), no epicentro (o círculo localizado no centro da disposição composta), a língua de Viracocha move-se da esquerda para a direita. Ao mesmo tempo, Viracocha fecha os olhos alternadamente. Podemos notar que o entalhe de Viracocha tem um dedo faltando em cada mão. A mensagem aqui é que o observador deve ficar atrás da entrada do Portal do Sol, levantando um dedo de cada mão, para que um dedo emoldure cada lado da entrada (Figura A9). O ângulo do Sol pode ser medido por meio da entrada, utilizando o erro de paralaxe derivado da abertura e do fechamento alternado dos olhos.

Decifrando o Código do Transformador Viracocha (V)

Em direção ao canto de Kalasasaya

Em direção ao canto de Kalasasaya

Estátua de Viracocha

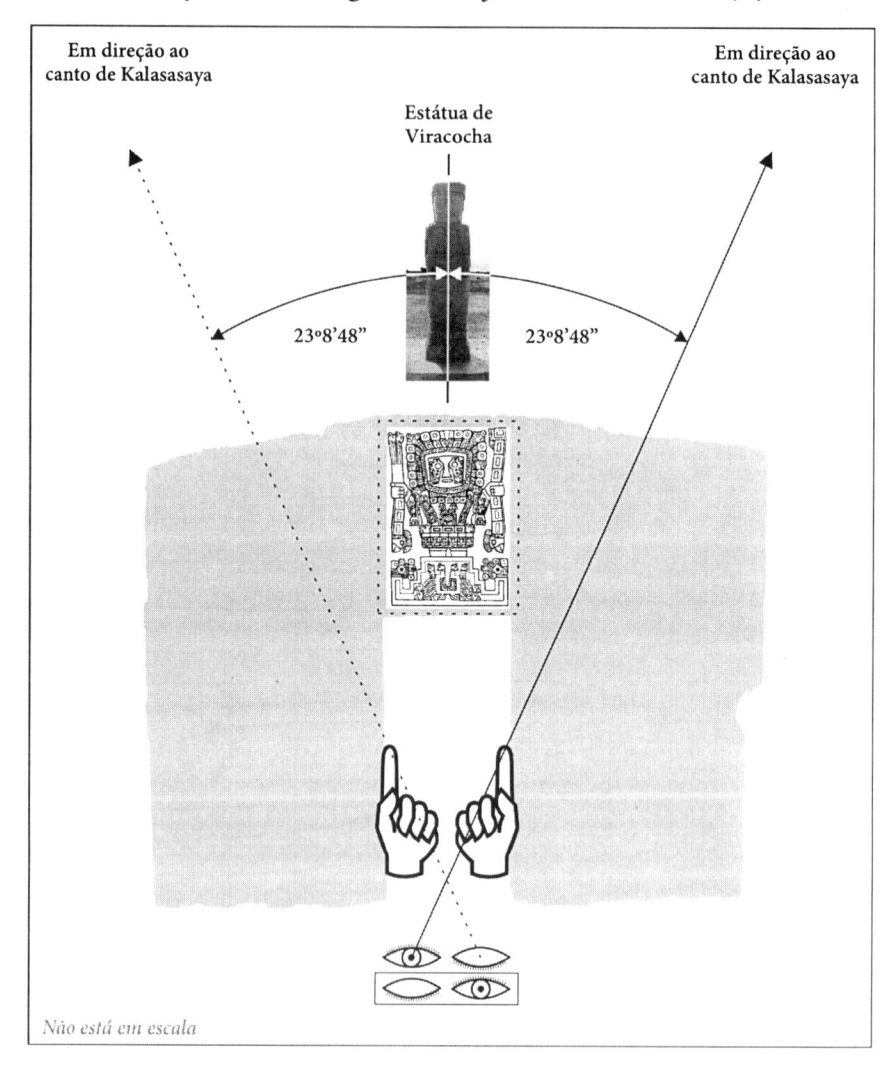

23°8'48"   23°8'48"

Não está em escala

Figura A9. O transformador viracocha, quando decifrado, pede que o observador fique atrás do Portal do Sol, em Kalasasaya, Tiahuanaco. O ângulo lateral a partir do centro do portal em direção a cada um dos cantos de Kalasasaya pode ser medido utilizando-se o erro de paralaxe derivado da abertura e fechamento alternado dos olhos (medido a partir dos indicadores erguidos), como mostrado acima. Esse é o motivo pelo qual o transformador viracocha possui apenas três dedos e um polegar — a mensagem é "usando um dedo de cada mão (...)" O ângulo medido, de 23° 8' 48" corresponde à inclinação da Terra em seu eixo no momento em que Tiahuanaco foi construída. Esse ângulo varia de acordo com a inclinação da Terra, medindo 23° 27' em 1930. Em 1914, o professor Arthur Posnansky acreditava que Kalasasaya continha alinhamentos astronômicos e obteve as mesmas informações utilizando instrumentos de pesquisa. Ele propôs, conseqüentemente, que Tiahuanaco datava de antes de 1500 a.C.

APÊNDICE DOIS

Segredos dos Antigos

Por que e como eles Codificavam seus Segredos em seus Tesouros

Em *The Mayan Prophecies, Os Superdeuses, As Profecias de Tutankhamon, Os Segredos das Pirâmides Peruanas* e *The Terracotta Warriors*, expliquei como os líderes "sol-rei" dos antigos maias, egípcios, peruanos e chineses possuíam a compreensão científica de uma ordem muito elevada; uma ordem que o homem moderno só está começando a compreender agora. Eles ensinaram ao seu povo que o Sol controla a fertilidade na Terra, a determinação da personalidade (astrologia dos signos solares) e que as inversões magnéticas solares trazem destruições periódicas à Terra, apagando as civilizações dos anais da história. Esses superdeuses ensinaram que a alma é imortal, eterna e, para os puros, destinada às estrelas; o renascimento na Terra espera pelos outros.

A mecânica do processo de reencarnação significa que o superconhecimento, que demora muitas vidas para ser acumulado, poderia ser adquirido mais rapidamente se os indivíduos fossem capazes de construir sobre o conhecimento prévio em cada encarnação sucessiva. Porém, um novo coração e o cérebro, em cada reencarnação, impedem esses ganhos. Portanto, o processo de purificação toma muito mais vidas do que deveria. Para superar isso, os antigos codificavam seu superconhecimento em seus tesouros. A redescoberta do mesmo conhecimento, na encarnação seguinte, permitiria um ponto inicial mais alto na purificação, dando à alma uma melhor chance, acreditavam eles, de transmigração e transmutação em estrela na próxima vez.

Mas, como o conhecimento poderia ser "escrito" para garantir sua transmissão ao longo do tempo? Ao longo da história, nações e idiomas

A Mensagem 144.000 de Lorde Pacal

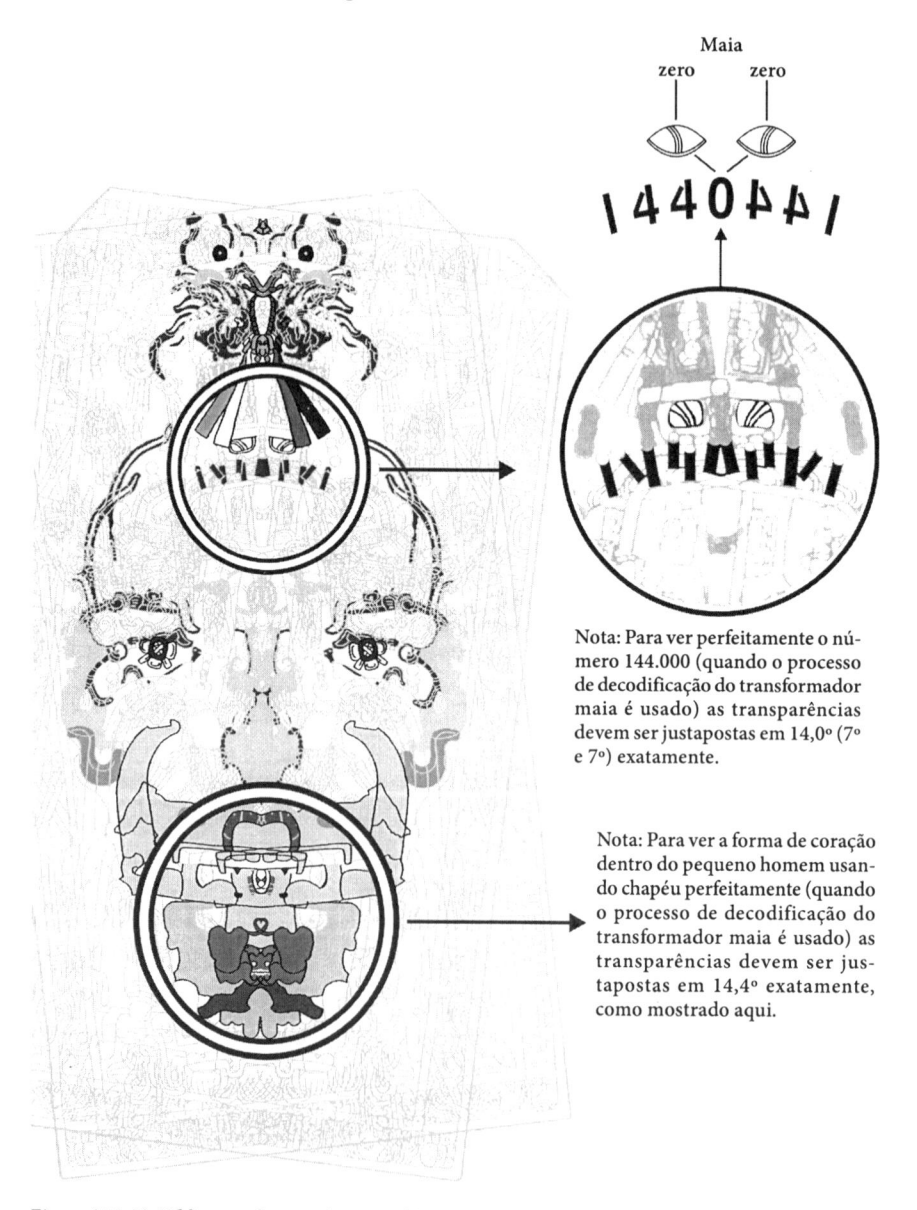

Maia
zero   zero

I440ÀÀI

Nota: Para ver perfeitamente o número 144.000 (quando o processo de decodificação do transformador maia é usado) as transparências devem ser justapostas em 14,0° (7° e 7°) exatamente.

Nota: Para ver a forma de coração dentro do pequeno homem usando chapéu perfeitamente (quando o processo de decodificação do transformador maia é usado) as transparências devem ser justapostas em 14,4° exatamente, como mostrado aqui.

Figura A10. Na Bíblia, aqueles que têm o 144.000 escrito na testa representam os escolhidos que adentrarão o reino do Céu. Nesta figura decodificada, da Pirâmide das Inscrições de Palenque, Lorde Pacal possui o número 144.000 em sua testa acima (topo, circulado) somente quando uma transparência é invertida e sobreposta na outra, em 7° e 7° (7,7). A forma perfeita do coração contida dentro da figura composta do pequenos homem usando chapéu (abaixo, circulada) pode ser completada somente quando as transparências são justapostas em um ângulo de 14,4° (7,2° e 7,2°). Essas mensagens, juntas, nos dizem que somente os puros de coração tornar-se-ão um dos 144.000, como Lorde Pacal.

foram destruídos por exércitos conquistadores e regimes políticos ávidos para impor suas próprias crenças sobre as nações derrotadas. Idéias e culturas são perdidas por intermédio da sucessão ideológica. Desastres naturais, enchentes incêndios e terremotos também apagam qualquer evidência de civilizações anteriores. Ciclos catastróficos inspirados pelo Sol que, periodicamente, fazem a Terra se inclinar em seu eixo também derrotam a transmissão do conhecimento.

Portanto, era importante preservar o antigo conhecimento para si mesmos, para ajudá-los a chegar ao paraíso em uma próxima vez. Ao mesmo tempo, também era importante negar o acesso de pessoas não-espirituais ao conhecimento sagrado, significando que, se quisessem preservar e assegurar o conhecimento para si mesmos, deviam codificá-lo.

Codificando Informações Utilizando Figuras

Há duas formas preferidas de "escrever" o conhecimento para a posteridade sem utilizar palavras. Uma forma de codificar as informações é por meio da utilização de figuras: uma figura fala por mil palavras e todas as figuras são comuns a todos os povos. Lorde Pacal codificou seu conhecimento sagrado em seus transformadores maias utilizando figuras e imagens espelhadas de figuras que, quando colocadas umas sobre as outras, revelam centenas de outras figuras. Os painéis 2, 3, 4, 5b, 6-13 e 24 contêm alguns exemplos.

Codificando Informações Utilizando Números

Outra forma de codificar informações é utilizando números. O denominador comum cultural, o número 10, é comum a toda a humanidade, pois todos possuem dez dedos. Lorde Pacal escolheu utilizar números em sua codificação dos ciclos magnéticos solares nas pirâmides de Palenque, Figura A17 e também fez comparações com passagens bíblicas: o painel 5b (detalhado na Figura A10) mostra Lorde Pacal vestindo o número esotérico 144.000, mencionado no livro *Apocalipse*, em sua testa. Os números que eles escolhem para transmitir informações astronômicas e espirituais são ilustrados na Figura 12.

As figuras A11 a A17 mostram que os líderes espirituais dos maias, egípcios, peruanos e chineses codificaram a superciência do Sol e as ordens elevadas da espiritualidade em seus tesouros utilizando números para sua

A Mensagem do Ciclo da Mancha Solar de Lorde Pacal

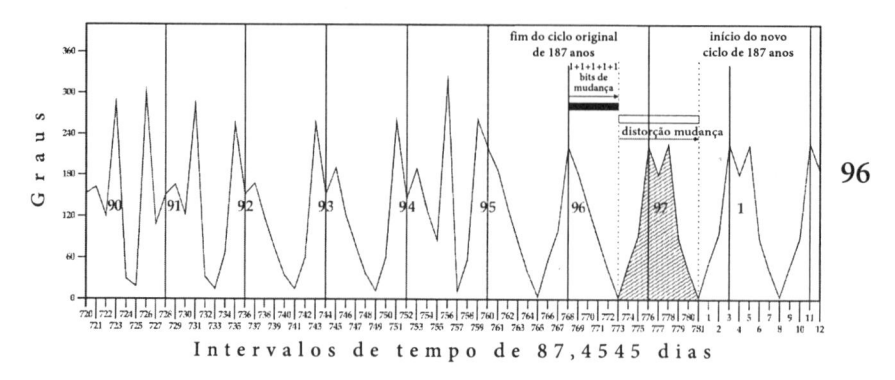

Figura A11. A versão calculada em computador do ciclo de mancha solar mostra que 96 microciclos de atividade magnética ocorrem no Sol a cada 187 anos (o 97º ciclo leva a um ciclo ainda maior, de 18.139 anos). A seqüência de 96 ciclos era conhecida pelas antigas civilizações adoradoras do Sol, que codificaram a superciência secreta do Sol em seus tesouros. (Nota: para economizar espaço, os primeiros 89 microciclos não estão ilustrados.)

Figura A12. (a) O Palácio em Palenque. (b) Bloco de 96 gravações dos degraus do Palácio em Palenque. (c) A Pirâmide das Inscrições em Palenque, túmulo de Lorde Pacal, a Pirâmide de Palenque (Figura 54b).

redescoberta em uma próxima encarnação na Terra, para que não falhassem em chegar ao paraíso.

Estudando esses números, torna-se claro que os antigos estavam tentando explicar que o objetivo dessa vida física na Terra é que cada indivíduo purifique sua alma, como um pré-requisito para entrar no reino do Céu. Isso é conseguido quando o aspirante converte, com sucesso, o corpo, a besta (666) em energia divina, a alma (999), que as escrituras nos dizem que pode ser feito apenas por intermédio do "amor pelo próximo". O amor purifica o coração, que, por sua vez, purifica a alma.

Como a Alma Chega ao Paraíso

Em 1915, o físico Albert Einstein publicou sua Teoria Geral da Relatividade contendo a equação $E = mC^2$, que significa que a *energia* é igual à *massa* multiplicada pela *velocidade da luz* (C) ao quadrado. Isso significa que a energia pode ser convertida em massa. A Bíblia ensina que Deus é luz [o que a ciência moderna reconhece como energia eletromagnética] (E).

A Bíblia também ensina que Deus criou o homem à sua imagem, o que é revelador, pois o homem só pode crescer até um certo tamanho; para ir além, deve expelir o esperma. Da mesma forma, uma mulher, para crescer mais, precisa expelir um óvulo.

A Cristandade também ensina que Deus é bom e é amor. A única coisa melhor que Deus, portanto, deve ser mais Deus. Criando o homem à sua imagem, Deus revela que ele não pode crescer, pelo menos, não sem se desfazer de um pedaço de si. Parece que é precisamente isso que deve ter ocorrido quando o Universo físico foi criado. No início, Deus se desfez de um pouco de sua energia (E) [apenas em termos de explicação, digamos que sejam 5%]. A energia converteu-se em massa, o Universo físico. Ao progredir na equação de Einstein, a energia (+) [por exemplo] deve mudar seu sinal para (-), uma simples regra de álgebra. Isso nos diz que o Universo físico deve, portanto, ser oposto a Deus, o que significa que o Universo físico e tudo nele contido, até a Terra, deve ser o inferno. Também deve significar que tudo dentro dele, baseado em carbono, até mesmo as árvores, as flores e os corpos físicos, deve ser o diabo [666], que já determinamos ser o oposto de Deus [999]. Portanto, quando a Cristandade diz que as almas más vão para o inferno, simplesmente significa que as almas más retornam à Terra de carbono, que é o inferno. Isso, por sua vez, significa que todas as religiões do mundo reconhecem explicitamente o processo de reencarnação.

Porém, certamente, ao sacrificar-se dessa forma, Deus não cresceu, mas reduziu em tamanho — em 5%?

A Mensagem do Ciclo da Mancha Solar de Tutankhamon

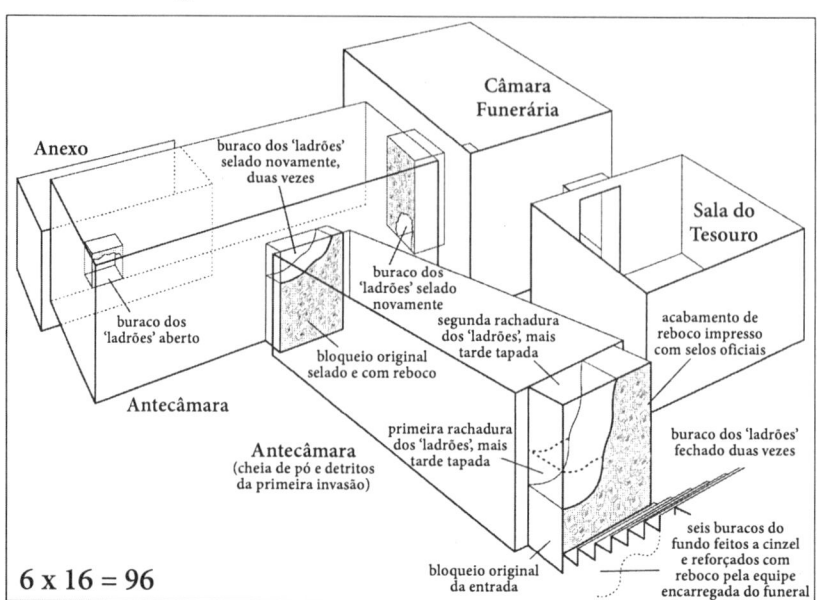

Figura A13. De acordo com os arqueólogos, os seis degraus de baixo da escadaria de 16 degraus que levam ao túmulo de Tutankhamon foram esculpidos pelo partido funerário para "permitir acesso para as peças maiores da mobília" no túmulo. Os degraus, originalmente em pedra, foram refeitos em gesso pelo mesmo partido. Mas, por que ele selaria um túmulo e, depois, repararia uma escadaria quebrada antes de preencher a escadaria com cascalho atrás de si? Isso simplesmente convidaria outras pessoas a usar os degraus no futuro, para ter acesso a uma parede sólida. O 6 e o 16 são astronomicamente significantes: 6 x 16 = 96, o número de ciclos magnéticos do ciclo de mancha solar.

999 no túmulo de Viracocha Pachacamac

Figura A14. A tampa do caixão estava presa por nove faixas de cobre em cada ponta (9, 9, 9, 9), um número único para os superdeuses. Os cantos verticais, abaixo de cada canto, também tinham o mesmo número de faixas (9, 9, 9, 9). Ele estava acompanhado por outros oito, nove (9) no total. Este não era um homem comum. Como os outros dois reis do Sol, Lorde Pacal do México (9, 9, 9, 9, 9) e Tutankhamon (9, 9, 9, 9, 9) do Egito, esse homem era um superdeus, mais tarde, adorado pelos incas.

A Mensagem 999 de Viracocha Pachacamac

Figura A15. A tampa do caixão de Viracocha Pachacamac estava fixada às laterais por três conjuntos de faixas de cobre (3, 3, 3), 9 ao todo, em cada lado (9, 9, 9, 9). As pontas também estavam fixas e o chão do caixão, com o mesmo número de faixas, 9 em cada ponta (9, 9, 9, 9). O túmulo foi o local de descanso final de Viracocha Pachacamac e 8 companhias, 9 ao todo. Os suportes da carruagem do rei de Hochdorf eram unidos à plataforma por 9 pregos (9, 9, 9, 9) e 9 pratos de jantar estavam armazenados na carruagem.

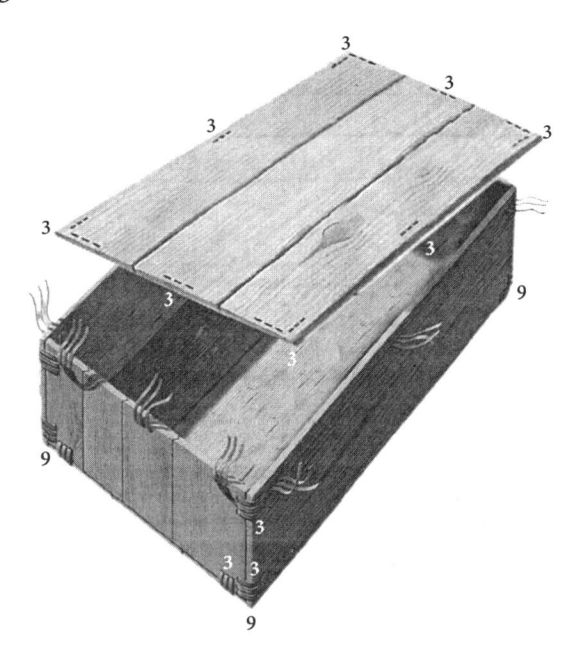

A Mensagem 999 de Tutankhamon

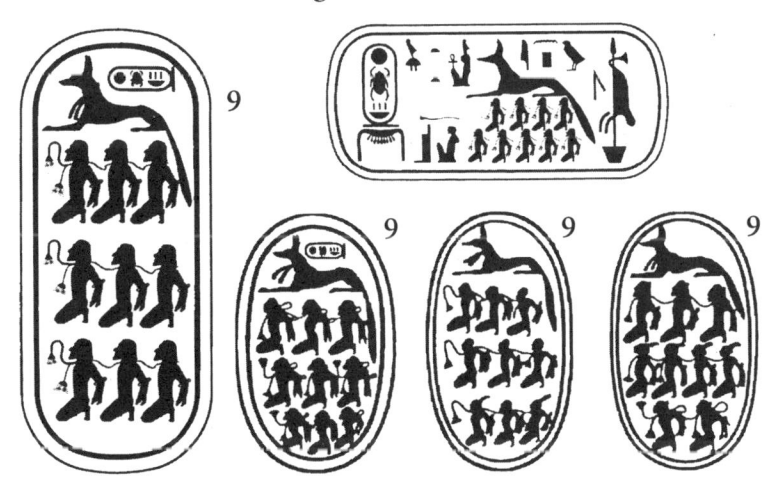

Figura A16. Selos de portas e de objetos do túmulo de Tutankhamon mostrando os chamados "prisioneiros", grupos de 9 indivíduos (9, 9, 9, 9, 9) presos por uma corda no pescoço e braços. Cada corda termina com uma flor de lótus, o epítomo da adoração ao Sol, sugerindo que os "prisioneiros" possuíam 'cativeiro divino' na Terra. [A tomada dos prisioneiros também era uma metáfora para "não matarás".] Tutankhamon também foi enterrado em 9 caixões, um dentro do outro.

A Mensagem 999 de Lorde Pacal

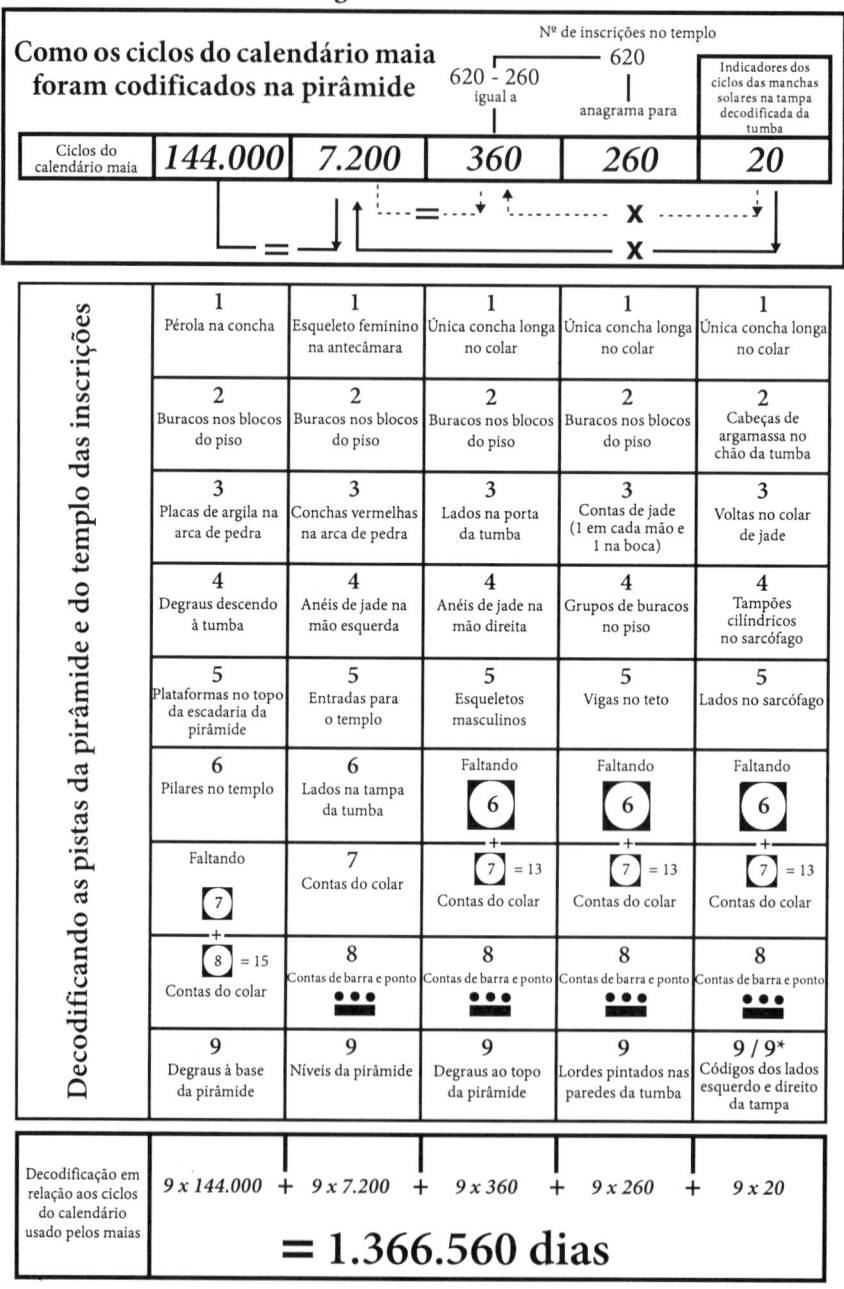

Como os ciclos do calendário maia foram codificados na pirâmide		Nº de inscrições no templo 620 - 260 igual a	620 anagrama para	Indicadores dos ciclos das manchas solares na tampa decodificada da tumba
Ciclos do calendário maia	144.000	7.200	360	260	20

= ... = ... X ... X

	1 Pérola na concha	1 Esqueleto feminino na antecâmara	1 Única concha longa no colar	1 Única concha longa no colar	1 Única concha longa no colar
Decodificando as pistas da pirâmide e do templo das inscrições	2 Buracos nos blocos do piso	2 Buracos nos blocos do piso	2 Buracos nos blocos do piso	2 Buracos nos blocos do piso	2 Cabeças de argamassa no chão da tumba
	3 Placas de argila na arca de pedra	3 Conchas vermelhas na arca de pedra	3 Lados na porta da tumba	3 Contas de jade (1 em cada mão e 1 na boca)	3 Voltas no colar de jade
	4 Degraus descendo à tumba	4 Anéis de jade na mão esquerda	4 Anéis de jade na mão direita	4 Grupos de buracos no piso	4 Tampões cilíndricos no sarcófago
	5 Plataformas no topo da escadaria da pirâmide	5 Entradas para o templo	5 Esqueletos masculinos	5 Vigas no teto	5 Lados no sarcófago
	6 Pilares no templo	6 Lados na tampa da tumba	Faltando 6	Faltando 6	Faltando 6
	Faltando 7	7 Contas do colar	7 = 13 Contas do colar	7 = 13 Contas do colar	7 = 13 Contas do colar
	8 = 15 Contas do colar	8 Contas de barra e ponto •••	8 Contas de barra e ponto •••	8 Contas de barra e ponto •••	8 Contas de barra e ponto •••
	9 Degraus à base da pirâmide	9 Níveis da pirâmide	9 Degraus ao topo da pirâmide	9 Lordes pintados nas paredes da tumba	9 / 9* Códigos dos lados esquerdo e direito da tampa

Decodificação em relação aos ciclos do calendário usado pelos maias	9 x 144.000 + 9 x 7.200 + 9 x 360 + 9 x 260 + 9 x 20

$$= 1.366.560 \text{ dias}$$

Figura A17. Lorde Pacal codificou o número dos superdeuses 9, 9, 9, 9, 9 em seus tesouros no templo das inscrições, Palenque. O número de objetos no túmulo, inteligentemente, constrói uma matriz numérica que oculta as informações: 9 multiplicado pelos ciclos de tempo do calendário maia, em dias, resulta em 1.366.560 dias: o "nascimento de Vênus" para os maias. Além disso, 1 + 3 + 3 + 6 + 6 + 5 + 6 + 0 = 9, o número de um superdeus. Eles estavam tentando transmitir o fato de que Lorde Pacal era o "renascimento espiritual de Vênus" (Jesus).

O Mecanismo da Transmigração da Alma

No início, quando Deus abriu mão de [digamos] 5% de si, a energia explodiu com aquilo que é chamado atualmente de "big bang". O tempo teve início com o início do Universo, as coisas (eventos) começaram a acontecer (transpirar), algumas antes, outras depois, ao contrário de como era antes, quando o que existia era apenas luz.

Com o tempo, a evolução das espécies teve início. Os corpos humanos evoluíram. Os cérebros evoluíram. No útero humano, o coração bombeia sangue para o corpo do feto e o cérebro do feto torna-se eletricamente ativo. A tensão do cérebro, oposta à tensão de Deus, atrai mais energia eletromagnética [imagine uma bolha de energia eletromagnética] diretamente de Deus, conforme se desenvolve no útero. Essa energia, a alma, une-se ao corpo e permanece com ele até que a tensão do corpo físico caia, quando está tão fraca, tão doente, para manter-se nele. Nos períodos intermediários (durante a vida de um indivíduo na Terra), a tensão da alma (quando enterrada com o corpo) é capaz de aumentar ou diminuir.

Os humanos são compostos do corpo físico; da alma [corpo espiritual]; da mente [corpo intelectual]; e o coração [corpo emocional]. Esses quatro "corpos" vivem em mundos distintos que obedecem a diferentes regras. Por exemplo: no mundo físico, se eu tenho R$ 1,00 e você tem R$ 1,00 e fazemos uma troca, cada um terminará com apenas R$ 1,00, o que parece provar, ao menos no mundo físico, que não podemos dar sem receber. Mas, nos outros mundos, não é a mesma coisa. Por exemplo, se, no mundo intelectual, eu tenho uma idéia, e você também tem uma idéia, e as trocarmos, ambos terminaremos com duas idéias. No mundo intelectual, podemos dobrar nossa riqueza intelectual sem custo algum. Parece que, no mundo emocional, se eu amar você, a tensão de minha alma irá aumentar. Se a tensão de minha alma aumenta, quando ela abandonar meu corpo, será atraída de volta para Deus e Deus irá crescer. Reciprocamente, se eu odiar você, a tensão de minha alma irá diminuir, e eu retornarei à Terra em um corpo com tensão mais baixa. O importante a ser lembrado é que o destino de minha alma depende de mim, do que penso e faço para você. Nada que você faça pode enviar a minha alma para o paraíso ou para o inferno.

Uma observação interessante surge desse tipo de análise: se eu encorajar *você* a *me* odiar, enviarei *você* para o inferno, pois a tensão da *sua* alma irá diminuir, o que faz disso outro motivo para que esse conhecimento sagrado tivesse de ser codificado e mantido em segredo. Imagine o caos na Terra se as pessoas começassem a enviar seus adversários para o inferno. Poucos, se não nenhum, chegariam ao paraíso confundindo o objetivo divino do Universo, que é acomodar o crescimento de Deus, por intermédio da humanidade, como um condutor espiritual. A boa notícia é que se *você me* odeia, *meu* coração vai sofrer e, como o sofrimento purifica o coração,

Os Três Mundos

Figura A18. Algumas histórias da pirâmide das inscrições de Palenque explicam que as almas que morrem no nascimento de uma criança, em batalha e em sacrifício, migram para os paraísos, diversos destinos dos mortos, para apreciar a bem-aventurança celestial, presumidamente antes de avançar para o mundo de Deus, o local onde mora Deus. Algumas figuras mostram como a alma deixa o corpo para renascer nas estrelas (os céus e o Mundo de Deus) ou na Terra (reencarnação). Outras descrevem a jornada da alma para o submundo ou para o purgatório, o lugar onde o coração é limpo dos pecados. Os maias também acreditavam que havia nove níveis no submundo, através dos quais a alma que havia partido devia viajar antes de continuar para o mundo de Deus ou para a reencarnação na Terra. (Parece que as almas perfeitamente purificadas passam pelo mundo das almas em direção ao mundo de Deus e que as almas impuras sofrem no submundo [purgatório] por seus pecados terrenos, antes de adquirir energia para reencarnar na Terra para outra chance de purificação da alma.)

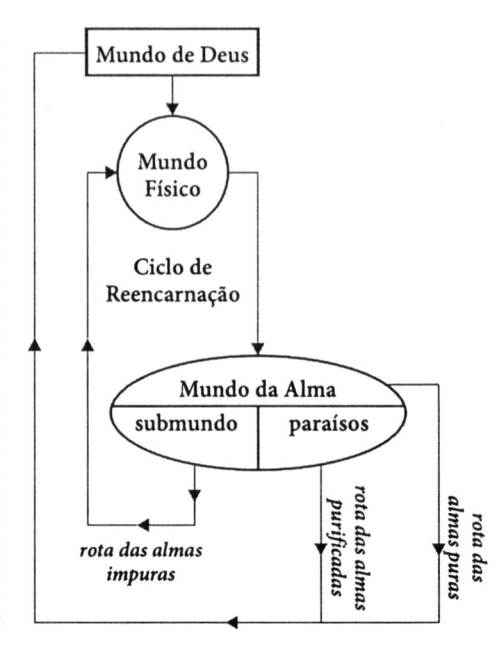

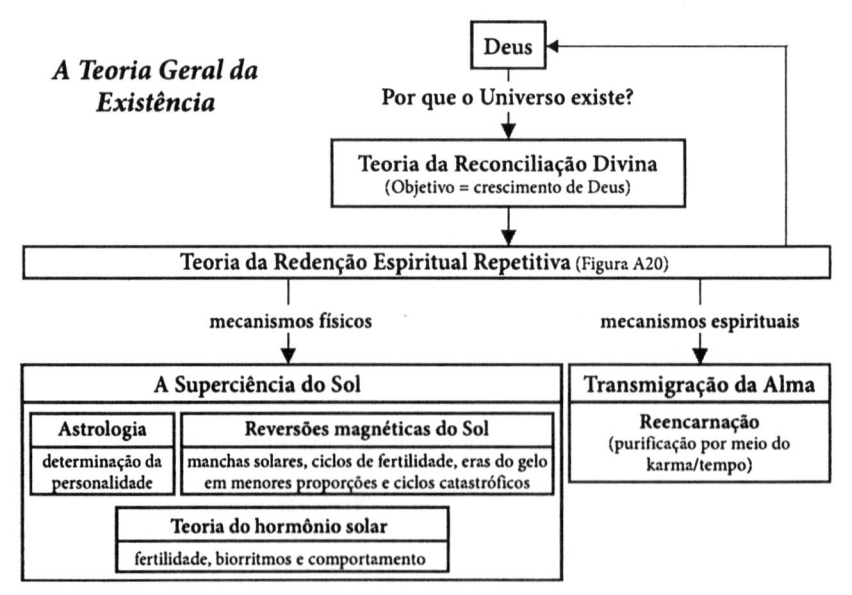

A Teoria Geral da Existência

Figura A19. Tesouros dos túmulos dos reis-sol sugerem que o objetivo do Universo é acomodar o crescimento de Deus (de acordo com a Teoria da Reconciliação Divina, como detalhado no texto principal). A Figura A20 soluciona a Teoria da Reconciliação Divina e a hipótese dos Três Mundos em um modelo.

A Teoria da Redenção Espiritual Repetitiva

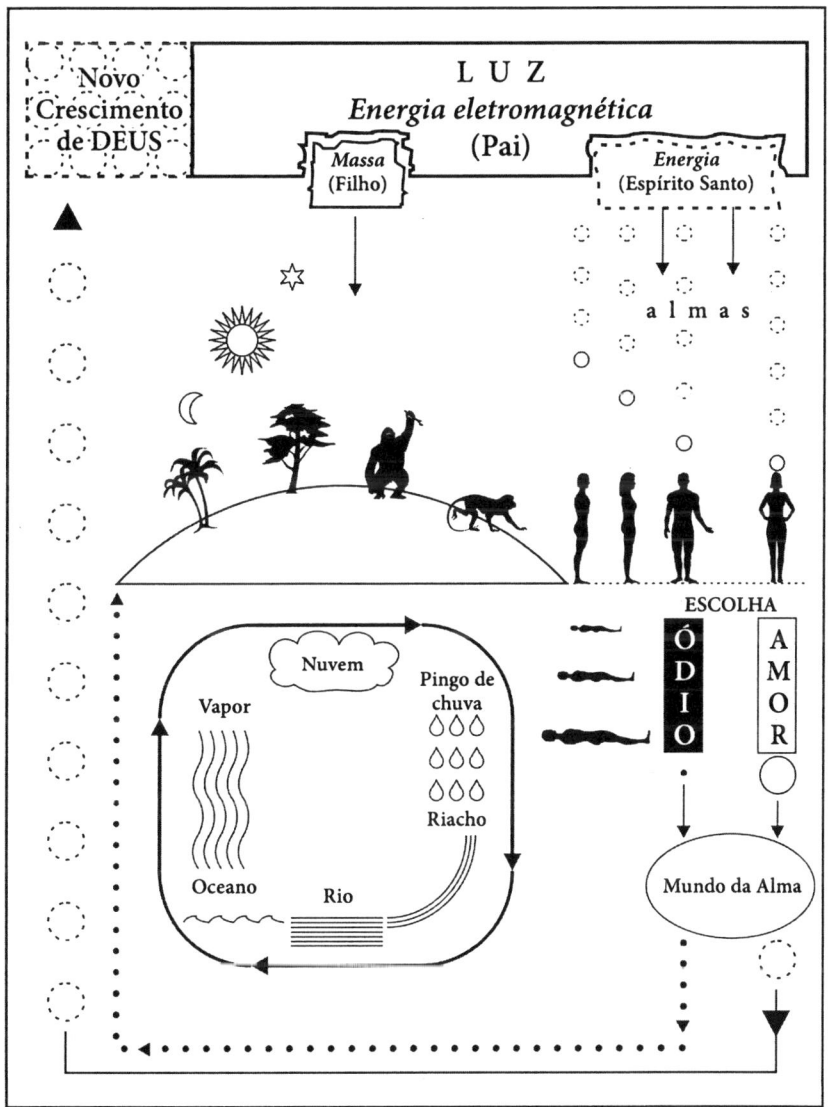

Figura A20. As escrituras dizem que Deus é luz. A luz é energia eletromagnética. Einstein nos diz que $E = mC^2$, que significa que a energia (E) pode ser convertida em massa física (m) e a massa pode ser convertida em energia. A equação nos diz que a liberação de energia, quando a massa é convertida, é proporcional à velocidade da luz ao quadrado (C^2). Isso sugere que, no início, Deus sacrificou uma parte de si, criando o universo físico (o filho). Os corpos físicos, então, evoluíram para atrair conjuntos discretos de energia eletromagnética (almas) a partir da fonte de energia (Deus). A jornada da alma é análoga à gota de chuva, que renasce diversas vezes. A purificação vem por meio do amor e do sacrifício. As almas purificadas retornam ao Criador. Como resultado, o Criador cresce. As almas más retornam à Terra, tentando novamente a purificação.

a tensão de *minha* alma irá aumentar, significando que, se *você me* odeia, envia a *minha* alma para o paraíso.

O Universo físico continua a surpreender os físicos modernos. Curiosamente, nada foi aprendido sobre a gravidade, a força que faz com que as coisas sejam atraídas para o chão, a mesma força que mantém o Universo, desde que Isaac Newton a definiu pela primeira vez na terceira parte de *Principia*, em 1687. É difícil acreditar que ninguém saiba suas causas. Ninguém sabe por que, no século XXI, os objetos caem no chão.

E apesar disso, os físicos têm certeza de que, contando os planetas e as estrelas, eles podem calcular um número para a quantidade total de gravidade presente no Universo. Porém, ao fazerem os cálculos, o número obtido é muito menor do que o necessário para manter o Universo. Para superar isso, os físicos fingem que há mais planetas e estrelas do que se pensa existir. Eles chamam os planetas e estrelas faltantes de "problema negro", pois não podem ser vistos. Isso pode parecer absurdo, mas, pelo menos, significa que os cálculos estão corretos. De forma similar, quando calculam a taxa de expansão do Universo, eles descobrem que seus números são, na verdade, muito mais baixos do que deveriam, significando, eles dizem, que também deve haver uma "energia negra", fazendo com que o Universo se expanda mais rapidamente do que se pensa.

Nunca lhes ocorreu considerar que 95% da energia do Universo, Deus, não se converteu em matéria física quando o Universo teve início, ou que Deus possa estar mantendo o Universo.

APÊNDICE TRÊS

O Sol como a Serpente Emplumada

O Sol como a Serpente Emplumada

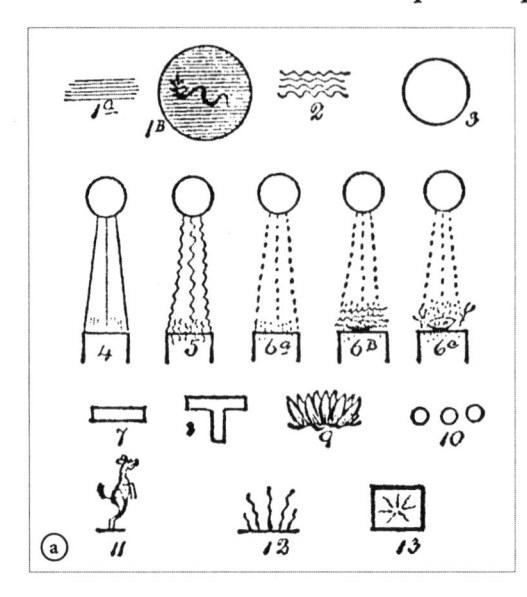

Figura A21. (a) Esboços dos blocos de 25 mil anos perdidos no Naacal tibetano, feitos pelo explorador dos anos 1930, James Churchward, durante sua estadia no monastério tibetano nessa época. Eles mostram o afundamento da lendária ilha de Lemuria, causado por padrões adversos de radiação solar: os níveis elevados de radiação levaram ao superaquecimento da massa de terra, causando o desprendimento de gases subterrâneos e o afundamento da ilha. Um dos esboços (chamado 1B) mostra uma marca com a forma de uma serpente emplumada na face do Sol — a mais antiga ilustração mostrando o Sol como a "serpente emplumada".

Figura A22. (a) Esquema da folha neutra do Sol ilustrada como a serpente emplumada. A serpente emplumada do Sol era adorada e ilustrada em entalhes e pinturas em todo o Egito (b) e México (c).

Tutankhamon, a Serpente Emplumada do Egito

Figura A23. Tutankhamon possuía o abutre (plumas) e a cobra em sua testa. Sua barba tinha a forma de um corpo de cobra, que terminava com as penas da cauda de um pássaro.

Viracocha, a Serpente Emplumada do Peru

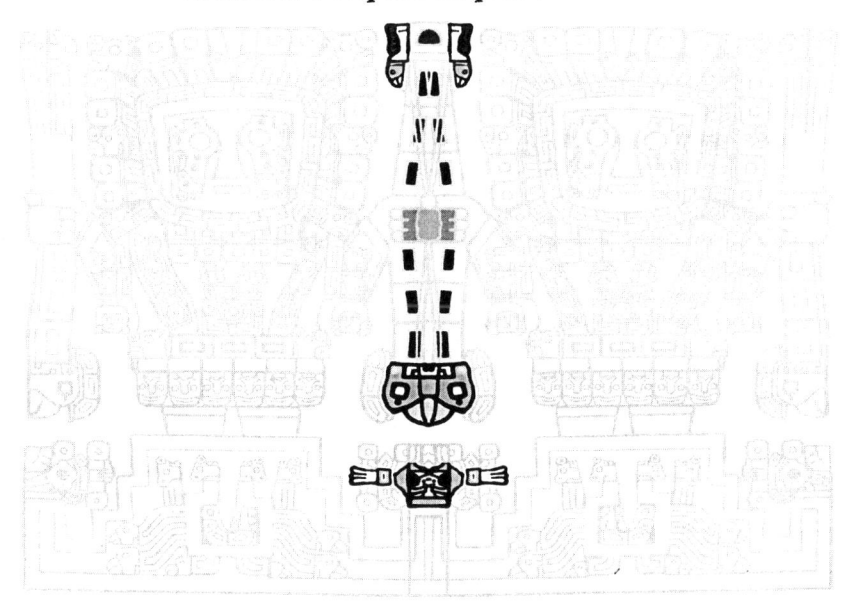

Figura A24. O transformador viracocha do Portal do Sol, Tiahuanaco, ilustrando Viracocha como a serpente emplumada.

Os Desenhos da Serpente Emplumada em Nazca

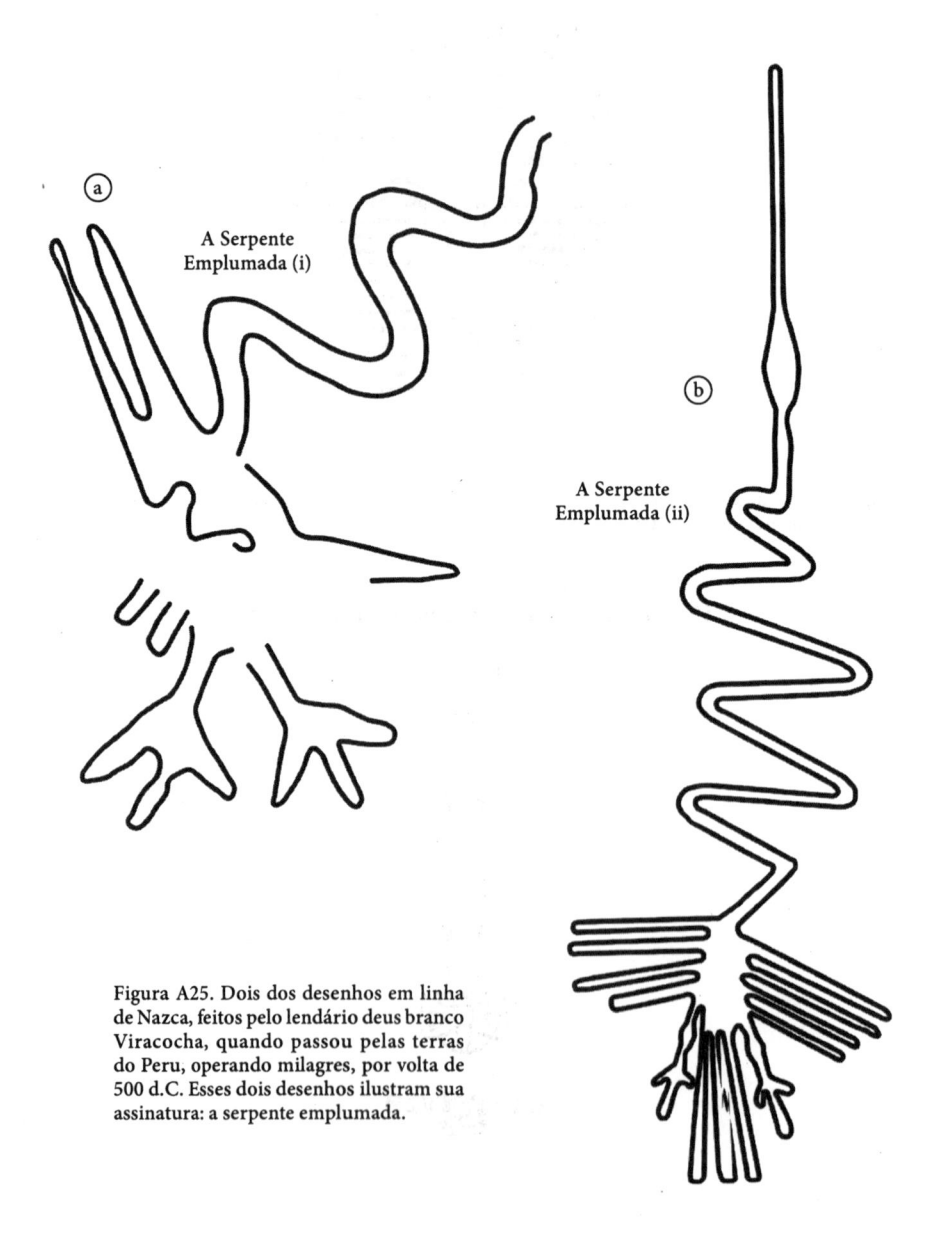

(a) A Serpente Emplumada (i)

(b) A Serpente Emplumada (ii)

Figura A25. Dois dos desenhos em linha de Nazca, feitos pelo lendário deus branco Viracocha, quando passou pelas terras do Peru, operando milagres, por volta de 500 d.C. Esses dois desenhos ilustram sua assinatura: a serpente emplumada.

Não está em escala. Orientação e posição mostradas apenas com o propósito de ilustrar.

O SOL COMO A SERPENTE EMPLUMADA

A Serpente Emplumada de Viracocha

Figura A26. Viracocha como a serpente emplumada, dentro das suas câmaras-aranha douradas em seu túmulo em Sipan, aprox. 500 d.C.

Lorde Pacal, a Serpente Emplumada do México

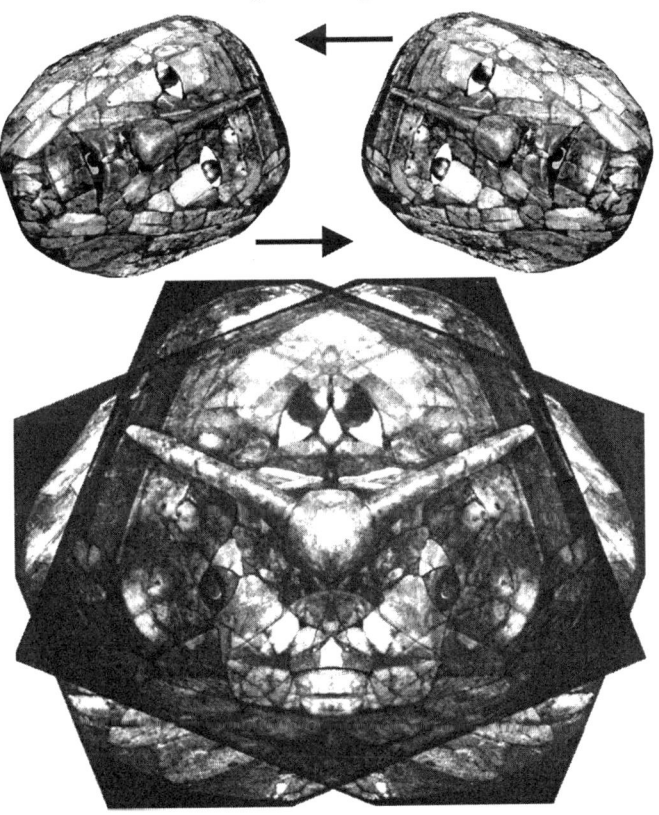

Figura A27. Lorde Pacal como a serpente emplumada, da máscara em jade decodificada encontrada em seu túmulo em Palenque, aprox. 750 d.C. A figura é revelada apenas quando as transparências são rotacionadas em 66,6° (o número do Apocalipse [666]) e sobrepostas como ilustrado.

APÊNDICE QUATRO

Cálculo do Ciclo da Mancha Solar Utilizando a Geometria Sagrada

As "formas sagradas" codificadas na arquitetura gótica pelos maçons, a cruz solar, o pentágono, o hexágono e o octógono podem, juntos, ser utilizados para calcular a duração do ciclo da mancha solar sem a utilização de um computador. Ao reverenciar essas formas, eles tentavam transportar a superciência oculta do Sol, que afeta todos os aspectos de nossas vidas.

A Figura A11 mostra a versão calculada em computador do ciclo da mancha solar de 187 anos. A Figura A28a mostra como seis microciclos de atividade magnética solar tornam-se um ciclo hipotético de 11,5 anos (6 x 8 bits [intervalos de tempo de 87,4545 dias]) = 700 dias [48 bits]. Essa relação pode ser simplesmente representada por um hexágono (Figura A28b), cujos lados possuem 8 bits (700 dias) de comprimento (ou, como no caso do Santo Graal, um octógono com lados de 6 bits de comprimento).

O hexágono, ou o octógono, pode ser colocado no topo de uma série de microciclos e virado de lado a cada 700 dias, ou dois lados a cada 1.400 dias etc. (Figura A29). Uma volta completa do hexágono resultaria em seis microciclos, 48 bits: um ciclo hipotético de 11,49 anos. Tudo o que seria necessário é uma espécie de calendário para manter a contagem do acúmulo dos períodos de 700, 1.400 dias etc.

Tudo vai bem até que o hexágono encontra o primeiro microciclo magnético contendo um bit mutante — o que ocorre quando o ciclo de 11,49 anos e o ciclo de 187 anos se cruzam e interferem um no outro — [significando que o microciclo possui 9 bits de comprimento em vez de 8]; cinco desses bits mutantes ocorrem no ciclo de 187 anos, e são mostrados na Figura A30c, caindo na onda da Figura A30b. A partir desse ponto, o hexágono simples irá começar a acumular um erro de bit a cada bit mutante encontrado. A Figura A30d mostra que as distâncias entre os bits mutantes pode ser expressa por um pentágono irregular, com lados de 153, 153, 161, 153 e 161 (781 no total).

A dessincronização do bit mutante, utilizando o método do hexágono para medir o ciclo da mancha solar, pode ser superado colocando-se o hexágono dentro do pentágono irregular (Figura A30e). O hexágono é girado como anteriormente. Como 153 e 161 são divisíveis por oito, 'restando 1', o hexágono poderá girar fora do espaço para inverter-se. Sempre que isso acontece, o pentágono inverte (levando o hexágono consigo). A dessincronização do bit mutante é, portanto, 'pulada', mantendo o sincronismo entre o hexágono e o ciclo da mancha solar (Figura A31a). O mesmo se aplica a uma seqüência de inversões de um octógono.

Um calendário simples, como o da Figura A31b, poderia ser usado para manter a contagem do acúmulo dos dias: cada dia, uma pedra, marcando na vertical ou na horizontal, na disposição de 40 verticais e 35 horizontais (40 x 35 = 1.400 = dois lados do hexágono). O hexágono é invertido em duas faces quando todos os 1.400 estão marcados.

Cálculo do Ciclo de Mancha Solar Utilizando a Geometria Sagrada

Figura A28. (a) Os seis microciclos de um ciclo hipotético de 11,5 anos pode ser englobado por um hexágono (b). Cada lado do hexágono representa 8 bits de tempo (8 x 87,4545 dias) 700 dias. O hexágono pode ser usado para medir o progresso do ciclo, levando-se em conta que ele troca a face do hexágono a cada 700 dias. Uma volta completa do hexágono indica que o ciclo hipotético transcorreu. O ciclo de mancha solar pode ser acompanhado por intermédio desse método. De forma alternativa, um octógono, com lados de 6 bits, poderia ser utilizado para oferecer o mesmo resultado.

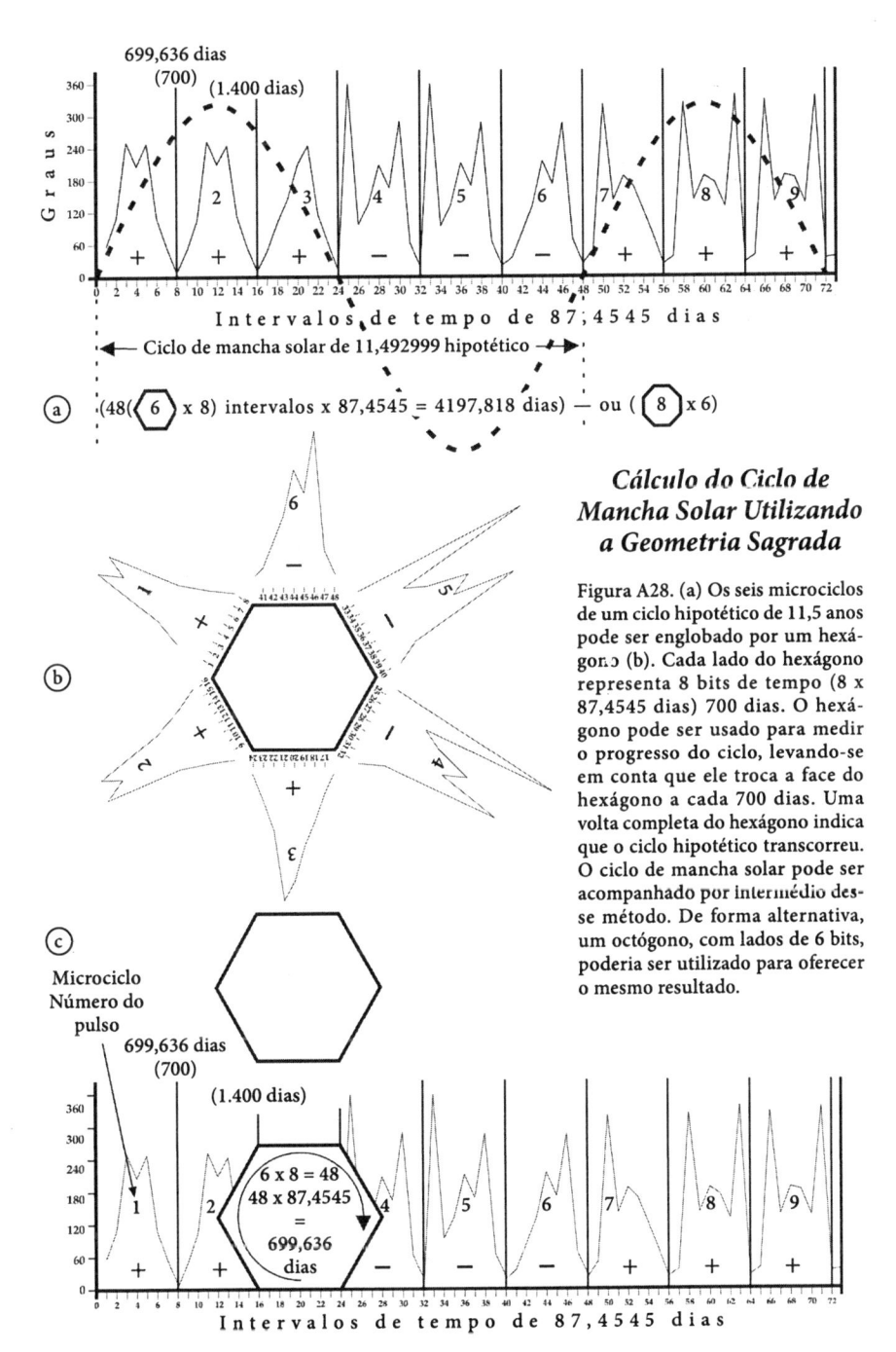

Figura A29. Um hexágono simples, trocado de lado a cada 700 dias, pode ser utilizado para acompanhar os ciclos de manchas solares. Uma volta completa do hexágono soma um ciclo completo de mancha solar de 11,4929 anos.

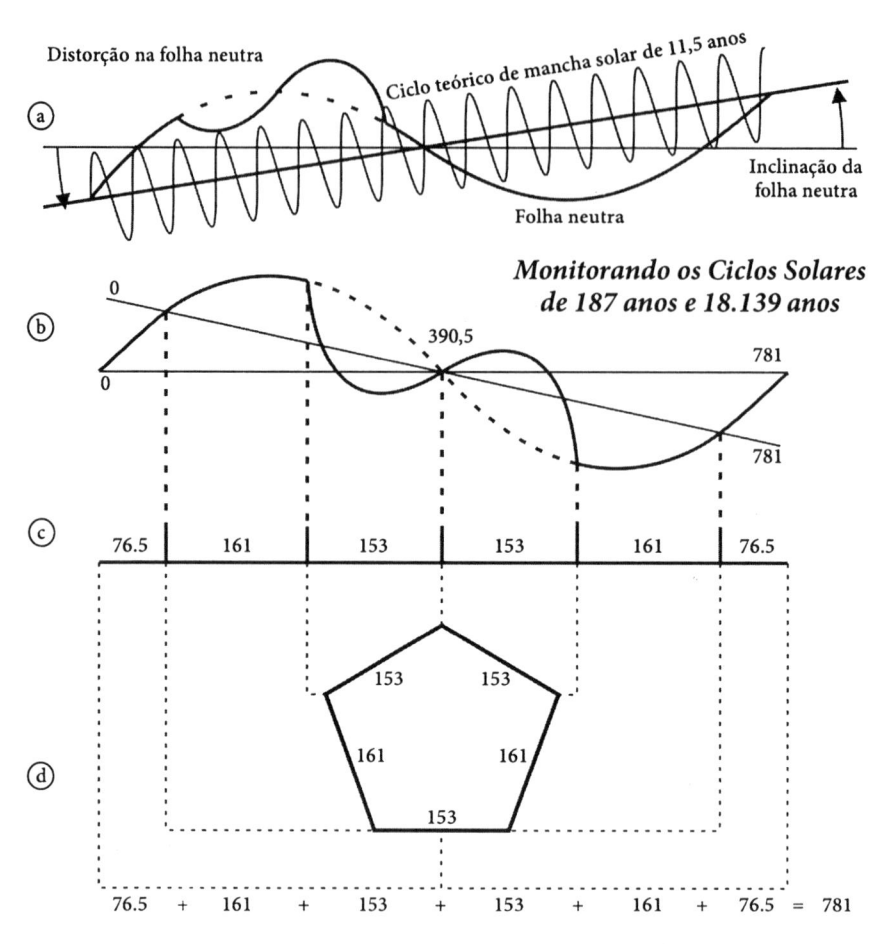

Monitorando os Ciclos Solares de 187 anos e 18.139 anos

(a) Distorção na folha neutra — Ciclo teórico de mancha solar de 11,5 anos — Folha neutra — Inclinação da folha neutra

(b) 0 … 390,5 … 781 … 781

(c) 76.5 | 161 | 153 | 153 | 161 | 76.5

(d) Pentágono: 153, 153, 161, 161, 153

76.5 + 161 + 153 + 153 + 161 + 76.5 = 781

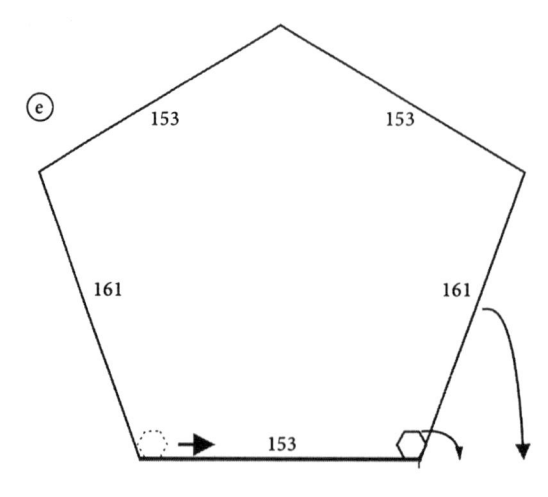

(e) Pentágono: 153, 153, 161, 161, 153

A30. (a) Ciclo de mancha solar hipotético de 11,5 anos feito na folha neutra inclinada. (b) Folha neutra (rotacionada para facilitar a projeção). (c) Intersecções de localização do bit mutante ao longo da folha neutra. (d) Pentágono mostrando as distâncias entre os bits mutantes. O método de rotação do hexágono acompanhará os ciclos de mancha solar, mas começará a acumular um erro de um bit mutante no encontro dos microciclos. Para superar isso, o hexágono pode ser colocado dentro de um pentágono. (e) O pentágono é girado cada vez que espaços insuficientes surgem em um giro do hexágono. Desta forma, o ciclo de mancha solar de 187 anos pode ser monitorado de forma precisa com relação ao grande ciclo solar de 18.139 anos.

Monitorando os Ciclos Solares de 187 Anos e 18.139 Anos Utilizando Stonehenge

(a)

Stonehenge III aprox. 1500 a.C.
(Nota: Stonehenge I, aprox. 3113 a.C.; Stonehenge II, aprox. 2000 a.C.)

(b)

Pedra horizontal externa
Pedra vertical externa
Pedra horizontal interna
Pedra vertical interna

40 pedras verticais; 35 pedras horizontais
40 x 35 = 1.400 = 2 voltas do hexágono

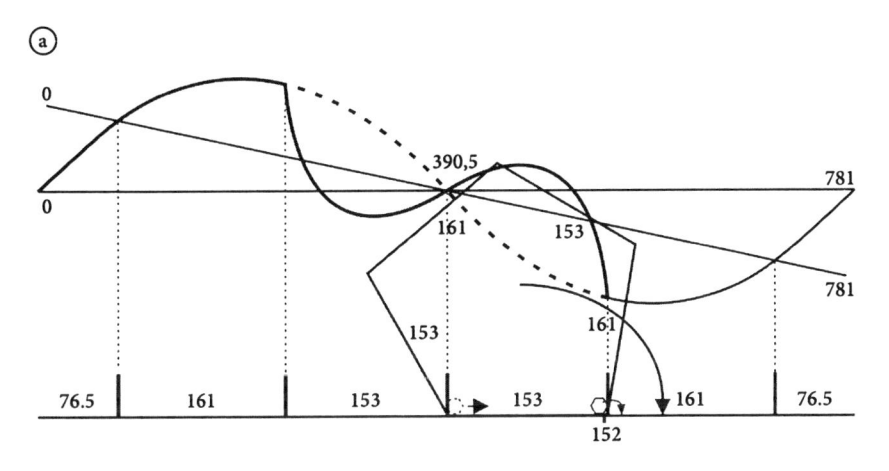

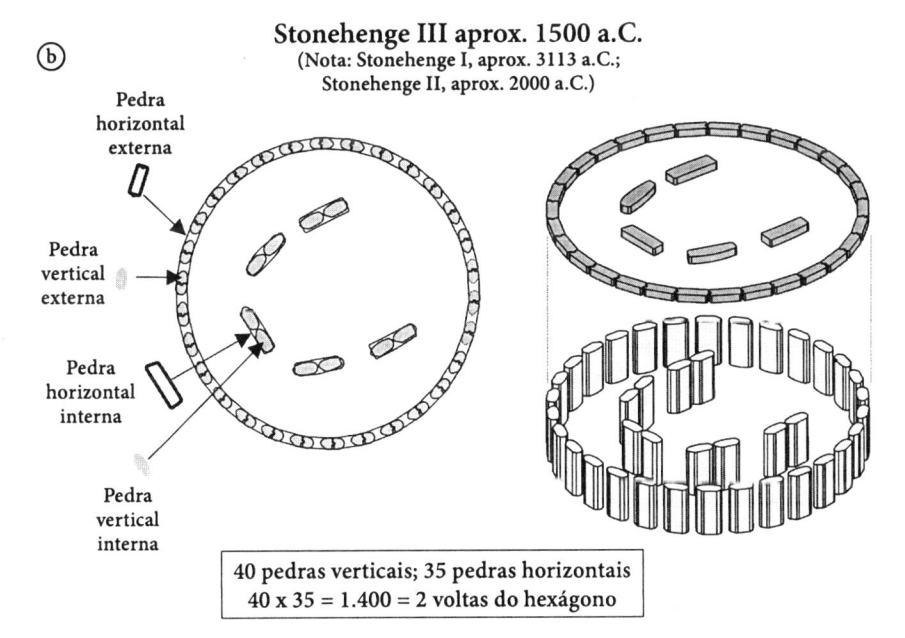

Figura A31. (a) A disposição hexágono-pentágono mostra como o ciclo de mancha solar pode ser monitorado utilizando hexágonos (ou octógonos) juntamente com um pentágono. Essas formas foram codificadas pelos construtores góticos na arquitetura de sua catedral durante o período medieval. Elas formavam a base da Geometria sagrada, as formas geométricas contidas na arquitetura das igrejas da Europa. (b) Stonehenge pode ser usado para acompanhar o ciclo de mancha solar: as disposições Trilithon (três arcos de pedra nos anéis interior e exterior) em Stonehenge são compostas de 40 pedras verticais e 35 pedras horizontais (no total). Se uma pedra for marcada a cada dia, todas as pedras estarão marcadas após 1.400 dias (40 x 35). A marcação nas pedras poderia ser usada como um calendário, juntamente com o método do hexágono-pentágono de cálculo da mancha solar.

Índice Remissivo

A

Abraão – 67
Abraham, dr. Karl – 71
Absolom – 73
Acab – 74
Adomnan – 106
Agricola, governador – 60
Aidan, S. – 107
Aidey, dr. Ross – 25
Akhenaton – 70-71
Alban, S. – 99
Alésia – 60
Alfa – 152-153, 177
Alpes – 21, 44, 59
Âmbar – 35, 41, 49, 135, 153, 171-173
Amenophis – 70
Amós – 74, 77
Anglo-saxões – 16, 121
Antigo Testamento – 53-54, 67, 76-77, 79, 86, 97, 99, 156
Apocalipse – 34, 58, 70-71, 84, 97-99, 111, 138, 152, 161-163, 203, 217, P4, P5, P20
Apócrifos – 77
Apolo – 54
Apóstolos – 81, 95-96, 109-111, 120, 141-142, 144, 155-157, 171-172, 177-178
Arca da Aliança – 72
Argumenta – 110
Arianos – 16, 18-19, 29
Arjuna – 33, 127
Arles, Conselho de – 99
Arreio – 39-42, 51
Ártemis – 54
Arthur, rei – 121, 123, 126, 128, 132, 138, 142, 156-157, 165-166, 176, 178-179, P20
Arthuriana – 123, 126, 138, 142, P20
Assírios – 74
Asteca – 62, 197, P9
Astrologia – 21, 26, 61, 69, 92-93, 201, 210
Atlântida – 15
Atom – 68
Atos de Pedro – 77

Atos dos Apóstolos – 95-96, 155
Augusto, César – 79

B

Babilônios – 74-75
Baden-Wuerttemberg – 35
Bain, George – 7, 108, 114-116, 174
Baixo relevo – 30, 31, 113, 161, 194-196, 199, P2
Basil – 99
Basse Yutz – 22, 49-51, 115, 141, 153, 176, P14
Beacon – 44
Bede – 8, 100
Bedivere – 125-126
Belém – 79, 99
Bel e o Dragão – 77
Benedito – 99
Bhagavad Gita – 33, 89, 127
Biel, dr. Joel – 35
Bizâncio – 100
Bizantino – 100, 144, 171, 178
Blair, Edmund – 129
Blake, William – 80
Bonampak – 29, 46, 58, 181, 188, 236, P3, P4
Bonifácio, São – 105
Botão ausente – 152
Botões subcônicos – 169, 171, 174
Boudicca – 60
Brahma – 29
Brâmanes – 29
Breisach – 43-44
Breves causae – 110
Broche em anel – 134

Broche Tara – 8, 115, 133, 135-142, 172-173, 175-176, 178-179, P20, P21, P22
Buda – 29, 33
Burne-Jones, Edward – 128, 132, P17
Butler, dr. – 143

C

Cabeça de dragão – 135, 137-138, P21, P22
Cabeça de Olmec – P10
Caicher – 17
Caldeirão de Gundestrup – 52-55, 58, 136, 176
Calderon, William Frank – 129
Cálice de Ardagh – 8, 115, 139, 141-143, 145, 171-173, 175-177, P16, P19, P20, P23
Camp de Chassey – 43-44
Canaã – 16, 67, 69, 71-72, 75, P15
Canção das Três Crianças – 77
Canção de Salomão – 75
Cariátide – 38
Carma – 104
Carter, Howard – 70-71
Casas de botão – 141
Cassivellaunus – 60
Catedral de Strasbourg – 46
Cathach – 109, 111
Caucasianos – 15
Cavaleiros da Távola Redonda – 123, 126, 178
Celestino, papa – 106
Celta – 13, 16, 18-21, 35, 37, 42-45, 47, 49, 51, 53-54, 57-58, 60, 63-64, 66, 89-92, 94, 100, 102, 105, 107-109,

111, 114-119, 123, 136, 139-140, 155, 165-166, P14
Cernunnos – 53-54, 56, 58, 136, 176, 195, P22
César, Júlio – 59, 62
Chacra – 93-94, 138
Champlevé – 50, 151, 153, 176
Chatillon-sur-Glane – 43-44
Cherchen – 18
Codex – 105, 109, 195
Codificação – 34, 58, 75, 161, 177, 203
Colônias romanas – 60
Columba, S. – 106-107, 111
Compasso – 71, 130, 145, 182, 185, P7, P8, P24
Confúcio – 23
Constantino – 98, 100, 156
Constantino, o Grande – 98, 100
Cornuália – 16, 22, 43-44, 79-81, 121, 124, 126
Cranfield University – 28
Cristal de quartzo – 141-142, 149, 151, 163-166, 175, 178, 181
Critias e Timaeus – 15
Crônicas – 17, 75, 77
Cruz solar – 19-20, 65, 88, 141, 151-153, 157, 159, 219, P23
Cruz Tau – 157-160, 178

D

Danann – 17
Daniel – 77
Davi, rei – 72
De Grance, Leon – 125-126
De Leon, Cieza – 187, 189, P5
Delphi – 54, 59
Dendera – 69
Deserto Taklamakan – 15, P1
Deus, Primeira imagem de – 183, 185
Deus morcego – 21, 45, 47, 140, 182, 184, P7, P8, P24
Deuteronômio – 75, 77
Dez Mandamentos – 72-74, 82
Dicksee, Leighton Frank – 129
Diodorus – 61
DNA – 16, 26, 65, 93
Domitian, imperador – 97
Donn – 19
Dragões-anjos – 133, 142, 156-157, P19
Dragões unidos – 158-159, 179
Dresden – 28
Druidas – 17, 19, 60-62, 65, 102, 144, 155, 177
Druidismo – 60-61
Dunraven, Lorde – 143
Durrow – 106, 109, 111, 115

E

Éber – 19
Echternach – 117
Eclesiastes – 73, 77, 131-132, 167, 169, P18
Ector, *sir* – 124
Ecumênico – 118
Elias – 74
Eliseu – 74
Emly – 17
Enda, S. – 106
Episcopal – 106
Epístolas – 96-98

Esboços – 47, 129, 184, 214
Escudo do Sol – 30, P2, P3
Esmalte – 50, 135, 153, P14
Espiral – 89, 91-93, 111
Ester – 77
Estrela de Davi – 30, 31, 33, 73, 161, 194, 197, P2
Estrógeno – 25-26, 62, 92-93, 149
Ethelbert, rei – 105
Ethewald – 8, 109-110
Eufrates – 67-69
Eugippius – 117
Evangelhos – 77, 81, 84-85, 95, 97-99, 105, 109-112, 115, 120, 141, 144, 155-156, 173, 177, P16
Excalibur – 13, 123-128, 133, 186, P19, P20
Existência, Teoria Geral da – 83, 210
Êxodo – 70, 72-75, 77, 107, P15
Ezequiel – 74, 77, 110

F

Fertilidade, deus da – 21, 25, 27, 92-93
Filipe – 81, 82, 95, 99
Filisteus – 18, 75
Finnian, S. – 106
Flanagan, Paddy – 139, 143
Forte – 27, 44, 50, 59-60, 87, 139
Fragmentos Moratórios – 98
Freud, Sigmund – 71

G

Galahad, *sir* – 100, 125, 178
Gênesis – 74-75, 77, 185
Geoffrey de Monmouth – 121, 123
Geometria Sagrada – 151, 219, 221, 223
Gerald of Wales – 107
Glastonbury – 81, 99-100, 121, 127, 132
Glauberg – 22, 45, 47, 140, 235-236
Gleninsheen – 63
Gramática, Mistério da – 8, 156
Gravação do cálice – 163, 177
Grego latinizado – 111, 155, 177, P16
Gregório I, papa – 105
Gregório II, papa – 105
Guinevere – 125-126, 128, 133

H

Hallstatt – 21-23, 25, 28, 35, 37, 42-45, 49, 51, 92, 94, 141, 159, 163, 165-166, 181
Han – P11
Hathor – 24
Hebreus – 16, 71, 74-76, 79, 96, 98, 110-111
Heidelberg – 45
Hengist – 100
Herodes, rei – 122
Heuneburg – 43
Hochdorf – 22, 32, 35-37, 39-42, 44-45, 49, 65, 165, 176, 179, 207, 235
Hochdorf, rei de – 36, 40-41, 65, 165, 176, 179, 207
Hohenasperg – 43-44, 50
Holman Hunt, William – 129
Horsa – 100
Hughes, Arthur – 129

I

Idade do Bronze – 42
Igraine, rainha – 124
Ilha de Man – 16, 92
IMP I – 26
Informação – 41, 163, 166, 186
Inisfallen – 7, 17, 19, 237
Ír – 17, 19
Irineu – 98
Irmandade – 126, 128-129, 132, 167
Isaías – 74, 77, 87
Israel – 16, 34, 67, 72-75
Israelitas – 71-72, P15

J

Jade – 137, 233
Jarros de Basse Yutz – 51, 115, 141, P14
Jeová – 72, 97
Jeremias – 74-75, 77
Jeú – 74
Jó – 75, 77
João, o Batista – 81, 122-123
Joel – 35, 77
Jonas – 74, 77
José de Arimatéia – 79, 85, 92, 99, 123, 125, 132, 176, 178
Josué – 72, 77
Judá – 72, 74-75
Judaísmo – 30-31, 33, 73, 161, P2
Judas – 77, 81-82, 86, 95-96, 98, 141, 155-156, 177, P23
Juízes – 73, 77

K

Kalasasaya – 190-192, 194-195, 198, 200
Kanes – 70
Katzenbuckel – 49
Kay – 126
Kells – 109-111, 115, 120, 143, 173-174, 179
Keltoi – 16
Kleinaspergle – 49-50
Knox d'Arcy, William – 129
Krishna – 29, 33, 127
Kurukshetra – 127

L

Lago Titicaca – 31, 159-160, 188-189, 191, P2
Lamec, Canção de – 74
Lancelot – 122, 124-126, 128-129, 132
La Tène – 22, 44, 46, 49-51, 107, 143-144, 176, 178, P14
Lázaro – 99
Leon de Grance – 125-126
Levítico – 75, 77
Lichfield – 120
Liebfried, Renate – 35
Lindisfarne – 106-107, 109-111, 115, 120, 141, 144, 155-156, 173-174, 177, 179, P16
Lismore – 17
Liu Sheng, Príncipe – 136-137, 182, P21
Longinus – 89-90, 122

Lorde Pacal – 29-31, 33-34, 36, 38, 42, 46, 55-58, 70, 83, 85, 117-118, 128, 158-159, 161, 176, 181, 185, 188, 196, 202-204, 206, 208, 217, P3, P4, P5, P11, P12, P24

Loulan, beleza de – 19

Lucan – 125-126

Lucas, Evangelho de – 96-97

M

Maçom – 182, 185, P8

Madalena, Maria – 79, 92, 99

Maddox-Brown, Ford – 129

Magos – 61

Mahabarata – 33

Maimonides – 84, 112, 127

Mair, Victor – 15

Maiúscula insular – 109, 144

Malha metálica – 149-150, 165-166, 178, 181

Mallory – 15, 237, P1

Malory, Thomas – 121, 123

Manasses, Oração de – 77

Manchas do Sol – 37-38

Manuscritos iluminados – 107, 110, 112, 114-115, 117, 133, 173-177, 179, 186

Manx – 92

Mar Cáspio – 17, 76

Marcos, Evangelho de – 96

Mariner – 23, 25-26

Máscara em Mosaico de Palenque – 183-184, P6, P24

Massalia – 22, 43-44

Mateus, Evangelho de – 96

Matheus – 177

Matriz numérica – 34, 56, 58, 118-119, 208

Menstruação – 26, 62, 92

Mercúrio – 24, 31, 136-137, P22

Merlim – 123-126, 128, 157, 159, 165-166, 176, 179

Mesopotâmia – 68-69

Mil – 19

Millais, John Everett – 129

Miriam – 74

Mitra – 57

Mitraísmo – 57

Mitterkirchen – 22, 42

Moisés – 70-72, 75, 79, 82, 103

Monastérios – 8, 102-103, 105-107, 109-110, 176, 179

Monte Alban – 28, 30-31, 33-34, 47, 58, 140, 159, 161, 188, 194, P2, P3

Mont Guerin – 43-44

Mont Lassois – 22, 35, 42-44, 49

Montmorot – 43-44

Mordred – 125-126

Morgana-le-Faye – 126

Morris, William – 128

Múmias – 15-16, 18, P1

Mural de Bonampak – 29, 46, 58, 181, P3, P4

N

Nag Hammadi – 77, 98

Nagold – 43-44

Narmer, rei – 67

Nascimento de Vênus – 28

Naum – 77

Nazca – 112-113, 188, 197, 216, 238, P5
Nebunchadnezzar – 75
Neemias – 75, 77
Nefertiti – 70-71
Newgrange – 17
Nó – 152
Normandos – 16
Novo Testamento – 77, 81, 96-99
Números – 34, 74-75, 77, 116, 118-119, 203

O

Olmec – 47, P10
Ômega – 152-153, 177
Origen – 98
Órion – 31, 68-69, 136, 175
Osíris – 31, 68-70
Owain – 126

P

Padrão Viracocha – 161-162, 164
Palenque – 31, 33, 37, 55, 57-58, 117-119, 158-159, 161, 183-184, 188, 197, 202-204, 208, 210, 217, 236, P3, P4, P5, P6, P9, P12, P24
Palestina – 75, 77, 79, 98-99
Palladius, bispo – 106
Pântano – 52, 54, 157, 159
Parábolas – 83-84
Parry, *sir* Hubert – 80
Pashcal – 29
Passagem – 31, 44, 70, 85, 102, 106, 129, 133-134, 161, 176
Patriarcas – 74

Patrício, S. – 155
Paulo, São – 96-97, 103, 141, 156, 178
Pavões – 175
Pé – 8, 146-148, 151, 164
Pentateuco – 75-76, 79
Pepi – 69
Percival – 122-123, 125-127, 185
Pescador, rei – 122
Peshitto – 99, 156
Pilatos, Pôncio – 92
Pirâmide das Inscrições de Palenque – 31, 34, 55, 57, 118, 159, 202, 204, P3, P4, P5, P9, P12
Planisfério – 64
Plínio – 61
Poço – 74, 81
Popol Vuh – 7, 85, 176, 234
Portal do Sol – 30, 113, 159, 161, 191, 194-195, 198-200, 215, P2
Portal do Sol – 192
Pré-rafaelitas – 128-129, 132, P18
Progesterona – 25-26, 62, 92-93, 149
Provérbios – 73, 77
Ptah-Hotep – 69

Q

Qawrighul – 19, P1
Quetzalcoatl – P6
Quinn, Jimmy – 139, 143

R

Ra – 68-69
Ramsés – 71

Reforma – 107
Reiche, Maria – 112
Reinheim – 22
Rinnagan – 89-91, 93, 179, 181
Roma – 18, 22, 59-60, 96-100, 106-107, 109-110, 156
Rosamund – 129, P18
Rossetti, Dante Gabriel – 129
Royal Irish Academy – 7, 143, 236
Rute – 77

S

Salmos – 72, 75, 77, 79, 86-87, 105
Salomão, Canção de – 75
Salomé – 122
Sambre – 59
Samuel – 72-73, 77
Sanhedrin – 79
Sânscrito – 29, 62
Santo Graal – 8, 13, 99-100, 122-123, 125, 129, 132, 142-144, 156-157, 159-160, 162-163, 171-172, 174-177, 179, 219, P17, P19, P23
Saulo – 72, 96, 156
Schiffenen – 43-44
Schwab, Freiderich – 49
Scotta – 17, 19
Scotti – 19
Scythia – 17, 19
Sedecias – 75
Semi-anular – 133-135
Sentenium – 59
Serpente Emplumada – 213-217
Shiva – 29
Sião, Monte – 72, 75

Siege Perilous – 125, 132, P17
Sinai, Monte – 71
Sínodo – 107
Sofonias – 74, 77
Sólon – 15
Stephaton – 90
Stokes, Margaret – 155
Stonehenge – 35, 223
Strabo – 61
Suástica – 8, 22-23, 25-26, 28, 38-39, 92, 94, 149, 159, 165-166, 175, 178, 181, 186
Suásticas invertidas – 22, 25, 38-39, 181
Sumérios – 18
Susana – 77
Sykes, professor Bryan – 16

T

Taprobane – 17
Tara – 8, 17, 115, 133, 135-142, 172-173, 175-176, 178-179, P20, P21, P22
Tarim – 18, 235
Tatian – 98-99
Távola Redonda – 100, 123, 125-126, 128-129, 133, 142, 159, 178, P19
Terra prometida – 71-72
Tesouro de Ardagh – 8, 139, 143
Tesouro de Derrynaflan – 170-171, 179
Teutones – 57
Thutmose – 71
Tiahuanaco – 30-31, 33, 113, 159-162, 171, 176, 188-195, 197-198, 200, 215, P2, P3, P5

Tiber – 59
Tigre – 67-69
Tomé – 81-82, 94-95
Torá – 72, 75
Torque – 35, 49, 51, 53, 54, 139, P22
Transformador maia – 31, 46, 161, 199, 202, P2, P12
Transformador viracocha – 161-162, 198, 200, 215
Transmigração da alma – 61-62
Túmulo de Tutankhamon – 31, 37, 41, 70-71, 206-207
Turquistão – 18-19
Tutankhamon – 25, 29, 31, 33, 37-39, 41-42, 58, 70-71, 128, 136, 176, 196, 201, 206-207, 215, 236

U

Última Ceia – 99, 123, 132, 141-142, 171-172, 175, 185, P17
Uncial – 109
Ürümchi – 18
Uther Pendragon – 124, 126

V

Vedas – 29
Velikovsky, Immanuel – 27, 191, 193
Vento solar – 23, 25-26, 63, 65, 92-94, 137, 149
Vênus – 21-24, 27-31, 33-35, 38, 53-54, 61-62, 70, 73, 78, 90, 94, 117, 119, 122, 130, 136-140, 152-153, 158-159, 177, 182-184, 208, P3, P10, P12, P22
Vercingetorix – 60

Verdade, Evangelho da – 77, 98
Vesica pisces – 30, 161, P3, P9
Vetusta Ecclesia – 100
Via Láctea – 69
Vikings – 16, 110, 179
Viracocha – 29-33, 36-39, 46, 55, 57-58, 112-114, 141, 159-162, 164-166, 171, 176, 179, 181-182, 184-185, 187-190, 194-200, 206-207, 215-217, 234, P2, P3, P5, P10, P24
Viracocha Pachacamac – 29, 32-33, 37-39, 55, 161, 182, 184, 206-207, P5, P24
Vishnu – 29
Vita Columbae – 106
Vortigern – 100-101
Vulgata – 99

W

Waterhouse, John W. – 129, P18
Whitby, Sínodo de – 107
Willibrord, S. – 117
Wurzburg – 43

X

Xadrez – 73, 133, P1
Xamãs – 61
Xipe Totec – 46, 195-196, P3, P4, P10
Xiuhtechutli – P10

Y

Ybys Môn – 60
Yin e Yang – 89, 91

Z

Zacarias – 75, 77, 86
Zaghunluq – 18, P1
Zeus – 27, 29, 54, 77
Zeus-Júpiter –27

Bibliografia

ADES, Harry. *Celtic Art,* Paragon, 1999.

AIDEY, dr. W. Ross. *'Cell Membranes, Electromagnetic Fields and Intercellular Commuication',* Basar, E. (Ed.), de uma apresentação na Conferência Internacional sobre Dinâmica do Processamento Sensorial e Cognitivo no Cérebro, Berlim, agosto, 1987.

ASHE, Geoffrey. *A Guidbook to Arthurian Britain,* Longman, 1980.

BAIN, George. *Celtic Art — the Methods of Construction,* Dover, 1973.

BANCK, Johanna. *Feine Tüche für den Fürsten,* Theiss Verlag, 2002.

BIEL, Jörg. *Experiment Hochdorf,* Archäologische Denkmäler in Hessen 51, 1994.

———. *Das Rätsel der Kelten vom Glauberg,* Theiss Verlag, 2002.

———. *Der Fürst,* Theiss Verlag, 2002.

———. *Der Keltenfürst von Hochdorf,* Theiss Verlag 1998.

BARBER, Elizabeth Wayland. *The Mummies of Urumchi,* W. W. Norton and Co., 1999.

BERRESFORD ELLIS, Peter. *The Ancient World of the Celts,* Constable & Robinson, 1998.

———. *The Celts,* Constable & Robinson Ltd., 1998.

BETTANY, G. T. *The World's Religions,* Ward Lock & Co.,1890.

CAPON, E. e MACQUITTY, W. *Princes of Jade,* Sphere, 1973.

CAVENDISH, R. *An Illustrated Guide to Mythology,* W. H. Smith, 1984.

COGHLAN, Ronan. *The Encyclopaedia of Arthurian Legends*, Vega Books, 1991.

COTTERELL, Arthur e STORM, Rachel. *The Ultimate Encyclopaedia of Mythology*, Hermes House, 1999.

COTTERELL, Arthur. *Myths & Legends*, Cassell, 1992.

COTTERELL, Maurice. *Astrogenetics*, Brooks Hill Robinson & Co., 1988.

─────── . *The Amazing Lid of Palenque*, Vol. I, Brooks Hill Perry & Co., 1994.

─────── . *The Amazing Lid of Palenque*, Vol. 2, Brooks Hill Perry & Co., 1994.

─────── . *The Mayan Prophecies*, Element, 1995 (co-autor).

─────── . *The Mosaic Mask of Palenque*, Brooks Hill Perry & Co., 1995.

─────── . *The Mural of Bonampak*, Brooks Hill Perry & Co., 1995.

─────── . *The Supergods* (*Os Superdeuses*, lançado no Brasil pela Madras Editora), Thorsons, 1997.

─────── . *The Lost Tomb of Viracocha* (*Os Segredos das Pirâmides Peruanas*, lançado no Brasil pela Madras Editora), *Headline*, 2001.

─────── . *The Tutankhamun Prophecies* (*As Profecias de Tutankhamon*, lançado no Brasil pela Madras Editora), Headline, 1999.

─────── . *The Terracotta Warriors*, Headline, 2003.

DIX, Gregory. *Jew and Greek — a study in the primitive Church*, New York, Harper & Bros., 1953.

EYSENCK, H. J. e NIAS, D. K. B. *Astrology: Science or Superstition?* Maurice Temple Smith, 1982.

FINLAY, Ian. *Celtic Art*, Noyes, 1973.

GHEZZI, Bert. *The Times Book of Saints*, Harper Coillins, 2000.

GIBBON, Edward. *The History of the Decline and Fall of the Roman Empire*, Ed. J. B. Bury, 7 vols., Methuen, Londres, 1896-1900.

GOETZ, D. e MORLEY, S. G. *The Popol Vuh* (after Recinos), Wm. Hodge & Co., 1947.

GREEN, Miranda. *The Gods of The Celts*, Sutton Books, 1986.

HERM, Gerhard. *The Celts*, Weidenfeld and Nicolson, 1976.

Hessisches Landesmuseum Darmstadt, *Katalog der Glauberg-Funde, 1980*.

His Majesty's Special Command (trad.). *Holy Bible*, Eyre & Spottiswoode, 1899.

HITCHING, E. *The World Adas of Mysteries*, Wm. Collins & Son, 1978.

HORTON, Fred L. Jnr. *The Melchizedek Tradition — a critical examination of the sources to the fifth-century A.D. and in the Epistle to the Hebrews*, Cambridge University Press, 1976.

HUBERT, Henri. *The History of the Celtic People*, Bracken Books, 1993.

HUTCHINSON. *Encyclopedia*, Helicon, 1998.

JORDAN, M. *Encyclopaedia of Gods*, Kyle Cathie, 1992.

LAFFERTY, P. e ROWE, J. (Ed.'s) *The Hutchinson Dictionary of Science*, Helicon, 1996.

LAING, Lloyd e JENNIFER. *Art of the Celts*, Thames and Hudson, 1992.

LALOR, Brian. (Ed.) *The Encyclopaedia of Ireland*, Gill Macmillan, 2003.

LEGGE, James. *The Chinese Classic*, Volumes I-V, University of Hong Kong Press, 1960.

IE PLONGEON, Augustus. *Sacred Mysteries among the Mayas and the Quiches 11.500 Years Ago*, Macoy, 1909.

MALLORY, J. P. e MAIR, Victor H. *The Tarim Mummies*, Thames and Hudson, 2000.

MORLEY. S. G. *An Introduction to the Study of Maya Hieroglyphs*. Dover, 1915.

MOORE. Hunt. Nicolson and Cattermole. *The Atlas of the Solar System*. Mitchell Beazley, 1995.

MOON, Peter. *The Black Sun*, Sky (New York), 1997.

MAC AIRT, Scan. (Ed.) *The Annals of Inisfallen*. Dublin Inst. for Advanced Studies, 1988.

MCLEISH, Kenneth. *Myths and Legends of the World*. Blitz Editions, 1996.

MACNEILL, Eoin. *Celtic Ireland*. Martin Lester Ltd. Dublin, 1921.

MUSURILLO, Herbert (Ed.). *The Acts of the Christian Martyrs*. Oxford Clarendon Press, 1972.

OSBORN, Eric. *The Beginning of Christian Philosophy*, Cambridge University Press, 1981.

PEARSON, R. *Climate and Evolution*, Academic Press, 1978.

PETERSON, Roland. *Everyone is Right — A new look at Comparative Religion and its Relation to Science*, De Vorss & Co (Califórnia), 1986.

PHILIP'S. *Atlas of the Celts*, George Philip Ltd., 2001.

PIERPAOLI, Walter e REGELSON, William com COLMAN, Carol. *The Melatonin Miracle*, Simon & Schuster, 1995.

POSNANSKY, Arthur. *Tihuanacu, the Cradle of American Man*, Augustin, New York, 1945.

POYNDER, Michael. *Pie in the Sky*, Rider, 1992.

POWELL, Neil. *The Book of Change — How to understand the I Ching*, Orbis, 1979.

PRICE, Glickstein. Horton and Bailey. *Principles of Psychology*, Holt Rinehart and Winston, 1982.

REICHE, Maria. *Nazca Peru. Mystery of the Desert*, Hans Shultz-Severin, 1968.

REINHARD, Joihan. *The Nazca Lines: A New Perspective on their Origin and Meaning*, Editorial Los Pinos, 1985.

PARKER, Geoffrey. *The Times Atlas of World History*, Harper Collins, 1978.

RYAN, M. (Ed.) *Treasures of Ireland*, Royal Irish Academy, 1983.

RAFTERY, Barry. (Ed.) *Atlas of the Celts*, Philips, 2001.

ROYS, Ralph R. *The Book of Chilam Balam of Chumayel*, University of Oklahoma Press, 1932.

RUTHERFORD, Ward. *Celtic Lore*, Thorsons, 1993.

SCHEITZER. Albert. *The Quest of the Historical Jesus*, trs. Wm. Montgomery, New York, Macmillan, 1961.

SHARKEY, John. *Celtic Mysterie*, Thames amd Hudson, 1975

SYKES, Egerton. *Dictionary of Non-Classical Mythology*, J. M. Dent, 1952.

SWAMI, Shri Purohit. *The Geeta*, Faber & Faber, 1935.

TALBOT RICE, David. *The Dark Ages,* Thames & Hudson, 1965.

THOMSON, W. A. R. *Black's Medical Dictionary*, A. & C. Black, 1984.

THORPE, Lewis. (trs.) Geoffrey of Monmouth (c. 1136). *The Kings of Britain, Penguin, 1973.*

VON HAGEN, W. *The Ancient Sun Kingdoms of the Americas*, Thames and Hudson, 1962.

WALLACE, P. E. e Ó Floinn Raghnall. (Ed's.) *Treasures of the National Museum of Ireland*, Gill & Macmillan, 2002.

WILLIS, Roy. (Ed.) *World Mythology — the illustrated Guide*, Piatkus, 1993.

WARNER, R. (Ed.) *Encyclopaedia of World Mythology*, BPC, 1970.

WEGENER, G. S. *6.000 Jahre und ein Buch*, Oncjken Verlag Kassel, 1958.

WELKER, H. A., SEMM, P., WILLIG, R. P., WILTSCHKO, W. e VOLLRATH, L. *Effects of an artificial magnetic field on seratonin-N-acetyltransferase activity and melatonin content of the rat pineal gland, Exptl. Brain Res. 50:426-531, 1983.*

WHITE, J. *Pole Shift*, ARE Press (USA), 1993.

WILLIS, Roy (consultor). *Dictionary of World Myth*, Duncan Baird, 1995.

ZACZEK, Iain. *The Art of the Celts*, Parkgate Books, London, 1997.

——— . *Chronicles of the Celts*, Collins & Brown, 1996.

Este livro foi composto em Times New Roman, corpo 11/12.
Papel Offset 75g – International Paper
Impressão e Acabamento
HR Gráfica e Editora – Rua Serra de Paracaina, 716 – Moóca – São Paulo/SP
CEP: 03107-020 – Tel.: (11) 3341-6444 – e-mail: vendas@hrgrafica.com.br